V&R

Dagmar Pöpping

Passion und Vernichtung

Kriegspfarrer an der Ostfront 1941–1945

Mit 20 Abbildungen

Vandenhoeck & Ruprecht

Bibliografische Information der Deutschen Bibliothek:
Die Deutsche Nationalbibliothek verzeichnet diese Publikation in der Deutschen Nationalbibliografie; detaillierte bibliografische Daten sind im Internet über https://dnb.de abrufbar.

Umschlagfoto: Schitomyr (Ukraine): zerstörtes Kriegsgerät, im Hintergrund die russisch-orthodoxe Verklärungskathedrale, 13.12.1943 © ullstein bild

Satz: Satzpunkt Ursula Ewert GmbH, Bayreuth
Druck und Bindung: Hubert & Co. BuchPartner, Göttingen
Printed in the EU

Vandenhoeck & Ruprecht Verlage | www.vandenhoeck-ruprecht-verlage.com

ISBN 978-3-525-54145-6

Inhalt

Vorwort 7

1. Einleitung 9
2. Das Erbe der Tradition 15
3. Der Ostkrieg 26
4. Die Missionierung der Kirchenfernen 35
5. Der Beruf des Kriegspfarrers 42
6. Das Schaf im Wolfspelz 57
7. Die Netzwerke der Kriegspfarrer 68
8. Die Arbeit an der Grenze des Todes 79
9. Die Verklärung des Todes 108
10. Der Ostkrieg als Bildungsreise 127
11. Die Spuren des Christentums 137
12. Die Vernichtung der Seelenlosen 145
13. Das Ende der Hoffnung 165
14. Der Sieg des Christentums 181
15. Schluss 199

Abkürzungen 209

Ausgewählte Literatur 211

Biogramme 213

Anmerkungen 232

Vorwort

Die vorliegende Studie ist die gekürzte und überarbeitete Fassung des Buches „Kriegspfarrer an der Ostfront“, das 2017 erschienen ist. Sie entstand auf Vorschlag des Verlages Vandenhoeck & Ruprecht, der damit der großen Resonanz, die das Buch nach seinem Erscheinen erfahren hat, Rechnung tragen will.

Diese Resonanz verdankt sich dem heute weit verbreiteten Gefühl, dass das Wirken von deutschen Geistlichen im Vernichtungskrieg gegen die Sowjetunion ein moralischer Skandal ohnegleichen war, der nicht zuletzt den Wert der christlichen Religion selbst infrage stellt.

Das Buch ist der Versuch, das Selbstverständnis der deutschen Militärgeistlichen zu analysieren, die an der Ostfront wirkten und Zeugen der Verbrechen von SS und Wehrmacht wurden. Dahinter steht das Interesse, die Beweggründe hinter dem Denken und Handeln dieser Geistlichen offen zu legen, was selbstverständlich nicht gleichbedeutend mit Gutheißen ist.

Der Darstellungsteil lässt deshalb vor allem die Geistlichen selbst in ihren autobiographischen Zeugnissen (Briefe, Tagebücher usw.) zu Wort kommen. Biografische Informationen der hier erwähnten Kriegs- und Wehrmachtpfarrer sowie der wichtigsten Tagebuchschreiber finden sich in den Biogrammen am Ende des Buches.

Auf den wissenschaftlichen Anspruch wurde auch in dieser Ausgabe nicht verzichtet; dementsprechend sind alle Zitate und die wichtigsten Belege der Darstellung in den Endnoten nachgewiesen.

Danke an die Gerda-Henkel-Stiftung und die Evangelische Arbeitsgemeinschaft für Kirchliche Zeitgeschichte für die großzügige Unterstützung meiner Forschungen, auf denen dieses Buch basiert. Stellvertretend für alle Archivare, die mir mit Rat und Tat zur Seite standen, danke ich Michael Bing, Wolfgang Stetter, Dr. Gotthard Klein, Dr. Markus Seemann sowie Stephan Kühmayer. Danke an Kai-Uwe Thyret, der mir bei den Archivrecherchen half und an Prof. Dr. Manfred Gailus für seine Kritik und Korrekturen. Dr. Irmfried Garbe und Dr. Edith Rudolph machten mir die Kriegstagebücher von Hermann Wolfgang Beyer und Johannes Rudolph aus ihrem Privatbesitz zugänglich. Dafür danke ich ihnen von Herzen.

Dankbar bin ich meinem Freund und Förderer Hans Mommsen (1930–2015), der sich bis zuletzt so kraftvoll für mich eingesetzt hat.

Der größte Dank aber gilt Michael Grüttner für seine unbeirrbare Zuwendung. Ohne ihn wären die „Kriegspfarrer" nur ein Projekt geblieben.

1. Einleitung

In der Nacht zum 22. Juni 1941 überschritten 3,3 Millionen Soldaten der deutschen Wehrmacht die Grenze zur Sowjetunion und begannen einen Krieg, der als erklärter Rasse- und Vernichtungskrieg in die Geschichte einging. Am Ende dieses Krieges hatten ca. 18 Millionen sowjetische Zivilisten, 8,7 Millionen Soldaten der Roten Armee und 2,7 Millionen deutsche Soldaten ihr Leben verloren. Inmitten des Infernos von massenhaftem Mord und millionenfachem Sterben arbeiteten Geistliche beider Konfessionen und verkündeten den deutschen Soldaten im staatlichen Auftrag die christliche Botschaft.

Die Teilnahme von evangelischen und katholischen Geistlichen am deutschen Rasse- und Vernichtungskrieg gegen die Sowjetunion war lange ein Randthema der historischen Forschung. Erst nachdem eine Generation von Historikern, die von der Holocaustforschung geprägt wurde, das Thema aufgriff, erfreut es sich größerer Aufmerksamkeit. Allein die Teilnahme von Kriegspfarrern am Krieg Deutschlands gegen die Sowjetunion erscheint den Forschern heute als moralischer Skandal ohnegleichen, der nach Erklärungen verlangt. Wie war es möglich, dass Geistliche an einem zutiefst unmoralischen Krieg teilnahmen und wie ließ sich dieser offen genozidale Krieg für die Geistlichen z. B. mit dem Gebot der christlichen Nächstenliebe vereinbaren?

Neu ist diese Frage nicht. Sie bewegte bereits unmittelbar nach dem Ende des Zweiten Weltkrieges die deutsche Öffentlichkeit. Spätestens in den 1960er Jahren gerieten ehemalige Funktionäre der Wehrmachtseelsorge in die Defensive gegenüber einer Gesellschaft, die sie zunehmend als „Nazi-Funktionäre" wahrnahm.

Die Argumente von Verteidigern der Wehrmachtseelsorge und ihren Angreifern sind indes immer noch dieselben, doch heute finden sie sich kaum noch in der Tagespresse, sondern in der historischen Forschung. Immer noch stehen sich Vertreter einer kirchenfernen Öffentlichkeit auf der einen und Vertreter einer kirchennahen Position auf der anderen Seite gegenüber. Während die Profanhistoriker schon die bloße Anwesenheit von Geistlichen im Rasse- und Vernichtungskrieg als moralisch inakzeptabel verurteilen, heroisieren Kirchenhistoriker teilweise bis heute die Rolle von Kriegspfarrern als Tröster und Helfer deutscher Soldaten, ja sogar als christlichen Widerstand gegen den NS-Staat. Moralische Verurteilung auf der einen, Rechtfertigung auf der anderen Seite stehen sich nach wie vor schroff und unvermittelt gegenüber, oft ohne gegenseitige Kenntnis voneinander.

Die konträren Urteile gründen auf unterschiedliche Blickrichtungen: Die einen blicken auf die Millionen Opfer der deutschen Wehrmacht. Die anderen sehen vor allem auf die Opfer unter den deutschen Soldaten, die Trost, Hilfe und Mut von den Geistlichen bekamen oder von diesen beerdigt und betrauert wurden.

Wer den Fokus allein auf die Rolle der Kriegspfarrer als Seelsorger, Tröster und Helfer legt, redet meistens nicht über den staatlichen Auftrag der Kriegspfarrer im politischen Kontext des Nationalsozialismus. Wer allein auf die Funktion der Kriegspfarrer innerhalb des nationalsozialistischen Krieges sieht, hat in der Regel wenig zu sagen über die subjektiven Motivationen und Wahrnehmungen dieser Geistlichen.

Die folgende Studie ist bestrebt, die Funktion der Militärgeistlichen im Kontext des Nationalsozialismus nicht aus dem Blick zu verlieren. Eine ausschließlich moralische Beurteilung der christlichen Akteure wird allerdings vermieden. Mentalitäten, Intentionen und das subjektive Erleben der Kriegs- und Wehrmachtpfarrer sollen angemessen berücksichtigt werden. Erst wenn sich nachvollziehen lässt, wie christliche Moral in der konkreten historischen Situation des Krieges gegen die Sowjetunion von den Geistlichen selbst verstanden wurde, eröffnet sich ein Horizont, vor dem das Zusammenspiel von Christentum und Verbrechen im NS-Staat sichtbar wird.

Im Zentrum dieser Darstellung steht die Frage, warum der moralische Skandal von heute damals nicht als Skandal empfunden wurde. Wie war es möglich, dass die Kriegspfarrer, Teil des militärischen Apparates waren, der den Vernichtungskrieg gegen die Sowjetunion betrieb, und gleichzeitig den Krieg in subjektiver Unschuld oder sogar im Bewusstsein ihrer besonderen moralischen Leistung erlebten?

Antworten auf diese Frage versprechen die von den Kriegspfarrern selbst verfassten Tagebücher, Briefe und Berichte, bis hin zu rückblickenden Darstellungen, denen sich das letzte Kapitel „Sieg des Christentums“ widmen wird. Aus heutiger Sicht erweist sich das unstillbare Bedürfnis der Kriegspfarrer, ihre Erfahrungen für die Nachwelt in Tagebüchern festzuhalten, als Glücksfall. Damit hinterließen sie einzigartige Einblicke in eine Gefühls- und Gedankenwelt, die sich in vielerlei Hinsicht von den Menschen heute unterscheidet.

Ausgewertet wurden die Tagebücher der evangelischen Kriegs- und Wehrmachtpfarrer Hans Kähler, Johannes Rudolph und Hermann Wolfgang Beyer. Der evangelische Pfarrer Gerhard Knapp, der als Sanitätssoldat in den Krieg gegen die Sowjetunion zog, vertrat nur zeitweise seinen Divisionspfarrer, hat aber ebenfalls ein umfangreiches Kriegstagebuch hinterlassen, auf das häufig zurückgegriffen wird.

Auf katholischer Seite wurden die Tagebücher von Johannes Stelzenberger, Josef Wassong, Johannes Opfermann und Theodor Loevenich ausgewertet. Von besonderem Interesse sind die Kriegstagebücher Johannes Stelzenbergers, der sich während seines Einsatzes als Divisionspfarrer an der Ostfront zwei Mal für die Lehre an der theologischen Fakultät der Universität Breslau beurlauben ließ. Seine Tagebücher sind in lateinischer Schrift und Gabelsberger Kurzschrift verfasst. Letztere benutzte er allerdings nur für politisch heikle Stellen.

Eine besondere Quelle sind die Notizen des katholischen Feldgeneralvikars Georg Werthmann. Werthmann war der eigentliche Kopf der katholischen Wehrmachtseelsorge im Krieg. Er führte die Geschäfte des Feldbischofs Franz-Justus Rarkowski, der gesundheitlich angeschlagen und kaum arbeitsfähig war.

Nach dem Krieg fiel Werthmann eine entscheidende Rolle beim Wiederaufbau der Militärseelsorge in der Bundesrepublik zu. Dabei konnte er sich auf ein umfassendes Archiv stützen, das im Unterschied zu den Akten der evangelischen Wehrmachtseelsorge nicht in den Kriegswirren verbrannt war. Vorausschauend hatte Werthmann bereits 1939 damit begonnen, die Dokumente der katholischen Wehrmachtseelsorge aus der Reichshauptstadt heraus zu schaffen. Diese Akten befinden sich heute im 1956 gegründeten katholischen Militärbischofsamt. Da Werthmann lange Zeit plante, selbst eine Geschichte der Militärseelsorge im Zweiten Weltkrieg zu schreiben – das Projekt wurde nie verwirklicht – ordnete er nach dem Krieg die über 10.000 Dokumente aus dem Feldbischofsamt neu und legte damit die Struktur seines geplanten Buches fest. Mit hoher Wahrscheinlichkeit vernichtete er Dokumente, die die Wehrmachtseelsorge in der Öffentlichkeit diskreditiert hätten. Auch sorgte er dafür, dass seine persönlichen Tagebücher nach seinem Tod vernichtet wurden.

Trotz dieser Einschränkungen ist das Archiv Werthmanns von zentraler Bedeutung, schon deshalb, weil dieser jedem Aktenkonvolut einen eigenen Kommentar voranstellte. Diese Kommentare sind längst selbst zur historischen Quelle geworden. Selbstredend sind sie nur mit hermeneutischer Distanz zu gebrauchen, sollten sie doch Teil einer geplanten Apologie der katholischen Militärseelsorge im Zweiten Weltkrieg werden, deren selbstbekundete Absicht das „Rehabilitieren, Retten und Hinüberretten" der Militärseelsorge in die Zeit nach dem Krieg war. Werthmanns Sicht auf die Rolle der Wehrmachtseelsorge während des Krieges bleibt jedoch von großem Interesse, denn sie zeigt eine Perspektive, die noch unmittelbar von den Erfahrungen des Zweiten Weltkrieges geprägt war und die von der einstmals protestantischen Wehrmachtseelsorge in vielen Aspekten geteilt wurde.

Der Bestand der protestantischen Wehrmachtseelsorge ist nur noch in Rudimenten vorhanden. Die Akten der Dienststelle des Evangelischen Feldbischofs im OKH wurden bei einem Bombenangriff 1943 zum großen Teil vernichtet. Schon aufgrund dieser Differenz ist die Geschichte der katholischen Wehrmachtseelsorge im Zweiten Weltkrieg besser erforscht als die der evangelischen Wehrmachtseelsorge.

Der konfessionsübergreifende Ansatz dieser Studie ist neu und in gewisser Hinsicht ein Wagnis, denn die kirchenhistorische Forschung hat sich bislang auf die Erforschung der je eigenen Konfession konzentriert. Im Fall der Wehrmachtseelsorge ist die Beschäftigung mit nur einer Konfession allerdings problematisch, denn hier geht es zwar um Geistliche, die von ihrer Kirche geprägt waren, doch gerade in der Wehrmachtseelsorge standen diese Geistlichen im Kontext derselben militärischen Welt und derselben Ereignisse. Dieser Kontext drängte die konfessionellen Unterschiede oftmals in den Hintergrund und beförderte einen – auch in theologischer Hinsicht – gemeinsamen Umgang mit dem Krieg und seinen Herausforderungen.

Schon die Organisation der Wehrmachtseelsorge ebnete konfessionelle Unterschiede eher ein. Katholische und evangelische Wehrmachtseelsorge verfügten über dieselbe Zahl an Kriegspfarrern. Ihre Leitungen, die Feldbischofsämter im OKH, arbeiteten gedeihlich zusammen, was auch im Großen und Ganzen auf die Kriegspfarrer an der Front zutraf. Man habe in gewisser Weise eine „Vernunftehe" geführt, doch seien diese ja bisweilen nicht die schlechtesten, schrieb der evangelische Wehrmachtdekan a.D. Siegfried Sprank rückblickend. „Wir aßen an einem Tisch, wohnten in einem Quartier, unternahmen meist im gleichen Auto dieselben Dienstreisen, verhandelten mit den militärischen Dienststellen, wenn nicht anders befohlen oder zweckmäßig, gemeinsam." Welche Bedeutung man im OKH der Zusammenarbeit von evangelischen und katholischen Militärgeistlichen im Krieg beimaß, zeigen die in jedem Quartal abgelieferten Seelsorge- und Tätigkeitsberichte der Geistlichen, in denen das Verhältnis zum evangelischen bzw. katholischen Kollegen einen festen Strukturpunkt bildete.

Zudem hatten katholische und evangelische Kriegspfarrer mit denselben Problemen zu kämpfen. Insbesondere die feindselige Einstellung der Machthaber gegen die Kirchen, gleichgültig, ob evangelisch oder katholisch, brachte sie in eine gemeinsame Front gegen ihre Widersacher. Vor diesem Hintergrund sprach Siegfried Sprank von einer „aus der Not geborenen Una Sancta", d.h. einer Ökumene von katholischen und evangelischen Kriegspfarrern. Zu einem ähnlichen Urteil gelangte der einstige katholische Feldgeneralvikar Georg Werthmann nach dem Krieg:

„Katholizismus und Protestantismus standen während der nationalsozialistischen Zeit überall im gleichen politischen Raum; ihr Verhältnis war nicht mehr in der Sphäre politischer

Relevanz und die aus dem früheren Verhältnis hervorgegangene ‚kulturkämpferische' Haltung hatte ihren Sinn verloren."[1]

Die Zusammenarbeit mit der jeweils anderen Konfession war notwendig geworden, wenn man selbst überleben wollte. Bemerkenswert ist diese Nähe der Konfessionen schon deshalb, weil protestantische und katholische Geistliche vor dem Krieg kaum etwas voneinander wussten und sich eher als Antipoden begriffen, denn als gemeinsame Vertreter der christlichen Religion.

Vor dem Hintergrund dieser zum Vergleich geradezu einladenden Konstellation soll es auch um die Frage gehen, wie sich evangelische und katholische Kriegspfarrer in ihrer Sicht auf den Krieg gegen die Sowjetunion voneinander unterschieden.

Streng quantifizierende Aussagen über die Kriegserfahrungen von Geistlichen konnten nicht getroffen werden, wenn sich auch aus den vorhandenen Tagebüchern Gemeinsamkeiten und Unterschiede in der Beurteilung des Kriegsgeschehens und der eigenen Situation abzeichnen.

Über die Wahrnehmung der Wehrmachtseelsorge durch die Soldaten lassen sich aus den zugrunde liegenden Quellen, bei denen es sich ganz überwiegend um Selbstaussagen von Kriegspfarrern handelt, kaum brauchbare Angaben machen. Messbar ist der Einfluss der Wehrmachtseelsorge auf die Masse der Soldaten nicht. Doch besonders groß kann er nicht gewesen sein. Insgesamt hatten etwa 1000 Kriegspfarrer rund zehn Millionen Soldaten zu betreuen, so dass oftmals nicht einmal die pastorale Grundversorgung sichergestellt war.

2. Das Erbe der Tradition

Im Vergleich zum Ersten Weltkrieg war die christliche Wehrmachtseelsorge im Zweiten Weltkrieg ausgesprochen gut organisiert. Mit der Wiedereinführung der Allgemeinen Wehrpflicht im März 1935 begann auch der Ausbau der Wehrmachtseelsorge im nationalsozialistischen Deutschland, wo man sich seit 1937 auf den Mobilmachungsfall vorbereitete. Bereits Ende Januar 1939 war der Bedarf an Bewerbern für die evangelische und katholische Wehrmachtpfarrerlaufbahn fast vollständig gedeckt. Zu Kriegsbeginn gab es für jede Konfession etwa 100 hauptamtliche oder „aktive“ Wehrmachtpfarrer, die Reichsbeamte auf Lebenszeit waren und zugleich in einem militärischen Dienstverhältnis standen. Diese Geistlichen hatten sich meist lange vor dem Krieg bewusst für die militärische Laufbahn entschieden und standen dem Militär in der Regel näher als ihren zivilen Kirchenleitungen. Die nach Kriegsbeginn eingestellten etwa 300 katholischen und evangelischen Kriegspfarrer auf Kriegsdauer (a. K.) standen der militärischen Welt eher fremd gegenüber. Sie waren nur für die Dauer des Krieges als Wehrmachtbeamte eingestellt und sollten nach Kriegsende wieder in die zivile Seelsorge zurückkehren.

Dagegen waren im Ersten Weltkrieg viele Geistliche noch auf eigene Faust als „nicht-etatmäßige“ Pfarrer ins Feld gezogen, ausgestattet mit einer geringen Aufwandsentschädigung und der Billigung ihrer Kirchenleitungen. Ihre Position innerhalb der militärischen Hierarchie blieb während des gesamten Krieges ungeklärt. Häufig wurden sie als Sanitäter in Lazaretten eingesetzt, was schnell zu bitteren Klagen über „nicht standesgemäße Behandlung“ durch die Ärzte führte.[2]

Nicht zuletzt musste sich die Seelsorge an den Soldaten während des Ersten Weltkrieges erst aus der Praxis heraus organisieren, was schwierig war, da man weder auf die Ausdehnung der Kriegsschauplätze noch auf die Kriegsdauer vorbereitet war.

Im Zweiten Weltkrieg hatten sich die Verhältnisse geradezu umgekehrt. Der guten Organisation stand eine gegenüber dem

Ersten Weltkrieg um das Vierfache reduzierte Zahl von Militärgeistlichen gegenüber. Als der Ostfeldzug 1941 begann, wurden 455 Kriegspfarrer in jeder Konfession gezählt. Insgesamt betrug die Zahl der Planstellen für Kriegspfarrer im Zweiten Weltkrieg 1342.

Anders als im Ersten Weltkrieg war die Wehrmachtseelsorge nun vollständig in die militärische Organisation integriert. Zwar waren die Feldbischöfe formal die Dienstvorgesetzten aller Pfarrer und Beamten der Wehrmachtseelsorgedienststellen. Aber innerhalb der militärischen Hierarchie unterstanden die Feldbischöfe dem Chef der Gruppe Seelsorge im OKH, dem das Allgemeine Heeresamt übergeordnet war, das wiederum dem Chef der Heeresrüstungen und Befehlshaber des Ersatzheeres untergeordnet war. Manche Geistliche wandten sich deshalb erst gar nicht an den Feldbischof, wenn sie befördert werden wollten, sondern gleich an dessen Vorgesetzten im Allgemeinen Heeresamt, von dem sie hofften, dass er den Feldbischof unter Druck setzten konnte.

Auch innerhalb der Kirchen war die Position der Feldbischöfe schwach. Sie agierten „exemt", d.h. institutionell unabhängig von ihren Kirchen, wobei der katholische Feldbischof einer eigenen Bischofskirche mit ordentlicher Jurisdiktion über katholische Soldaten und Wehrmachtbeamte vorstand, während der evangelische Feldbischof zwar eine Sondereinrichtung innerhalb des OKH darstellte, aber keine eigenständige Kirche leitete. Die evangelischen Soldaten und Wehrmachtbeamten blieben kirchenrechtlich weiterhin an ihre Landeskirchen gebunden.

Kurz vor Kriegsbeginn gab das OKH das „Merkblatt über Feldseelsorge" heraus, das die Aufgaben der Wehrmachtseelsorge für den Kriegsfall regelte.[3] Mit dem „Merkblatt" hatte der Staat erstmals eine Grundlage geschaffen, von der aus eine gemeinsame Regelung der Militärseelsorge für beide Konfessionen möglich war. Bezeichnenderweise war das „Merkblatt" ohne die Beteiligung der Feldbischöfe entstanden. Es formulierte ein rein funktionalistisches Religionsverständnis, nach dem die Kriegspfarrer vor allem die Aufgabe hatten, die Kampfkraft der Soldaten zu stärken. Das „Merkblatt" stellte sich auf den Boden religiöser Neutralität und beendete die explizit christliche Ausrichtung,

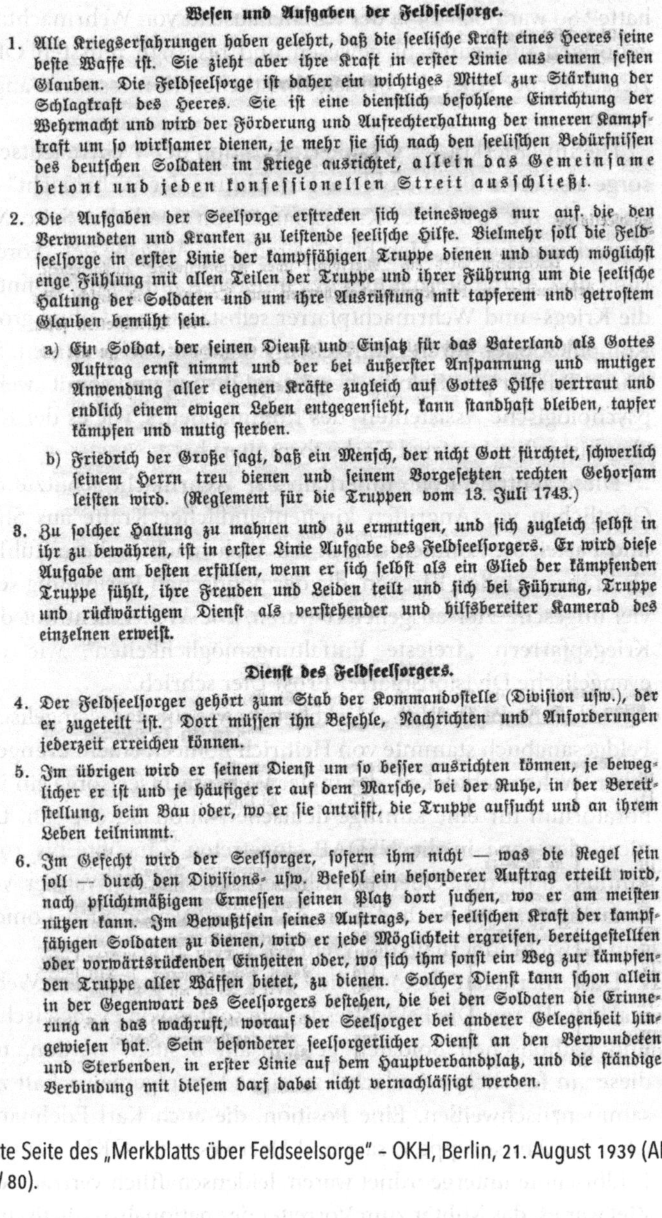

Wesen und Aufgaben der Feldseelsorge.

1. Alle Kriegserfahrungen haben gelehrt, daß die seelische Kraft eines Heeres seine beste Waffe ist. Sie zieht aber ihre Kraft in erster Linie aus einem festen Glauben. Die Feldseelsorge ist daher ein wichtiges Mittel zur Stärkung der Schlagkraft des Heeres. Sie ist eine dienstlich befohlene Einrichtung der Wehrmacht und wird der Förderung und Aufrechterhaltung der inneren Kampfkraft um so wirksamer dienen, je mehr sie sich nach den seelischen Bedürfnissen des deutschen Soldaten im Kriege ausrichtet, allein das Gemeinsame betont und jeden konfessionellen Streit ausschließt.

2. Die Aufgaben der Seelsorge erstrecken sich keineswegs nur auf die den Verwundeten und Kranken zu leistende seelische Hilfe. Vielmehr soll die Feldseelsorge in erster Linie der kampffähigen Truppe dienen und durch möglichst enge Fühlung mit allen Teilen der Truppe und ihrer Führung um die seelische Haltung der Soldaten und um ihre Ausrüstung mit tapferem und getrostem Glauben bemüht sein.

   a) Ein Soldat, der seinen Dienst und Einsatz für das Vaterland als Gottes Auftrag ernst nimmt und der bei äußerster Anspannung und mutiger Anwendung aller eigenen Kräfte zugleich auf Gottes Hilfe vertraut und endlich einem ewigen Leben entgegensieht, kann standhaft bleiben, tapfer kämpfen und mutig sterben.

   b) Friedrich der Große sagt, daß ein Mensch, der nicht Gott fürchtet, schwerlich seinem Herrn treu dienen und seinem Vorgesetzten rechten Gehorsam leisten wird. (Reglement für die Truppen vom 13. Juli 1743.)

3. Zu solcher Haltung zu mahnen und zu ermutigen, und sich zugleich selbst in ihr zu bewähren, ist in erster Linie Aufgabe des Feldseelsorgers. Er wird diese Aufgabe am besten erfüllen, wenn er sich selbst als ein Glied der kämpfenden Truppe fühlt, ihre Freuden und Leiden teilt und sich bei Führung, Truppe und rückwärtigem Dienst als verstehender und hilfsbereiter Kamerad des einzelnen erweist.

Dienst des Feldseelsorgers.

4. Der Feldseelsorger gehört zum Stab der Kommandostelle (Division usw.), der er zugeteilt ist. Dort müssen ihn Befehle, Nachrichten und Anforderungen jederzeit erreichen können.

5. Im übrigen wird er seinen Dienst um so besser ausrichten können, je beweglicher er ist und je häufiger er auf dem Marsche, bei der Ruhe, in der Bereitstellung, beim Bau oder, wo er sie antrifft, die Truppe aufsucht und an ihrem Leben teilnimmt.

6. Im Gefecht wird der Seelsorger, sofern ihm nicht — was die Regel sein soll — durch den Divisions- usw. Befehl ein besonderer Auftrag erteilt wird, nach pflichtmäßigem Ermessen seinen Platz dort suchen, wo er am meisten nützen kann. Im Bewußtsein seines Auftrags, der seelischen Kraft der kampffähigen Soldaten zu dienen, wird er jede Möglichkeit ergreifen, bereitgestellten oder vorwärtsrückenden Einheiten oder, wo sich ihm sonst ein Weg zur kämpfenden Truppe aller Waffen bietet, zu dienen. Solcher Dienst kann schon allein in der Gegenwart des Seelsorgers bestehen, die bei den Soldaten die Erinnerung an das wachruft, worauf der Seelsorger bei anderer Gelegenheit hingewiesen hat. Sein besonderer seelsorgerlicher Dienst an den Verwundeten und Sterbenden, in erster Linie auf dem Hauptverbandplatz, und die ständige Verbindung mit diesem darf dabei nicht vernachlässigt werden.

Erste Seite des „Merkblatts über Feldseelsorge" – OKH, Berlin, 21. August 1939 (AKMB, SW 80).

die bis dahin zur „Kultur des Krieges" in Deutschland gehört hatte.[4] So war noch 1934 der Kirchenaustritt von Wehrmachtangehörigen unerwünscht gewesen und bis 1936 mussten Offiziersbewerber einer der beiden christlichen Konfessionen angehören.[5]

Die im „Merkblatt" verankerte Position der Wehrmachtseelsorge als „dienstlich befohlene Einrichtung der Wehrmacht" legitimierte die Arbeit der Kriegspfarrer von staatlicher Seite. Mit Verweis auf die im „Merkblatt" verankerte Aufgabe der „Förderung und Aufrechterhaltung der inneren Kampfkraft" konnten die Kriegs- und Wehrmachtpfarrer selbständig und ohne große Komplikationen ihren zahlreichen Aufgaben nachkommen. Sie waren Teil der psychologischen Kriegführung und somit „wehrpsychologische Assistenten" des Kommandeurs, wie es der Kirchenhistoriker Irmfried Garbe formuliert hat.[6]

Diese zentrale Rolle innerhalb der Wehrmacht schützte die Geistlichen vor Angriffen kirchenfeindlicher Kräfte aus Staat und Partei. Sie konnten sich in der Wehrmacht sicherer fühlen als in ihren zivilen Kirchen, die der politischen Verfolgung sehr viel ungeschützter ausgeliefert waren. Die Wehrmacht bot den Kriegspfarrern „freieste Entfaltungsmöglichkeiten", wie der evangelische Divisionspfarrer Ernst Ufer schrieb.[7]

Das Konzept für das „Merkblatt" sowie für das evangelische Feldgesangbuch stammte von Heinrich Lonicer, einem evangelischen Wehrmachtdekan, der in der Wehrmachtseelsorge ein Laboratorium für eine künftige deutsche Nationalkirche sah. Lonicer, der 1933 in die NSDAP eingetreten war, übte bis 1941 Einfluss über den Oberbefehlshaber des Heeres, Walther von Brauchitsch, aus. Nach dessen Absetzung verlor auch Lonicer sein Gewicht innerhalb der Wehrmachtseelsorge.

Das „Merkblatt" betonte die Überkonfessionalität der Wehrmachtseelsorge. Die Feldgottesdienste sollten von evangelischen und katholischen Soldaten gemeinsam besucht werden, um diese „in feierlicher Andacht" zu einer Kampfgemeinschaft zusammenzuschweißen. Eine Position, die auch Karl Edelmann, Chef der Amtsgruppe Ersatz und Heerwesen im OKH, dem die Feldbischöfe untergeordnet waren, leidenschaftlich vertrat. Sein Ziel war es, das Militär zum Vorreiter des nationalsozialistischen

Ideals der „Volksgemeinschaft“ zu machen.[8] Historisch knüpfte er an die „Frontgemeinschaft“ des Ersten Weltkrieges an, innerhalb derer es spontan zu konfessionsübergreifenden Gottesdiensten gekommen war.

Ein Geistlicher, der sich auf den Posten eines Wehrmachtseelsorgers bewarb, sollte fest auf dem Boden des Nationalsozialismus stehen. So hatte es Walther von Brauchitsch 1938 verkündet und so schärfte es Edelmann den Kriegspfarreranwärtern auf den insgesamt zehn Kriegspfarrerlehrgängen ein, die vom Dezember 1940 bis April 1942 stattfanden. Wie der Offizier sollte der Kriegspfarrer stets beispielgebend in und außer Dienst vorangehen. Edelmann erwartete Vaterlandsliebe und eine nationalsozialistische Einstellung von den Kriegspfarrern. Außerdem sollten sie in ihren Predigten „lebendig“ auf das Kriegsgeschehen eingehen.

Der Kriegspfarrer hatte sich die politischen Ziele des Krieges zu eigen zu machen und diese – gleichsam ins christliche übersetzt – gegenüber den Soldaten zu vertreten.

Trotz aller Bemühungen, den Erwartungen des NS-Regimes gerecht zu werden, blieben die Kriegspfarrer Ziel von Angriffen der kirchenfeindlichen Kräfte aus Staat und Partei. Bereits im April 1940 sprach sich Reichsleiter Martin Bormann, neben Heinrich Himmler und Alfred Rosenberg der wohl schärfste Gegner der christlichen Kirchen im NS-Staat, offen für die Abschaffung der Wehrmachtseelsorge aus. Für Hitler aber waren die „Dinge noch nicht reif“. Er suchte den kirchenpolitischen „Burgfrieden“ in der Zeit des Krieges zu wahren.[9] Dieser Linie folgte auch Reichspropagandaminister Joseph Goebbels, der 1941 die Drucklegung des Neuen Testamentes für die Wehrmachtseelsorge mit den Worten unterstützte, man müsse jetzt versuchen, „durch die in der Zeit liegenden Schwierigkeiten hindurchzukommen“. Nach dem Krieg werde man sich dann aber wieder sprechen.[10]

Das hielt die NSDAP jedoch nicht davon ab, sich in die „Truppenbetreuung“, die traditionell in der Hand der Kirchengemeinden oder der Soldatenseelsorge lag, einzumischen. Am 12. Juli 1940 erging das Verbot an die christlichen Gemeinden, Feldpostadressen ihrer Gemeindemitglieder zu sammeln und religiöse Schriften ins Feld zu versenden. Nun nahmen sich die Ortsgruppen der NSDAP der Soldatenbetreuung auf ihre Weise an. Mit der Begründung, dass der „Dolchstoß“ in den Rücken der Front, durch den angeblich die militärische Niederlage des Hohenzollernreiches im Ersten Weltkrieg herbeigeführt worden war, sich nicht wiederholen dürfe, organisierten sie „Kameradschaftsabende“ für Fronturlauber, „beglückten“ Verwundete in den Lazaretten mit Geschenken oder kümmerten sich um die Sorgen der Soldatenfrauen, angefangen von finanziellen Fragen bis hin zu Eheproblemen. Bevor der Kriegspfarrer den Familien Nachricht über den Tod eines Soldaten geben durfte, hatte der Ortsgruppenleiter die Familie zu informieren. An die Stelle des Gedenkgottesdienstes für die Gefallenen traten organisierte Heldengedenkfeiern und Gefallenenehrungen. Mit dem Fortschreiten des Krieges konnten diese allerdings immer weniger mit den traditionellen kirchlichen Gedächtnisfeiern und Gefallenenmessen konkurrieren.

Im ersten „Russlandwinter“ 1941/42 änderten Hitler und Goebbels ihre Haltung zur Wehrmachtseelsorge. Hitler, der noch in „Mein Kampf“ den Wert der Feldseelsorge für die Widerstandskraft der Deutschen im Ersten Weltkrieg gewürdigt hatte, war wie Goebbels – nicht zuletzt durch die Kampferfahrungen an der Ostfront – zu der Auffassung gekommen, dass die dem „Merkblatt“ zugrunde liegende These, nach der die Religion die Kampfkraft der Soldaten stärke, falsch sei. Auch die „Bolschewisten“ – argumentierte Goebbels – seien nicht fromm und kämpften trotzdem „tapfer und zähe“. Ebenso wenig seien die Männer der SS-Waffenverbände christlich erzogen, aber dennoch die Auslese männlicher Tapferkeit.[11]

Diese neue Sicht der Machthaber auf die Wehrmachtseelsorge hatte fühlbare Konsequenzen. Das „Merkblatt über Feldseelsorge“ wurde aufgehoben, der Neudruck und die Verteilung der von der Heeresseelsorge verfassten Schriften wurde verboten. Seit 1942 durften hohe Kriegsauszeichnungen wie das Eiserne Kreuz Erster Klasse nicht mehr an Kriegspfarrer vergeben werden. Dennoch wurde nahezu jeder Kriegspfarrer mehrfach mit Kriegsorden ausgezeichnet. In der Regel handelte es sich um das Kriegsverdienstkreuz II. Klasse mit Schwertern und die „Medaille Winterschlacht im Osten 1941/42", auch „Gefrierfleischorden" genannt. Dazu kamen das Kriegsverdienstkreuz I. Klasse mit Schwertern, das Verwundetenabzeichen in Schwarz, Silber oder Gold oder auch seltenere Orden wie die rumänische Kriegserinnerungsmedaille „Kreuzzug gegen den Kommunismus". 1941 und sogar noch 1942 wurden einzelne Kriegspfarrer mit dem Eisernen Kreuz I. und II. Klasse ausgezeichnet.

Die Kriegspfarrer empfanden die Anordnung, keine höheren Kriegsauszeichnungen mehr an Wehrmachtseelsorger zu vergeben, als besonders diskriminierend. So empörte sich der evangelische Divisionspfarrer Hermann Wolfgang Beyer: „Die grundsätzliche Ausschließung der Kriegspfarrer von dieser Auszeichnung ohne jede Rücksicht auf das, was sie leisteten, also auch im Falle einer sehr schweren Verwundung, wo jeder Soldat das Kreuz erhält, wenn er sich bis dahin anständig geführt hat, ist ein Ausdruck der Mißachtung unseres Amtes, wie es sie in der Geschichte unserer Armee noch nicht gegeben hat."[12]

Den vorläufigen Höhepunkt dieser Maßnahmen bildeten die „Richtlinien für die Ausübung der Feldseelsorge" vom 24. Mai 1942, die auf Betreiben der Parteikanzlei vom OKW/Inland der Heeres-Dienstvorschrift 373 von 1941 zugefügt wurden. Die Richtlinien definierten die allgemeine Aufgabenbestimmung und Zielrichtung der Feldseelsorge grundsätzlich neu.

Hatten Kommandierungen zu Gemeinschaftsgottesdiensten bislang zur Tagesordnung gehört, unterlag der Gottesdienstbesuch nun dem Prinzip strikter Freiwilligkeit. Weder aus der Teilnahme noch aus der Nichtteilnahme am Feldgottesdienst sollte einem Angehörigen der Wehrmacht ein Nachteil erwachsen.[13] Mit den „Richtlinien" verlor der überkonfessionelle Feldgottesdienst oder „Gemeinschaftsgottesdienst", den das „Merkblatt" noch als Kernstück der Tätigkeit des Kriegspfarrers bezeichnet hatte, seine Bedeutung. Die Wehrmacht benötigte die Gottesdienste nur noch als religiöse Dienstleistung, nicht mehr für die Stärkung eines gemeinsamen Kampfgeistes. Die Schwerpunkte der Gottesdienste sollten künftig auf der Verkündigung des Evangeliums und der kirchlichen Liturgie liegen. Der konfessionelle Gottesdienst trat an die Stelle des „Gemeinschaftsgottesdienstes", in dem Gottesdienst und militärische Feier miteinander verbunden gewesen waren. Laut „Richtlinien" waren militärische Feiern strikt von religiösen zu trennen.

Als beleidigend empfanden Wehrmachtseelsorger auch die sogenannte Beerdigungsrichtlinie, nach der ein Kriegspfarrer nur noch dann zu einer Beerdigung hinzuzuziehen war, wenn der Tote einer christlichen Kirche angehörte oder den ausdrücklichen Wunsch nach einem christlichen Begräbnis geäußert hatte.

Aus der „dienstlich befohlenen Einrichtung der Wehrmacht" wurde eine „gebilligte Bedürfnisseelsorge". Mit der Umdefinition zur religiösen Dienstleistung trat die Wehrmachtseelsorge aus ihrer bisherigen zentralen Stellung in der Wehrerziehung heraus und wurde zu einer marginalen Größe. Zudem verschlechterten die „Richtlinien" die Position der Wehrmachtseelsorge innerhalb der Wehrmachthierarchie, denn sie betonten die disziplinarische Unterordnung des Kriegspfarrers unter den Truppenführer. Hieß es im „Merkblatt", der obere Führer solle im Feldseelsorger seinen Gehilfen sehen, der ihn gleichsam partnerschaftlich bei der Beurteilung und Förderung der seelischen Kraft seiner Truppe unterstützte, hatte der militärische Vorgesetzte in den „Richtlinien" von 1942 die Arbeit des Kriegspfarrers zu „überwachen".

Ende April 1942 fand der letzte Kriegspfarrerlehrgang im Oberkommando des Heeres (OKH) statt. Danach wurden keine neuen Kriegspfarrer mehr ausgebildet. Ab September 1942 hatten neu aufgestellte Divisionen keine Kriegspfarrer mehr in ihren Divisionsstäben. Im November 1942 fiel auch die reguläre Nachbesetzung von Kriegspfarrerstellen weg, die durch Verwundung, Krankheit oder Tod frei geworden waren. In dieser Situation war die katholische Wehrmachtseelsorge im Vorteil. Sie konnte sich behelfsweise aus einem Pool von Priestersoldaten bedienen, die in der Regel nicht zur kämpfenden Mannschaft gehörten, sondern bei der Sanität zu finden waren. Dagegen befanden sich evangelische Theologen häufig als Offiziere bei der kämpfenden Truppe und waren nur selten für die Wehrmachtseelsorge zu gewinnen. Die evangelische Wehrmachtseelsorge verfügte über eine weitaus geringere Reserve von Geistlichen, die als Sanitätssoldaten in den Lazaretten tätig waren, und fühlte sich entsprechend benachteiligt.

Am 9. März 1943 ergriffen Franz Dohrmann und Franz Justus Rarkowski gegenüber dem Chef des Oberkommandos der Wehrmacht (OKW) Wilhelm Keitel die Initiative und ließen ihn wissen, dass „schon jetzt" eine einigermaßen geregelte und auch nur annähernd ausreichende Feldseelsorge nicht mehr gewährleistet sei.[14] Von insgesamt 1348 Kriegspfarrerstellen seien 198 unbesetzt. Die beiden Feldbischöfe baten darum, den Einstellungsstopp für Kriegspfarrer aufzuheben und wenigstens die in Stalingrad gefallenen und verwundeten Kriegspfarrer zu ersetzen, was Keitel jedoch ablehnte.

In den neu aufgestellten Volksgrenadierdivisionen des Ersatzheeres, das nach dem 20. Juli 1944 Himmler unterstellt wurde, waren gar keine Stellen für Kriegspfarrer eingeplant. Schließlich sollte in sämtlichen Divisionen der Wehrmacht die Abteilung IVd der Wehrmachtseelsorge durch den Nationalsozialistischen Führungsoffizier (NSFO) ersetzt werden; eine Maßnahme, die jedoch nicht mehr vollständig zur Ausführung kam.

Dennoch gelang es der Partei, den NSFO in den Führungsstäben der Wehrmacht zu etablieren. Ende 1944 gab es bereits 1074 NSFO. Ihre Aufgabe war es, aus den Offizieren der Wehrmacht fanatische „Glaubenskämpfer" für den Nationalsozialismus zu machen. Auf diese Weise hofften Hitler und seine Umgebung, die sich abzeichnende Niederlage abzuwenden. Die Partei-Kanzlei ging davon aus, dass der NSFO zwangsläufig mit dem Wehrmachtgeistlichen in Kollision geraten müsse, sollte er doch – wie der Kriegspfarrer – als „Prediger des Glaubens an Führer und Endsieg" die Kampfkraft der Truppe stärken.[15]

Für die leitenden Funktionäre der Wehrmachtseelsorge, die am Ersten Weltkrieg teilgenommen hatten, bedeuteten diese Maßnahmen einen enormen Statusverlust.

Die Wehrmachtseelsorge – so lässt sich festhalten – war ein Zugeständnis Hitlers an die Tradition, wie der Historiker Christian Hartmann festgestellt hat.[16] Militärgeistliche hatten bis dahin selbstverständlich zum preußisch-protestantisch geprägten Heer gehört. Ihre glanzlose Nischenexistenz im Zweiten Weltkrieg war christlich geprägten Offizieren kaum verständlich zu machen. Doch die Umwandlung der Wehrmacht in eine Streitkraft ohne christliche Sinnbezüge war gegen Ende des Krieges in vollem Gange.

Dass die Wehrmachtseelsorge dennoch bis 1945 den Entkonfessionalisierungsbestrebungen des NS-Regimes widerstand, verdankte sich ihrem hohen Organisationsgrad sowie den Beharrungskräften überkommener militärischer Strukturen. „Die Partei-Kanzlei ahnte – gottlob – nicht, wie sehr die Feldseelsorge innerlich ausgebaut war und hatte bei dem Versuch, sie zu zerschlagen, wahrhaftig kein leichtes Spiel", stellte Georg Werthmann kurz nach dem Ende des Krieges fest.[17]

Letztlich lag es in den Händen der militärischen Führung, wie strikt sich Kriegspfarrer an die „Richtlinien" hielten. Hatte ein Kriegspfarrer die Rückendeckung seines militärischen Vorgesetzten, konnte er trotz aller neuen Vorschriften ungestört auch weiterhin politische und historische Vorträge halten und gegen den Bolschewismus predigen.[18]

Der evangelische Wehrmachtdekan Heinrich Lonicer und seine Anhänger, die hinter der Konzeption des „Merkblattes" von 1939 standen und die Wehrmachtseelsorge für einen zentralen Teil der politischen Wehrerziehung hielten, verurteilten diese auf Marginalisierung der Kriegspfarrer zielende Politik. Sie intervenierten beim OKW, das für die Formulierung der „Richtlinien" zuständig war. Verantwortlich waren in ihren Augen jedoch nicht die kirchenfeindlichen Kräfte in der NSDAP, sondern katholische Kreise, die angeblich hinter ihrem Rücken agierten und konfessionelle Eigeninteressen verfolgten.[19]

In der Tat kam es Teilen der katholischen Wehrmachtseelsorge durchaus gelegen, aus der Mitverantwortung für die staatspolitische Erziehung der Soldaten im Sinne des NS-Regimes entlassen zu werden. Doch ihr leitender Funktionär Georg Werthmann gehörte nicht dazu. Ihm war klar, dass die Einführung der „Richtlinien" das Ziel hatte, den Einfluss des Christentums auf die breite Masse der Soldaten zurückzudrängen und es gefiel ihm nicht, dass die Gottesdienstbesuche keine Rolle mehr in der militärischen Erziehung der Soldaten spielen sollten, sondern nur noch als Privatsache behandelt wurden. Politischen Kreisen, hinter denen die Parteikanzlei Bormanns stehe – so

Werthmann – habe es nicht gepasst, dass die Gemeinschaftsgottesdienste eine Nichtteilnahme der Soldaten erschwerten. Sie hätten das „Merkblatt" in der Hoffnung aufgehoben, dass die Mehrheit der Soldaten überhaupt kein Interesse an konfessioneller Betreuung mehr zeige.[20]

Innerhalb der evangelischen Militärseelsorge dürfte das Echo auf die Abschaffung des „Merkblattes" geteilt gewesen sein. Wer etwa als Mitglied der Bekennenden Kirche Wert auf die Bewahrung seiner konfessionellen Eigenart legte, mochte in den „Richtlinien" eine Chance sehen, sich von ungewollten Einmischungen der Politik in die christliche Verkündigung zu befreien.

Vor allem rückblickend war manch ein Funktionsträger der Wehrmachtseelsorge gar nicht so undankbar für die Marginalisierung der Wehrmachtseelsorge im Krieg, die ihn von dem Verdacht entlastete, mit dem NS-Regime paktiert zu haben. So erläuterte Siegfried Sprank 1955, der Kriegspfarrer sei nach 1942 in seiner Verkündigung freier geworden. Nun habe er nicht mehr als Sprachrohr seines obersten Kriegsherrn dienen müssen, sondern sich ganz auf die Verkündigung des Evangeliums konzentrieren können.[21]

3. Der Ostkrieg

Die beiden großen Kirchen in Deutschland begrüßten den Ausbruch des Zweiten Weltkrieges am 1. September 1939 nicht euphorisch und teilten diese Haltung wohl mit der Mehrheit der Deutschen. Bereits im Jahr zuvor hatte sich im Zuge der Sudetenkrise eine wachsende Kriegsfurcht in der Bevölkerung ausgebreitet. Zu lebendig war vielen noch die Erinnerung an die Schrecken des Ersten Weltkrieges. In der evangelischen Kirche erinnerte man sich noch gut an die eigenen peinlichen Entgleisungen der Kriegspredigten von 1914, als Pfarrer den Krieg des Deutschen Kaiserreiches als „Heiligen Krieg" gefeiert hatten. Auch unter den deutschen Katholiken machte sich 1939 keine Begeisterung breit.

Die Kirchen in Deutschland erlebten den Kriegsausbruch aus einer Position der Schwäche. Seit Mitte der 1930er Jahre standen sie im Fokus von antichristlichen Aktionen verschiedener Parteistellen. Ein beträchtlicher Teil der konfessionell ausgerichteten Zeitungen war zur Aufgabe gezwungen worden, Theologische Fakultäten wurden geschlossen oder mussten um ihren Bestand fürchten. Vor allem im evangelischen Bereich brach die Zahl der Theologiestudenten ein. Die Kirchenaustritte erreichten 1939 ihren Höhepunkt. Der deutsche Protestantismus befand sich nach Jahren des aufreibenden innerevangelischen „Kirchenkampfes" um die Frage, wieweit der NS-Staat in die kirchliche Autonomie eingreifen dürfe, in einem Zustand der Konfusion.[22] Die 28 evangelischen Landeskirchen standen den Angriffen des Staates ohne einheitliche Linie gegenüber. Die traditionell staatsverbundenen Protestanten mussten erleben, dass ausgerechnet die Partei, die mit Hilfe ihrer Stimmen groß geworden war, sie nun als patriotisch unzuverlässig denunzierte und bekämpfte. Zum ersten Mal in ihrer nationalen Geschichte waren die Protestanten mit einer Staatsführung konfrontiert, die mit der institutionellen Vernichtung ihrer Kirchen drohte.

Noch härter traf es die katholische Kirche. Sie musste sich seit 1937 mit einer Kampagne gegen ihre moralische Autorität auseinandersetzen. Im Zentrum der Kampagne standen ca. 250 Sittlichkeitsprozesse gegen Priester und Ordensleute, denen man Homosexualität oder Pädophilie vorwarf. Das 1933 geschlossene Konkordat zwischen dem Deutschen Reich und dem Vatikan war bei Kriegsausbruch in wesentlichen Punkten von den Machthabern außer Kraft gesetzt worden.

Dies alles hielt Pfarrer und Theologen beider Konfessionen nicht davon ab, sich in großer Geschlossenheit hinter ihre Staatsführung zu stellen. Am 2. September 1939 formulierte der „Geistliche Vertrauensrat der Deutschen Evangelischen Kirche" einen Aufruf, in dem er auf die in der Folge des Ersten Weltkrieges erlittenen Gebietsverluste im Osten des Deutschen Reiches anspielte und verkündete, dass nun „deutsches Blut zu deutschem Blut heimkehren" dürfe. Zudem enthielt der Aufruf eine Fürbitte „für Führer und Reich, für die gesamte Wehrmacht und alle, die in der Heimat ihren Dienst für das Vaterland tun."[23]

Selbst wenn der „Geistliche Vertrauensrat" nicht für den ganzen in sich zerstrittenen Protestantismus sprechen konnte, gehörte die Identifikation mit der Nation zum festen Kern des protestantischen Selbstverständnisses. Im Angesicht des Krieges schlossen selbst die verfeindeten Kirchenkampflager innerhalb der Evangelischen Kirche „Burgfrieden" miteinander. „Großdeutschland ruft zum Dienst. Es ist Kampf. Im Kampf verstummt jeder Mißklang im eigenen Lager. Jetzt stehen wir alle in einer Reihe und tragen alle dieselbe Rüstung", ließen die Deutschen Evangelischen Pfarrervereine am 8. September 1939 verkünden und drückten damit vermutlich die durchschnittliche Haltung der deutschen Protestanten zum Krieg aus.[24] Selbst die Angehörigen der Bekennenden Kirche, die wie die katholischen Geistlichen von den Nationalsozialisten als Gegner eingestuft wurden, ließen keinen Zweifel an ihrer nationalen Zuverlässigkeit. Sie wollten sich von niemandem an staatspolitischer Loyalität übertreffen lassen. Wie stark hier das patriotische Motiv war, zeigt das Beispiel Martin Niemöllers, des Kopfes des radikalen Flügels der Bekennenden Kirche, der sich aus dem Konzentrationslager heraus als Kriegsfreiwilliger meldete.[25]

Unterstützung für den Krieg fand sich auch auf katholischer Seite. Im Hirtenbrief der Bischöfe vom 17. September 1939 fehlte zwar das Gebet für den Führer, doch ermahnte er die katholischen Soldaten, „in Gehorsam gegen den Führer opferwillig unter Hingabe ihrer ganzen Persönlichkeit ihre Pflicht zu tun." Als die Wehrmacht in Warschau einmarschiert war, folgte der Episkopat der Aufforderung, sieben Tage mittags eine Stunde die Kirchenglocken zu läuten.

Der historische Hintergrund der katholischen Loyalitätsbekundungen war indes ein anderer als bei den Protestanten, die auf eine Geschichte engster institutioneller und mentaler Verbindungen mit der deutschen Nation preußischer Prägung zurückblickten und für die ein kirchenfeindlicher Staat noch ungewohnt war. Dagegen hatte sich die katholische Minderheit in Deutschland seit den Tagen des Kaiserreiches wegen ihrer Orientierung auf den Papst in Rom mit dem Vorwurf der nationalen Unzuverlässigkeit auseinandersetzen müssen und stand unter dem steten Druck beweisen zu müssen, dass sich Katholizismus und Vaterlandsliebe sehr wohl miteinander vertrugen. Der Krieg bot den deutschen Katholiken die Gelegenheit, ihre Loyalität zum Vaterland zu beweisen und nährte die Hoffnung auf gesellschaftliche, kulturelle und politische Rehabilitation.

Beide Konfessionen und alle kirchlichen Parteien waren in der Loyalität zum Vaterland zutiefst miteinander verbunden. Dabei blendeten sie aus, wie eng diese Loyalität sie an die herrschenden Machthaber band. Aus ihrer Sicht war es sehr wohl möglich, gegen Hitler und die Politik der Nationalsozialisten zu sein, gleichzeitig aber unbedingt loyal zum Staat zu stehen.

Die Theologen blickten durchaus aus unterschiedlichen Perspektiven auf den Krieg. Während die Anhänger der protestantischen Deutschen Christen den Krieg im Sinne der Volkstumsideologie deuteten, nach der das Volk eine göttliche Setzung war, aus der sich das Recht, Krieg zu führen, zwingend herleitete, sahen katholische Geistliche und Pfarrer der Bekennenden Kirche im Krieg eher eine Strafe Gottes für die Sünden der Menschen.

Die kirchliche Lehre, die es grundsätzlich möglich gemacht hätte, über die Legitimität des Krieges zu urteilen, wäre die aus der Scholastik stammende Lehre vom „bellum iustum" gewesen, auf die sich Protestanten und Katholiken gleichermaßen bezogen. Danach durften Kriege 1. nur von einer legitimen Obrigkeit geführt werden, 2. mussten sie einen rechtmäßigen Grund haben, 3. durften sie nur zur Wiederherstellung des Rechtszustandes dienen und 4. sollten sie die Verhältnismäßigkeit der Mittel wahren. Der Reformator Martin Luther hatte darüber hinaus in seiner 1526 erschienenen Schrift „Ob Kriegsleute auch im seligen Stande sein können" die militärisch erlaubte Auseinandersetzung auf den reinen Verteidigungskrieg eingeschränkt.

Das waren Kriterien, an denen die Berechtigung des aktuellen Krieges hätte gemessen werden können. Doch eine ernsthafte Anwendung dieser Lehre vom Krieg erfolgte in keiner der beiden Kirchen. Selbst katholische Kirchenführer wie Konrad Preysing, die den Krieg Hitlers persönlich für illegitim hielten, ermahnten die Soldaten zu treuer Erfüllung ihres Dienstes in der Wehrmacht. Entscheidend war, dass die Lehre vom bellum iustum mit dem Westfälischen Frieden 1648, der Gewalt auf dem Gebiet religiöser Auseinandersetzung für immer verbot, ihre Bedeutung verloren hatte. Seitdem war der Krieg kaum noch Gegenstand theologischer Diskussionen.[26] In der Politik aber herrschte die weltliche Obrigkeit, die nach dem Neuen Testament (Römer 13) für beide Konfessionen eine von Gott legitimierte Autorität besaß. Und so war es am Ende diese weltliche Obrigkeit, die den Zweiten Weltkrieg als „gerecht" deklarierte und den Kriegspfarrern den Auftrag erteilte, den Soldaten die „Idee eines gerechten Krieges aus sozialer und völkischer Notwehr" zu vermitteln.[27]

Die Mehrheit der Theologen und Kirchenführer sah den Krieg nicht als menschengemachtes Geschehen, sondern als gottgegebene Bewährungsprobe, als Prüfung, die man als Christ zu bestehen hatte. Aufgabe der Geistlichkeit war es, zum Gelingen dieser Prüfung beizutragen.

Der Kriegsbeginn 1939 weckte in beiden Kirchen zunächst die Hoffnung auf ein Ende der kirchenfeindlichen Politik des NS-Regimes. Hitler hatte angeordnet, keine neuen Maßnahmen gegen die Kirchen zu ergreifen, solange der Krieg andauerte. Doch der erhoffte „Burgfrieden" zwischen NS-Staat und den Kirchen blieb aus. Vielmehr nutzten die kirchenfeindlichen Kräfte in Staat und Partei den Krieg mit dem Hinweis auf kriegsnotwendige Einschränkungen, um die „Entkonfessionalisierung des öffentlichen Lebens" voranzutreiben.

Als die deutsche Wehrmacht am 22. Juni 1941 in die Sowjetunion einmarschierte, war die Lage der Kirchen in Deutschland so schlecht wie nie. Die Papierkontingente für die kirchliche Presse waren gesperrt, die konfessionellen Schulen und Kindergärten geschlossen. Zahlreiche katholische Klöster und Ordenshäuser waren im Zuge des sogenannten Klostersturms beschlagnahmt und enteignet worden. Wie groß der Druck war, der auf der katholischen Kirche lastete, zeigt der Hirtenbrief der Bischöfe vom 26. Juni 1941, der ausführlich die Beengungen der Kirche durch die nationalsozialistische Politik kritisierte und mit der dramatischen Warnung endete: „Es geht um Sein oder Nichtsein des Christentums und der Kirche in Deutschland."[28]

Hatte es schon zu Kriegsbeginn 1939 keine Euphorie in der Bevölkerung gegeben, so löste der Angriff auf die Sowjetunion in weiten Kreisen der Bevölkerung Bestürzung und Angst über die unabsehbare Verlängerung des Krieges aus.[29]

Für die Kirchen indes war der neue Kriegsgegner nicht fremd. Vielmehr bekämpften sie ihn schon lange und leidenschaftlich. Der atheistische Kommunismus galt als ausgemachter Feind des Christentums. Theologen beider Konfessionen interpretierten ihn seit dem 19. Jahrhundert als radikale Antithese zum eigenen Welt- und Menschenverständnis. Im evangelischen Raum waren die Argumente vorgeprägt durch die Kommunismusdeutung des Berliner Rechtsprofessors Friedrich Julius Stahl. Stahl sah im Kommunismus ein Kind der Aufklärung und die Rebellion des autonomen Menschen gegen eine göttlich legitimierte Weltordnung. Seit seinem Bestehen wurde der Kommunismus als „Gegenreligion" zum Christentum verstanden und in einen heilsgeschichtlichen Kontext gestellt. Im Kampf der Mächte von Gut und Böse verkörperte der Kommunismus das Böse.[30]

Mit dem Sieg der Oktoberrevolution 1917 in Russland bekam diese Deutung für beide Konfessionen eine bedrohliche Aktualität. Berichte von der gewaltsamen Ausschaltung der Kirchen aus dem öffentlichen Leben der Sowjetunion und Bildbroschüren über zerstörte und geplünderte Kirchen lösten helle Empörung und tiefe Furcht aus. Sie bewirkten, dass der „Bolschewismus" zum Synonym für radikale Kirchenfeindschaft wurde und zum politischen Kampfbegriff für alle, die sich der christlich abendländischen Tradition zurechneten.

Ende der 1920er Jahre gingen die Katholiken mit großangelegten publizistischen Kampagnen zum Gegenangriff über. Unter der Führung von Konrad Algermissen begann der Volksverein für das katholische Deutschland einen regelrechten Propagandafeldzug gegen den Bolschewismus, der auch in Deutschland in Gestalt der „Gottlosenbewegung“ und der deutschen Freidenkerorganisationen den Einfluss der Kirche auf die Gesellschaft bekämpfte. Gestützt von Papst Pius XI., der 1930 die Katholiken der Welt zu einem „Kreuzzug des Gebetes“ gegen den gottlosen Bolschewismus aufrief, organisierte Algermissen über die „Forschungs- und Auskunftsstelle über Bolschewismus und Freidenkertum“ zahlreiche Priesterkonferenzen, Laientagungen, Kurse oder Versammlungen bis hin zu Massenkundgebungen und brachte Flugblätter in Millionenhöhe unter das Volk. Algermissen wollte seine Kampagne als Abwehr des Vernichtungskampfes der Bolschewisten gegen die katholische Kirche verstanden wissen. Zwischen der katholischen Kirche und dem Bolschewismus, so schrieb er, werde einmal der End- und Entscheidungskampf ausgetragen werden. „Entweder überwinden wir den russischen Bolschewismus oder es kommt zum Weltbolschewismus“, lautete seine Prophezeiung.[31]

Die evangelische apologetische Centrale des Central Ausschusses für Innere Mission führte eine antibolschewistische Kampagne mit dem kämpferischen Ziel, Hilfstruppen der Pfarrer im Weltanschauungskampf zu sammeln und in „Laienführerkursen“ eine „apologetische Kampfschar“ gegen Freidenker und Bolschewisten auszubilden. Nach der Machtübernahme der Nationalsozialisten 1933 wurden diese kirchlichen Verbände beider Konfessionen in ihrem Kampf gegen den Bolschewismus durch die Zuschüsse des Reichsinnenministeriums sogar noch gestärkt.[32]

Die katholische als auch die evangelische Kirche stimmten dem Antibolschewismus des NS-Regimes kritiklos zu. Der katholische Bischof Michael von Faulhaber hatte Hitler darin beigepflichtet, dass der Kommunismus der gemeinsame Feind von

Christentum und Faschismus sei. Auch im „Handbuch der religiösen Gegenwartsfragen", das der Freiburger Erzbischof Conrad Gröber 1937 mit Empfehlung des deutschen Gesamtepiskopates herausgab, stand das Thema Bolschewismus im Mittelpunkt. Die deutschen Bischöfe, so Gröber im Vorwort, verfolgten mit dem Handbuch das Ziel, den „Wall" zu stützen, den der Führer gegen den Bolschewismus aufgeworfen habe.[33]

Im gleichen Jahr erschien das Buch des christlich-konservativen Schriftstellers August Winnig „Europa. Gedanken eines Deutschen" in einer Auflage von 80.000 Exemplaren und wurde zu einer beliebten Lektüre in evangelischen Kreisen. Während seines Kriegseinsatzes in der Sowjetunion las Wehrmachtpfarrer Hans Kähler seinen Soldaten daraus vor. Pfarrer Gerhard Knapp zitierte es häufig in seinem Tagebuch. Und auch Kriegspfarrer Hermann Wolfgang Beyer sprach voller Bewunderung über den zum Christen gewandelten ehemaligen Gewerkschaftsfunktionär Winnig. Für diesen war der Bolschewismus eine Kraft, die nicht nur Deutschland, sondern das gesamte christliche Europa bedrohte. Er schrieb dem Bolschewismus religiöse Qualität zu, weil der Kampf gegen Gott sein höchstes Ziel sei. Wenn Europa überleben wolle müsse es seinem göttlichen Auftrag nachkommen und das Kreuz gegen die Bedrohung durch die Sowjetunion verteidigen.[34]

Bei so großer prinzipieller Zustimmung zum antibolschewistischen Feldzug gegen die Sowjetunion wundert es nicht, dass das Telegramm, das der „Geistliche Vertrauensrat der Deutschen Evangelischen Kirche" am 30. Juni 1941 anlässlich des beginnenden Krieges gegen die Sowjetunion an Hitler sandte, weit über die vorangehenden Loyalitätsbekundungen dieses Gremiums hinausging. Hier legitimierte man den Krieg, indem man Bedrohungsszenarien aufbaute und Vernichtungswünsche hinterher schob. Mittelpunkt des Schreibens bildete die Wahrnehmung des Bolschewismus als „Todfeind aller Ordnung und aller abendländisch-christlichen Kultur". Dabei ging man davon aus, dass das „namenlose Leid", welches der sowjetische Bolschewismus seinen eigenen Völkern zugefügt habe, nun auch allen anderen Nationen bereitet werden solle. In diesem Kontext gedachte man der „baltischen evangelischen Märtyrer" von 1918, mit denen man die deutschstämmigen Pastoren meinte, die nach dem Rückzug der deutschen Truppen aus dem Baltikum von Bolschewisten ermordet worden waren. Die Kirchenvertreter versicherten ihrem „Führer“ und seinen „unvergleichlichen Soldaten“ den Beistand aller Gebete der Evangelischen Kirche und äußerten die Hoffnung, dass diese nun mit gewaltigen Schlägen den „Pestherd des Bolschewismus“ beseitigen, eine neue Ordnung in Europa unter der Führung Hitlers etablieren und „alle innere Zersetzung, alle Beschmutzung des Heiligsten, alle Schändung der Gewissensfreiheit“ beenden würden.[35]

Dagegen ermahnte der Hirtenbrief der deutschen katholischen Bischöfe vom 26. Juni 1941 die katholischen Soldaten lediglich zu „treuer Pflichterfüllung, tapferem Ausharren, opferwilligem Arbeiten und Kämpfen im Dienste unseres Volkes“. Der „Führer“ wurde schon gar nicht mehr erwähnt.[36]

Dennoch stand die Haltung der katholischen Kirche und Geistlichkeit zum Bolschewismus in nichts den Protestanten nach. Der katholische Feldbischof Franz-Justus Rarkowski war ein exponierter Unterstützer des Ostfeldzuges. Zwar galt er als Außenseiter unter den katholischen Bischöfen, da er nicht der Bischofskonferenz angehörte, doch vertrat der überzeugte Anhänger Hitlers keine Minderheitenposition, wenn er in seinem „Hirtenwort an die katholischen Wehrmachtangehörigen zu dem großen Entscheidungskampf im Osten“ von einem „europäischen Kreuzzug“ sprach und die Hoffnung äußerte, dass der Bolschewismus für „alle Zeiten aus der Geschichte“ getilgt werde.[37]

Selbst der Münsteraner Bischof Clemens von Galen, der im Sommer 1941 durch seine mutigen Predigten gegen die „Euthanasie“ von sich reden machte, sprach in einer Predigt wenige Monate nach dem Überfall auf die Sowjetunion von der „Pest des Bolschewismus“ und verlieh diesem Krieg mit seiner Rede vom „Kreuzzug“ den Nimbus der Heiligkeit.[38]

Ähnlich argumentierte Heinrich Höfler, der seit Beginn des Zweiten Weltkrieges die katholische „Kirchliche Kriegshilfe“ zur geistigen Betreuung der Wehrmachtsoldaten leitete. In einem Rundbrief an die katholischen Soldaten vom 17. September 1941 schrieb er, ganz Europa stehe dem Ungeist der Gottlosigkeit und der Zerstörung gegenüber. Man habe das Empfinden, als ob man es mit dem „filius iniquitatis" („Sohn des Bösen", vgl. Ps 89, 23) selbst zu tun habe, wenn man gegen den Bolschewismus zu Felde ziehe. Immer sei es das ureigene Gebiet des Widersachers, auf dem man sich bewege.[39] Von diesem Geist waren auch die Sonntagspredigten in den katholischen Kirchen beseelt, wo regelmäßig „Gedenkworte für die im Kampf gegen den Bolschewismus stehenden deutschen Soldaten" gesprochen wurden.

Bei den Kriegspfarrern löste der Krieg gegen die Sowjetunion böse Ahnungen aus. Nun sollten sie zum ersten Mal dem Antichristen, dem „filius iniquitatis", ganz real gegenüberstehen. In ihren Tagebüchern beschrieben sie eine geradezu unheimliche Atmosphäre der ersten Kriegstage. „Der Krieg beginnt", hieß es bei dem katholischen Wehrmachtpfarrer Johannes Opfermann, so als hätte es die beiden vorangehenden Kriegsjahre gar nicht gegeben. Sein Glaubensbruder Josef Wassong notierte am 22. Juni 1941: „Wie zum Hohn ging die Sonne friedlich u[nd]. strahlend auf". Auch für den evangelischen Wehrmachtpfarrer Hans Kähler war das ein denkwürdiger Tag: „Wie war uns das Herz schwer, als wir am Morgen des 22.6.41 im Verdener Dom saßen und einen Kriegspfarrer sprechen hörten", schrieb er in sein Tagebuch. Der Krieg gegen den Bolschewismus bedrückte und machte Angst, denn er richtete sich gegen eine atheistische Großmacht, den erklärten Gegner des Christentums.

4. Die Missionierung der Kirchenfernen

Für die Kirchen, die um ihr institutionelles Überleben in Deutschland bangten, hatte gerade die Wehrmachtseelsorge große Bedeutung. Die Tatsache, dass Geistliche seit Kriegsbeginn im Zentrum der Wehrerziehung standen, legitimierte indirekt auch den Fortbestand der Kirchen. Als „dienstliche Einrichtung der Wehrmacht" garantierte die Wehrmachtseelsorge die Nützlichkeit der christlichen Kirchen für den Krieg und genau diese Nützlichkeit galt es nun im „Existenzkampf" Deutschlands zu beweisen.

Mit Befriedigung nahmen die Kirchen zur Kenntnis, wenn einer der ihren zum Kriegspfarrer befördert worden war. Statistiken über Opfer der in der Wehrmacht dienenden Pfarrerschaft oder Ordensverleihungen an Kriegspfarrer gewannen große Bedeutung. 1944 schrieb der evangelische Kriegspfarrer Ernst Ufer, nachdem er das Verwundetenabzeichen in Silber verliehen bekommen hatte, der Feldbischof lege Wert auf solche äußeren Zeichen, um „aktenkundig" zu machen, „daß die Pfarrer sich nicht geschont hätten".[40]

Die Kirchen legten großen Wert darauf, die Bewährung ihrer Geistlichen im Krieg in der Öffentlichkeit bekannt zu machen. Dabei konkurrierten sie erbittert mit der anderen Konfession um die öffentliche Wahrnehmung ihres Kriegseinsatzes. „Die beiliegende Notiz über den Heldentod katholischer Feldgeistlicher könnte den Anschein erwecken, als seien bisher nur kath. Kriegspfarrer in Ausübung ihres Berufs gefallen", beschwerte sich der württembergische Landesbischof Wurm beim evangelischen Feldbischof Dohrmann und forderte diesen auf, gelegentlich eine Notiz über den Heldentod evangelischer Kriegspfarrer und ordinierter evangelischer Geistlicher in die Presse zu bringen.[41]

Die Institution der Wehrmachtseelsorge war – so ließe sich sagen – der durch den Krieg möglich gewordene Garant für den Fortbestand der Kirchen in der nationalsozialistischen Gesellschaft. Die Kirchen hofften über die Wehrmachtseelsorge die jungen Männer in der Wehrmacht dauerhaft für sich zu gewinnen und so ihre Existenz und innere Vitalität für die Zeit nach dem Krieg zu sichern.

Hier wiederholte sich die Geschichte. Schon im Ersten Weltkrieg hatten sich die Hoffnungen der Feldseelsorge aus genau denselben Gründen auf die Soldatenmission gerichtet. Was der evangelische Feldgeistliche Heinrich Ostertag über den Ersten Weltkrieg schrieb, hätte er ebenso zu Beginn des Zweiten Weltkrieges schreiben können:

„Die Situation, welche die Kirche gegenwärtig hier außen im Feld für ihre Arbeit vorfindet, ist einzigartig und in dieser Weise noch kaum je dagewesen. Die Gemeinde, an der wir hier arbeiten, ist gerade der Teil der Volksgesamtheit, den wir sonst am allerwenigsten erreicht haben. Es sind die Männer aus allen Berufsständen und Volksschichten – diejenigen, welche die Kraft und Blüte der Nation darstellen und die überwiegenden Träger des öffentlichen Gedanken- und Arbeitslebens sind.“[42]

1939 – so schien es – bekamen die Kirchen zum zweiten Mal die Chance, in die Mitte der Gesellschaft zurückzukehren. Unter den gegebenen politischen Umständen war der Erfolgsdruck allerdings größer als 1914. Der evangelische Pfarrer Wilhelm Schäperkötter schrieb rückblickend:

„Der immer entschlossener werdende Druck der Partei auf die Bevölkerung, sich der Kirche und ihrem Dienst zu entziehen, liess mich einem Ruf nach Hannover in die Wehrmachtseelsorge folgen, wo grosse Möglichkeiten auf den Pfarrer warteten, mit der christlichen Botschaft an die Männer heranzukommen.“[43]

Der evangelische Kriegspfarrer Paul Bauer schrieb an seine Kirchenleitung: „Ja, der Frontsoldat wird nach dem Krieg der Heimat auch über den Herrgott und den Glauben etwas zu sagen haben! (...) Kriegszeit ist Missionszeit, Kriegszeit ist Säezeit!“[44]

Auch die Katholiken wollten ihre Chance zur Soldatenmission unbedingt nutzen. Die Wehrmacht – so die Hoffnung – bot einen einzigartigen Resonanzboden für die Verkündigung der christlichen Botschaft, wie der katholische Kriegspfarrer Josef Kayser 1940 notierte.[45]

Im öffentlichen Raum wurden diese Ziele jedoch kaum formuliert. Während sich im Ersten Weltkrieg Feldgeistliche in ihren Berichten noch ganz offen über die Kriegssituation freuten, die sie zur „christlich-religiösen Beeinflussung" der Soldaten nutzen konnten, rieten die Feldbischofsämter während des Zweiten Weltkrieges ab von allzu offen formulierten Missionsabsichten.[46]

Intern aber blieb das Motiv der Soldatenmission allgegenwärtig. In den Tagebüchern der Kriegspfarrer war die Begegnung mit kirchenfernen Offizieren oder Soldaten immer eine Erwähnung wert, vor allem dann, wenn man es geschafft hatte, diese auf die eine oder andere Weise zu beeindrucken. Politisch denkende Kriegspfarrer wie Hermann Wolfgang Beyer, die auf eine Vereinbarkeit von Nationalsozialismus und Christentum setzten, betonten besonders gern, wenn es ihnen gelungen war, die Anerkennung nationalsozialistischer Offiziere zu erlangen.

Kriegspfarrer gelangten sogar in die Lazarette und Divisionen der militant kirchenfeindlichen SS. Der katholische Kriegspfarrer Franz Xaver Berger, der es zum außerordentlichen Lazarettseelsorger bei einer SS-Totenkopf- und einer SS-Polizei-Division gebracht hatte, vermerkte, dass junge SS-Männer auf dem Sterbebett wieder in die katholische Kirche eintraten, weil sie sich in ihre Heimat und nach dem Glauben ihrer Kindheit zurücksehnten. An seinen Feldbischof schrieb er: „Wir hatten eine zeitlang in den Feldlazaretten der Gruppe auch die Verwundeten der SS-T[otenkopf]. Div[ision]. zu betreuen und seit langem die verwundeten der SS-Pol[izei]. Div[ision]. Diese Kameraden der SS sagten wiederholt: Es freut uns, daß Sie uns nicht links liegen lassen, weil wir von der SS sind. Bei diesen Besuchen der Verwundeten ergaben sich die vielgestaltigsten Möglichkeiten für seelsorgerisches und priesterliches Wirken. Es war manchmal möglich bis zu 60 und 80 Kranken- und Sterbekommunionen am Tage zu spenden, im Gelände, im Krankenkraftwagen, im Feldlazarett, anderen zum mindestens durch Liebesreue, ein Gebet der Ergebung in Gottes Willen, Absolution und hl. Ölung letzte Gnade zu vermitteln und zu einem guten Tod zu verhelfen."[47]

Die fremdländischen Kontingente der SS-Divisionen verfügten über eigene Divisionspfarrer, so die SS-Division Charlemagne, die SS-Division der Wallonen, die ukrainische SS-Division, die SS-Freiwilligen-Gebirgs-Division „Prinz Eugen" und die SS-Einheiten mit Angehörigen der baltischen Staaten.

Ein Grund für die Präsenz der Wehrmachtseelsorge in der Waffen-SS war, dass diese seit 1942 keine ausschließliche Freiwilligenarmee mehr war. Nicht zuletzt die Eltern von Soldaten der Waffen-SS verlangten nach einem geistlichen Beistand für ihre Söhne, wenn diese schwer verletzt im Lazarett lagen – eine Forderung, die der Vorsitzende der katholischen Bischofskonferenz Bertram aufnahm. Als Georg Werthmann sich bei seinen Vorgesetzten erkundigte, ob katholische Geistliche künftig als Divisionspfarrer zur Waffen-SS einberufen würden, antwortete man ihm, es seien zwei katholische und drei evangelische Divisionspfarrer für die Seelsorge in der Waffen-SS vorgesehen.[48]

Selbst nach der Verfügung Himmlers, dass kein Angehöriger der SS mehr christlich bestattet werden dürfe, organisierten Kriegspfarrer die Begräbnisarbeiten in Feldlazaretten der SS. Eine statistische Erhebung in einer Kriegslazarettabteilung ergab, dass von den 104 vom Kriegspfarrer bestatteten Angehörigen der SS-Polizei-Division, 100 einer christlichen Konfession angehörten. Nur vier bezeichneten sich als „gottgläubig" und bekannten sich damit zu ihrem Kirchenaustritt.[49]

Ähnliches war von evangelischer Seite zu hören. Bernhard Bauerle schwärmte noch nach dem Krieg: „Mein Dienst wurde nie abgelehnt, auch nicht von SS-Einheiten". Feindschaft und Gehässigkeit seien ihm von dieser Seite nie begegnet. Nur einmal habe ihm ein SS-Offizier bei einer Tasse Kaffee in aller Freundlichkeit erklärt, ihm müsse doch klar sein, „dass, wenn jetzt die Juden liquidiert würden, nach dem Krieg als erste wir Pfarrer drankämen". Man habe daraufhin mit den Kaffeetassen auf das gegenseitige Wohl angestoßen.[50]

Die Mehrheit der Kriegspfarrer aber feierte ihre Missionserfolge bei den einfachen Soldaten. Diese vollzogen sich überwiegend in den Lazaretten, wo man davon ausgehen konnte, dass sich Verwundete im Angesicht des Todes schneller dem Evangelium öffnen würden. Bei vielen Menschen habe Religion doch mit der Angst zu tun, stellte Franz Xaver Berger fest.[51] Genau hier lag der Hebel für die Soldatenmission. Erst das Leid der Soldaten – so ließe sich zynisch formulieren – eröffnete die Chance gehört zu werden. Dies galt besonders für den Krieg gegen die Sowjetunion. Denn gerade an der Ostfront gehörten Schmerz und Todesangst zum Soldatenalltag. Hier im „Alltag an der Grenze des Todes" fielen bereits im ersten Halbjahr 300.000 deutsche Soldaten im Kampf gegen die Rote Armee.

Den Unterschied zwischen Ostfront und den anderen Kriegsschauplätzen empfanden alle. Der katholische Kriegspfarrer Georg Lipp berichtete: „Der Kampf im Osten ist unvergleichlich mit den Feldzügen Polen, Frankreich, Jugoslawien. Der schwerste Tag am Oise-Aisne Kanal mit 700 Verwundeten, 250 Toten hat sich hier schon oft, bitter oft wiederholt."[52] Die Kriegspfarrer beider Konfessionen beschrieben den Ostkrieg als einen „tiefen bis in die letzten Wurzeln reichenden Unterschied" zum Krieg im Westen. „Dort in Rußland der Ernst der Todesnähe, die gerade der Arbeit des Pfarrers viele Tore aufschloß, und hier die ganz anders geartete Atmosphäre der Etappe."[53] Der Unterschied zwischen der Ostfront und den anderen Fronten im Westen wurde ähnlich bewertet wie der zwischen Etappe und Front. „Je weiter jedoch eine Truppe vom Schuß ist, umso gleichgültiger ist sie religiösen Fragen gegenüber", bemerkte der evangelische Kriegspfarrer Alfred Busse.[54]

Fehlende Abwechslung, wachsende Erschöpfung, Tod und Verwundung der Kameraden, all dies spielte der Wehrmachtseelsorge an der Ostfront in die Hände und wertete ihre Bedeutung gegenüber der Wehrmachtseelsorge an der Westfront auf. „Immer nehmen wir besonders dankbar Anteil an dem, was die Seelsorger an Osterfahrungen mitbringen, und suchen diese für uns zu verwerten", schrieb der evangelische Wehrmachtdekan Ernst Schieber an die Kriegspfarrer seines Dienstbereichs.[55]

Die Soldaten an der Ostfront hatten – so glaubte man in der Wehrmachtseelsorge – die bessere Moral. Dagegen beklagte man die Moral an der Westfront. Der katholische Wehrmachtdekan Franz Schmid verglich seinen Einsatz in Frankreich mit seinem Einsatz in der Sowjetunion und schrieb an seinen Erzbischof Gröber: „Es klingt beinahe unglaublich, wenn ich sage, daß die Feldseelsorge im Westen schwieriger ist als im Osten. Und doch dürfte das nicht zu viel behauptet sein. Die Gründe liegen auf der Hand: Eintönigkeit und Einförmigkeit des Dienstes, das Fehlen neuer und gefährlicher Aufgaben, dazu der konzentrierte Alkohol in großen Mengen und die mondäne Ferienwelt. Es ist erschütternd für mich, mit anzusehen, wie die in den letzten Jahren bis zum Übermaß eingehämmerten Grundsätze von Eugenik, Erbbiologie und Rassestolz hier ein betrübliches Fiasko erleiden, und zwar wohl verstanden durch die Blüte der deutschen Nation!“[56]

Die Härte des Krieges, so der Tenor, förderte das sittliche Niveau der Truppe. Von diesem Standpunkt aus konnte der Krieg nicht lang und nicht hart genug sein. „Was die sittliche Haltung angeht, so bewirkten die grossen Anforderungen, der Ernst des Kampfes und die Nähe des Todes eine Reinigung der Atmosphäre. Flüche und Zoten sind zurückgetreten. Die Versuchung durch Frauen und geilmachende Vorführungen fiel weg“, beschrieb der evangelische Kriegspfarrer Ewald Burger seine Erfahrungen mit der 113. Infanteriedivision nach verlustreichen Kämpfen in der Ukraine vom Sommer 1941. Der russische Feldzug habe doch viel tiefer in das innere Leben der Soldaten eingegriffen als der Westfeldzug. Die Gründe dafür sah Burger in der längeren Dauer der Kampfhandlungen, den höheren Anforderungen an die Leistungskraft und die größere Zahl der Verluste.[57]

Der Bedarf an Seelsorge unter den Soldaten der Ostfront wurde auch an höherer Stelle gern angeführt, wenn es darum ging, die Bedeutung der Wehrmachtseelsorge gegenüber dem OKH hervorzuheben und ihre Position innerhalb der Wehrmacht zu stärken. Der evangelische Armeepfarrer Bernhard Bauerle erklärte in einem Rundschreiben an seine Kriegspfarrer, der Ostkrieg habe das Ansehen der Wehrmachtseelsorge gestärkt. Diese werde nicht nur dankbar von der Truppe angenommen, sondern vielfach sogar aufrichtig gewünscht und gefördert.[58]

Solche Äußerungen legen den Schluss nah, dass die Wehrmachtseelsorge Erfolg hatte, wo der Krieg am grausamsten war. Im Tätigkeitsbericht eines katholischen Kriegspfarrers vom Mai 1942 hieß es: „Ende März konnte ich täglich die Verwundeten in unserem Feldlazarett betreuen. Aufgeschlossen sind die Männer, die aus dem Kampfe kommen, für religiöse Fragen. Ein tiefes

Verständnis für die heiligsten Werte im Menschen ist bei vielen erwacht."[59]

Dies führte bei den Geistlichen nicht selten zu Gefühlen beruflicher Befriedigung: „Und es war oft ein beglückendes Erlebnis inmitten so vielen Sterbens das Brot des ewigen Lebens auszuteilen. Umso schöner je mehr das nahe Kampfgeschehen noch nachzitterte", schrieb ein katholischer Kriegspfarrer an seinen Bischof Faulhaber.[60]

Wie verbreitet dieses Empfinden war, ist alles andere als eindeutig, da ehemalige Kriegspfarrer sich nach dem Krieg oft ganz anders über den Krieg im Osten geäußert haben.[61]

5. Der Beruf des Kriegspfarrers

Im Folgenden sollen einige Besonderheiten des Kriegspfarrerberufes vorgestellt werden. Was unterschied Wehrmachtpfarrer von Kriegspfarrern auf Kriegszeit? Wer wurde Wehrmachtpfarrer? Und wer wurde Kriegspfarrer? Wer entschied über die Einstellung eines Geistlichen bei der Wehrmacht und schließlich: Warum bewarben sich Geistliche, die der militärischen Welt oft denkbar fremd gegenüberstanden, überhaupt auf das Amt eines Kriegspfarrers?

Zu Kriegsbeginn kamen zunächst nur die „aktiven" Wehrmachtpfarrer zum Einsatz, die in der Regel vor 1933 Teil des deutschen Heeres waren und oft schon am Ersten Weltkrieg teilgenommen hatten. Als Staatsbeamte auf Lebenszeit waren sie institutionell unabhängig von den kirchlichen Behörden. Aktive Wehrmachtpfarrer hatten sich bewusst für ihren Beruf entschieden, identifizierten sich in hohem Maße mit dem Militär und standen in engster Verbindung zu Generälen und hochrangigen Offizieren. Während des Zweiten Weltkrieges fanden sie durchweg Verwendung in höheren Positionen der Wehrmachtseelsorge, etwa als Divisionspfarrer, Wehrmachtoberpfarrer oder Wehrmachtdekan.

Die den beiden Feldbischöfen zugeordneten Feldgeneralvikare Georg Werthmann und Friedrich Münchmeyer hatten die Aufgabe, die Verbindung zwischen Feldbischof und dem Amtsgruppenchef im OKH sicherzustellen. Ihnen untergeordnet waren die Wehrmachtdekane, Wehrmachtoberpfarrer und Wehrmachtpfarrer.

Dagegen waren die Kriegspfarrer a. K. nur für die Dauer des Krieges von ihren Kirchen für den Dienst in der Wehrmacht freigestellt. Sie wurden zunächst bei den Kriegslazarettabteilungen eingesetzt. Bewährten sie sich dort, konnten sie nach einem Jahr zu Divisionspfarrern ernannt werden. Als sogenannte Ergänzungsbeamte der Wehrmacht standen Kriegspfarrer a. K. ausschließlich in einem militärischen Dienstverhältnis und nicht in einem staatsrechtlichen Beamtenverhältnis wie die Wehrmachtpfarrer. Ihre Rechtsstellung richtete sich nicht nach dem Deutschen Beamtengesetz, sondern nach dem Wehrgesetz. Trotzdem leisteten Kriegspfarrer a. K. den Beamteneid, da sie als Geistliche nicht wie die Soldaten die Bereitschaft beschwören mussten, jederzeit ihr Leben einzusetzen und Angriffshandlungen vorzunehmen. Sie hatten dem „Führer des Deutschen Reiches und Volkes, Adolf Hitler" zu schwören, treu und gehorsam zu sein, die Gesetze zu beachten und ihre Amtspflichten gewissenhaft zu erfüllen.

In ihrem ersten Dienstjahr standen sie auf der Stufe eines Hauptmanns und wurden nach einem Jahr zum Major befördert.[62] Aktive Wehrmachtpfarrer begannen im Dienstrang eines Majors, als Wehrmachtoberpfarrer waren sie einem Oberstleutnant gleichgestellt, der Rang eines Wehrmachtdekans entsprach dem eines Obersten und die Feldbischöfe standen im Generalsrang. Die Wehrmachtpfarrer waren im Durchschnitt älter als die Kriegspfarrer a. K. Letztere rekrutierten sich aus den Jahrgängen 1905 bis 1912.

Die älteren Wehrmachtpfarrer hatten bereits aktiv am Ersten Weltkrieg teilgenommen und waren maßgeblich durch diesen geprägt worden. Auch der katholische Feldgeneralvikar Werthmann war als junger Kriegsfreiwilliger in den Ersten Weltkrieg gezogen und hatte den Krieg als Unteroffizier mit dem Verdienstkreuz 3. Klasse mit Schwertern beendet. Zeit seines Lebens verfolgten ihn die Schreckensbilder dieses Krieges. Sein Entschluss, Priester zu werden, hing unmittelbar mit dem Bemühen zusammen, den traumatischen Kriegserlebnissen rückblickend Sinn zu verleihen: „Was Remarque als Widersinn und Äußerung menschlicher Erbärmlichkeit abstempeln möchte, müssen wir mit letztem Sinne erfüllen. Das ist unsere heilige Pflicht gegenüber den Toten wie gegenüber dem Volke", hatte Werthmann in einem Vortrag in den 1920er Jahren erklärt.[63] Er begründete seine Entscheidung, 1935 Standortpfarrer in Berlin zu werden, mit der großen Aufgabe des Frontkämpfers, „das starke Erlebnis von damals nicht zu verwischen, sondern als heiliges Erbe zu hüten, zu verwalten und zu verwerten".[64] Der Zweite Weltkrieg bot ihm die Gelegenheit dazu.

Feldgeneralvikar Georg Werthmann 1940 (AKMB, AR 185) und Hermann Wolfgang Beyer, Kriegspfarrer a. K. 1941 (Privatbesitz Irmfried Garbe).

Einen vergleichbaren Weg ging der evangelische Kriegspfarrer Hermann Wolfgang Beyer, der wie Werthmann 1898 geboren war. Nach einem Notabitur war auch er freiwillig in den Ersten Weltkrieg gezogen und traumatisiert zurückgekehrt. Beyer begann sein Theologiestudium mit dem Ziel, dem Massensterben des Weltkrieges wenigstens nachträglich noch einen Sinn zu verleihen.

Die beiden Feldbischöfe, Franz Justus Rarkowski, geboren 1873, und Franz Dohrmann, geb. 1881, waren im Ersten Weltkrieg Divisionspfarrer gewesen. Rarkowski hatte die Niederlage des Kaiserreiches und die Demütigung von Versailles nie verwunden und sah in Hitler die große Chance, die Niederlage von 1918 in einen Sieg zu verwandeln.

In seinem „Hirtenwort an alle Wehrmachtgeistlichen“ von Pfingsten 1943 bekannte der katholische Feldbischof: „Als Seelsorger einer ruhmgekrönten Weltkriegsdivision sah ich tapfere deutsche Männer stürmen und siegen im Bewegungskrieg, aber auch aushalten im zermürbenden Feuer der schweren Abwehrschlachten. Es kam die traurige Zeit des Niederbruchs und der Hoffnungslosigkeit von 1918. Bilder tiefster Schmach und Schande mußte ich damals als Garnisonspfarrer im Westen des Reiches erleben, und manchmal schien es, als sei das Ende für Deutschland gekommen. Aber es ging wieder aufwärts. Als Wehrkreispfarrer der Reichswehr erlebte ich den jungen Soldaten der Nachkriegszeit, dessen religiöse Betreuung eine wichtige und dankbare Aufgabe war. Das Jahr 1933 kam und mit ihm eine neue Zeit und eine neue junge Wehrmacht, die unter ihrem Führer und Obersten Befehlshaber seit 1939 Unvergängliches geleistet und Höchstes vollbracht hat in Angriff und Abwehr auf allen Schlachtfeldern des gegenwärtigen Krieges. Der deutsche Soldat von 1914 und sein Sohn, der als junger Soldat von 1939 den großen und entscheidenden Waffengang der Gegenwart auszufechten hat, mögen in Vielem voneinander verschieden sein, da sie ja verschiedenen Epochen unserer deutschen Geschichte angehören. Aber in wesentlichen Dingen besteht kein Unterschied zwischen diesen Vertretern von zwei Generationen deutschen Soldatentums. Väter und Söhne reichen sich die Hände und sind von gleicher deutscher Art in ihrer unerschütterlichen Tapferkeit, in ihrer Treue zum Vaterlande und ihrer Gottesfurcht."[65]

Wie stark die Niederlage von 1918 unter katholischen Kriegsteilnehmern nachwirkte, zeigen die Bücher des Benediktinerpaters Theodor Bogler. Dieser hatte unmittelbar vor Ausbruch des Zweiten Weltkrieges Krieg und Kampf zur menschlichen „Grundgegebenheit" erklärt. Er prophezeite Zukunftskämpfe, die alle vergangenen Kriege an Grausamkeit weit übertrafen. Auch für Bogler bedeutete ein neuer Krieg die Chance, die Niederlage des Ersten Weltkrieges in einen Sieg zu verwandeln. „Was 1914 nicht vollendet werden konnte, 1940 ward es getan", hieß es in seiner Lobeshymne auf Hitler anlässlich des Sieges der Wehrmacht über Frankreich 1940.[66]

Die Kriegspfarrer a. K. waren zu jung, um am Ersten Weltkrieg teilgenommen zu haben, aber sie gehörten zur sogenannten Kriegsjugendgeneration, die ebenfalls nachhaltig vom Ersten Weltkrieg geprägt worden war. Der Kriegsausbruch 1914, die Kriegsbegeisterung der folgenden Jahre, Hunger und Entbehrungen und schließlich der „Zusammenbruch der Welt der Väter“ 1918 waren zentrale Bezugspunkte ihres politischen Denkens. Oft hatten sie den Vater oder Bruder im Ersten Weltkrieg verloren und erlebten den eigenen Kriegseinsatz als Fortsetzung und Wiedergutmachung dessen, was ihre Angehörigen erfolglos begonnen hatten.

Rückblickend haben einige von ihnen behauptet, sie seien unfreiwillig als Kriegspfarrer einberufen worden. Das war falsch und vermutlich der Furcht geschuldet, für den Krieg des NS-Regimes mit verantwortlich gemacht zu werden. Richtig ist, dass Geistliche ab 1939 wie alle anderen wehrfähigen Männer einen Einberufungsbefehl bekamen. Damit waren sie aber nicht automatisch Kriegspfarrer, sondern mussten sich, wenn sie nicht bereits über einen militärischen Rang verfügten, mit niedrigen Mannschaftsgraden weit unterhalb ihrer gesellschaftlichen Position begnügen. Wenn sie Kriegspfarrer werden wollten, mussten sie sich aktiv um das Amt des Kriegspfarrers bewerben. Viele Geistliche taten dies, weil sie nur so dem Schicksal eines untergeordneten Mannschaftssoldaten entgehen konnten. Nach einem nur achttägigen Kriegspfarrerlehrgang hatten sie den allgemeinen Offiziersrang erreicht. Besonders anspruchsvoll waren diese Lehrgänge nicht. „Wir haben dort unsere Kasernenstunde gehalten und unsere Soldatenpredigt vor allen Mitbrüdern, vor dem Feldbischof und anderen hohen Herrn, und ich denke, es ist keiner durchgefallen“, erklärte der katholische Kriegspfarrer Josef Perau rückblickend.[67] Auch sein Amtsbruder Rudolf Peifer erinnerte sich, dass die Anforderungen dieser Lehrgänge nicht besonders hoch waren. Die schriftlichen Aufgaben, so Peifer, hätten nicht gerade viel Geist erfordert.[68]

Für die jungen Theologen beider Konfessionen musste es reizvoll sein, sich als Kriegspfarrer a. K. zu bewerben. Der mit diesem Amt verbundene Offiziersrang versprach eine prestigeträchtige soziale Stellung bei der Wehrmacht, denn der Beruf des Offiziers erfreute sich höchster gesellschaftlicher Wertschätzung. Zu Beginn des Krieges hatten 20 Prozent der Abiturienten höherer Lehranstalten angegeben, Offizier werden zu wollen. Dagegen wollten nur 12 Prozent Arzt werden. Im Vergleich dazu hatte das Prestige von Geistlichen seit der Machtübernahme empfindlich gelitten. Der Bestand der theologischen Fakultäten war zunehmend bedroht. Die Zahl der Theologiestudenten nahm rapide ab, nicht zuletzt wegen mangelnder Berufsperspektiven.[69]

Zudem war das Gehalt eines Kriegspfarrers, der den Rang eines Majors bekleidete, im Vergleich zu einem einfachen Mannschaftssoldaten etwa vier Mal so hoch. Verdiente ein Major am Anfang seiner Laufbahn 641 RM, musste sich ein Stabsgefreiter gerade einmal mit 140 RM begnügen.[70]

Der evangelische Kriegspfarrer Ernst Ufer schrieb 1939 an seine Frau: „Zu meiner Beschämung und Überraschung der Kameraden bekommen wir Pfarrer den Wehrsold eines Majors oder Oberstabsarztes. Die meisten Ärzte, auch die Professoren der Medizin, die als beratende Ärzte bei uns sind, sind nur Stabsärzte. Der Pfarrerdienst wird offenbar beim ‚Barras' nicht gering eingeschätzt, viel zu hoch und zu gut."[71]

Evangelische Pfarrer, die es bei der kämpfenden Truppe bis zum Offizier gebracht hatten, hatten dagegen kaum noch das Bedürfnis Kriegspfarrer zu werden. Nachdem der evangelische Pfarrer Erich Arndt im Frankreichfeldzug zum Offizier befördert worden war, erlosch sein Interesse am Beruf des Kriegspfarrers umgehend. Doch genau diese Pfarrer waren für die Wehrmachtseelsorge interessant. Hier ging man davon aus, dass Offiziere der kämpfenden Truppe als Kriegspfarrer bei den Soldaten höheres Ansehen genossen als Kriegspfarrer ohne militärische Erfahrung. Je vertrauter ein Kriegspfarrer mit der militärischen Welt war, desto besser. „Solche, die mögen, haben wir viele. Aber die, die nicht mögen, die wollen wir", erklärte Feldbischof Dohrmann Erich Arndt, als dieser ihm eröffnete, kein Kriegspfarrer mehr werden zu wollen.[72]

Während viele protestantische Pfarrer als Offiziere der kämpfenden Truppe an der Front standen – im Ersten Weltkrieges hatten die evangelischen Kirchen in Deutschland ihre Bedenken über Bord geworfen und Geistlichen den Dienst mit der Waffe geebnet – arbeiteten katholische Priester meist in den Lazaretten. Das Konkordat zwischen dem Vatikan und dem nationalsozialistischen Staat untersagte ihnen den Waffendienst, so dass katholische Geistliche in der Regel nur niedrige Mannschaftsgrade erreichen konnten. So erstaunt es nicht, wenn gerade für katholische Geistliche das Kriegspfarreramt mit seinem hohen sozialen Prestige attraktiv war.

Auch der katholische Pfarrer und Sanitätssoldat Josef Perau bewarb sich nach seiner Einberufung im Mai 1940 als Kriegspfarrer. Im Juli 1941 belegte er einen Kriegspfarrerlehrgang und kam von dort aus an die Ostfront. In einem Brief an die Eltern schilderte er seine Motive: „Die andern Kapläne haben es [gemeint ist die Bewerbung als Kriegspfarrer] auch eingereicht, und wenn es mal was gibt, kann man doch besser wirken, wozu man berufen ist."[73] Perau hatte erkannt, dass nur Kriegs- oder Wehrmachtpfarrer ihrem eigentlichen Beruf innerhalb der Wehrmacht nachgehen konnten, während sich die anderen Geistlichen mit ungewohnten oder minderen Arbeiten begnügen mussten.

Die Geistlichen freuten sich auf den komfortablen Rang und das angenehme Leben im Offizierskorps, das sie nach bestandenem Lehrgang erwartete. Der katholische Geistliche Rudolf Peifer, der 1941 als Sanitätssoldat zur Wehrmacht kam, erinnerte sich an die Worte seines vorgesetzten Feldwebels, als dieser erfuhr, dass Peifer Kriegspfarrer werden würde: „Stellen Sie sich vor, wenn Sie diesen Lehrgang bestehen, sind Sie Kriegspfarrer im Hauptmannsrang! Wenn wir uns dann noch einmal begegnen, muß ich Sie grüßen!"[74]

Der evangelische Pfarrer Gerhard Knapp verbrachte einen guten Teil des Krieges damit, sich vergeblich um die Position eines Kriegspfarrers zu bewerben. Zusammen mit einem befreundeten Pfarrer hatte er sich im September 1941 zum ersten Mal für einen Kriegspfarrerlehrgang beworben. Über seine Motive schrieb er:

„Früher hätte ich ja nie an die Laufbahn eines Wehrmachtbeamten (Zahlmeister im Leutnantsrang) gedacht. –Wäre ich noch 10 oder 15 Jahre jünger, so hätte ich nichts anderes als die Reserveoffizierslaufbahn bei der Infanterie ins Auge gefaßt. – Aber da ich nun doch schon ein älterer Mann beim Kommiß bin, da mich ferner mein Weg zur Sanität geführt hat (bei der ich es im besten Fall zum San[itäts].- u[ntero]ff[i]z[ier]. bringen könnte), da endlich sämtliche U[ntero]ff[i]z[iers].stellen in der

San[itäts].kompanie besetzt sind und wohl auf lange Zeit hinaus besetzt bleiben bezw. für andere nicht frei werden, legte sich [...] der Gedanke an die Beamtenlaufbahn nahe. Schon im Frühjahr war ich auf diesen Weg aufmerksam gemacht worden und zwar von befreundeter Seite jemand, aber ich hatte damals vor einem eigentlichen Fronteinsatz keine innere Freiheit und Freudigkeit dazu. Da ich nun aber inzwischen den Fronteinsatz in der Situation des Soldaten nach allen Richtungen hin mitgemacht und durchgekostet habe, ist meine innere Hemmung von früher geschwunden."[75]

Gerhard Knapp hatte Pech. Seine Bewerbung war übersehen worden, was eine „sehr schmerzliche und einschneidende Nachricht" für ihn war. Im Februar 1942 erhielt er von seinen militärischen Vorgesetzten die Aufforderung, sich abermals als Kriegspfarrer zu bewerben. Mittlerweile sah Knapp in dieser Position die Krönung seiner militärischen Laufbahn. Nachdem er im März 1942 zum Unteroffizier befördert worden war, glaubte er sich seinem Ziel so nah wie nie. Doch er kam zu spät. Nach langem Hoffen und Warten erfuhr er, dass keine Pfarrer mehr aus dem Soldatenverhältnis in das Wehrmachtbeamtenverhältnis übernommen wurden.

Für Knapp bedeutete dies die Fortsetzung eines zunehmend demütigenden Zustandes. Es ärgerte den 40-Jährigen, wenn er sich von einem 28-jährigen Major fragen lassen musste, ob er im zivilen Beruf Friseur sei. Sogar seine Vorgesetzten zeigten Mitgefühl für den weit unterhalb seines Akademikerstatus' rangierenden Geistlichen. „Der Kriegspfarrer", so schrieb ihm ein Oberstabsarzt, „dürfte Ihrem Lebensalter und Ihrer Bildung mehr entsprechen".[76] Am Ende des Krieges hatte es Knapp gerade einmal vom Stabsgefreiten zum Sanitätsfeldwebel gebracht. Der militärische Rang eines Kriegspfarrers lag in weiter Ferne.

Wer entschied letztlich über die Einstellung oder Ablehnung von Kriegspfarrern? Die Kirchen konnten nur in den ersten Monaten des Krieges Einfluss auf die Einstellung von Kriegspfarrern nehmen. Mancher Bischof nutzte die Gelegenheit und empfahl NS-nahe Priester für die Wehrmachtseelsorge, da er von diesem illoyales Verhalten oder Denunziationen fürchtete. Andere versuchten Pfarrer, die in Konflikt mit dem NS-Regime geraten waren und die in der Wehrmacht vor der Gefahr politischer Verfolgung geschützt werden sollten, in der Wehrmacht unterzubringen. Doch seit Februar 1940 waren Zivilgeistliche nicht mehr als Bewerber für das Amt des Kriegspfarrers zugelassen. Vielmehr hatten diese sich nun allein aus der Wehrmacht zu rekrutieren. Damit verloren die Kirchen ihr Vorschlagsrecht.

Wer sich bei seinem militärischen Vorgesetzten um das Amt des Kriegspfarrers bewarb, hatte einen langen und komplizierten Genehmigungsprozess zu durchlaufen. Der Feldbischof musste die ihm übergeordnete Gruppe Seelsorge im OKH über die Bewerbung informieren. Diese stützte ihr Urteil auf die zuständige Abwehrstelle und den militärischen Vorgesetzten des Bewerbers. Wenn von dort grünes Licht kam, musste die Gruppe Seelsorge eine Anfrage an das Reichsministerium für die Kirchlichen Angelegenheiten stellen. Von hier aus wurde die Personalie weiter an den Sicherheitsdienst (SD) der SS geleitet, der die regionalen Dienststellen der Gestapo oder die Kreisleitungen der NSDAP beauftragte, den Bewerber zu beurteilen. Letztere wandten sich an den nachgeordneten Ortsgruppenleiter, der den Auftrag an den zuständigen Blockleiter, Hauswart oder den Luftschutzwart weiterreichte. Den kleinen Funktionsträgern der NSDAP fiel damit eine entscheidende Rolle im Bewerbungsverfahren der Kriegspfarrer zu. Ein Bewerber, der aus Sicht der lokalen Parteistellen Anlass zu Bedenken gab, wurde in der Regel nicht als Kriegspfarrer zugelassen.

Die Vermutung liegt nah, dass DC-Pfarrer von den örtlichen Partei- und Gestapostellen wegen ihrer größeren Nähe zum NS-Regime eher empfohlen wurden als Pfarrer der Bekennenden Kirche. Doch auch BK-Pfarrer konnten durchaus wohlwollend beurteilt werden, wenn sie sich nicht in auffälliger Weise politisch exponiert hatten oder den bruderrätlichen Kreisen um Martin Niemöller angehörten. Manchmal wurde ein überzeugtes Mitglied der BK als „vorbildlicher Nationalsozialist“ beurteilt, während man einen DC-Mann als „gefährlichen Staatsfeind“ einstufte. Oftmals entschieden persönliche Sympathien oder lokale Konflikte über das weitere Schicksal eines Geistlichen im Krieg.[77]

Die kirchenpolitische Zuordnung im protestantischen Kirchenkampf spielte in der Wehrmacht ohnehin kaum noch eine Rolle. So erklärte der evangelische Divisionspfarrer Karl Krüger nach dem Krieg, er habe zwar innerlich der Bekennenden Kirche nahegestanden, sei aber froh darüber gewesen, als Militärpfarrer offiziell nichts mit dem Kirchenkampf zu tun gehabt zu haben.[78]

Wie groß auch immer die Distanz eines Geistlichen zum NS-Regime war, wollte er Kriegspfarrer werden oder stand eine Beförderung in der Wehrmacht an, bedurfte es eines Zeichens der sichtbaren Loyalität zum NS-Staat. Anton Ullrich erinnerte sich, dass er im Zuge seiner Bewerbung bei der katholischen Wehrmachtseelsorge von seinen kirchlichen Vorgesetzten ausdrücklich aufgefordert worden sei, in seinen Predigten positiv über den Nationalsozialismus zu sprechen.[79]

Trotz allen Verbeugungen gegenüber dem NS-Regime begegneten Partei und Gestapo den Geistlichen mit Misstrauen. Hier war man sich sicher, dass vor allem katholische Geistliche keine „guten Nationalsozialisten" sein konnten. Man unterstellte ihnen ein doppelzüngiges, ja heuchlerisches Verhalten gegenüber den Machthabern. Ein Rosenheimer Ortsgruppenleiter beschrieb den katholischen Pfarrer Georg Lipp mit den Worten: „Lipp grüßt fleißig mit Heil Hitler, jedoch nach dem Grundsatz: Wessen Brot ich ess, dessen Lied ich sing. Sonst ist Lipp einer der Gefährlichsten, jesuitisch klug, verschlagen, darauf bedacht bei den Leuten sich beliebt zu machen. Durch seine populäre Art sich zu geben gelingt ihm dies." Gleichzeitig hegte der Ortsgruppenleiter keinerlei Zweifel an der politischen Zuverlässigkeit Lipps. Lipp sei ebenso gesonnen wie die meisten katholischen Geistlichen, stellte er fest. Zwar glaubte er nicht, einen überzeugten Nationalsozialisten vor sich zu haben, aber er war sich sicher, dass Lipp als loyaler Bürger seines Staates dem NS-Regime die Loyalität nicht verweigern würde.[80]

Einem ähnlichen Muster folgten die Beurteilungen von katholischen Geistlichen, die in der Wehrmacht Karriere machen sollten. Zwar gab es hier keinerlei Zweifel an der Loyalität dieser Geistlichen zum NS-Staat, aber die Zugehörigkeit zur katholischen Kirche reichte immer für einen Einwand: „Wenn auch ein katholischer Geistlicher selten ein guter Nationalsozialist ist, so darf man aber bei Standortpfarrer Gmeiner behaupten, dass er bemüht ist, mit dem Dritten Reich innerlich zu gehen", lautete etwa das Urteil des Freisinger Kreisleiters über den späteren Wehrmachtdekan Stephan Gmeiner.[81]

Im Falle Georg Werthmanns erwähnte der zuständige Berliner Kreisleiter, dieser müsse in der Zeit vor 1933 zwar der BVP zugeordnet werden, doch sei er immer „national" und niemals „engherzig" gewesen, wie er in zahlreichen Predigten bei Kriegervereinen und Gefallenenehrungen bewiesen habe. Werthmann habe sich nach der Machtübernahme dem nationalsozialistischen Gedankengut gegenüber aufgeschlossen gezeigt. Vor diesem Hintergrund hegte der Kreisleiter weder vom politischen noch vom „menschlichen Standpunkt aus" Bedenken gegen die Beförderung Werthmanns.[82]

Am Ende des Bewerbungsverfahrens entschied der Feldbischof, ob der Kandidat, der es bis in den Kriegspfarrerlehrgang geschafft hatte, tatsächlich angenommen wurde. Für die protestantische Seite lässt sich die Behauptung, Feldbischof Dohrmann habe bevorzugt Deutsche Christen eingestellt, ebenso wenig halten wie die im kirchlichen Umfeld verbreitete These, Dohrmann habe mehrheitlich Pfarrer mit BK-Orientierung eingestellt. Dohrmann gehörte der kirchenpolitischen Mitte an und legte Wert auf die Nähe der Bewerber zum Militär.[83]

Die Überprüfung der Parteimitgliedschaften von Kriegspfarrern in den Akten des ehemaligen Berlin Document Centers hat ergeben, dass katholische Kriegspfarrer weitaus seltener der NSDAP angehörten als evangelische. Unter den für diese Studie überprüften 45 katholischen Geistlichen, die als Kriegs- oder Wehrmachtpfarrer am Feldzug gegen die Sowjetunion teilnahmen, lässt sich keine einzige Parteimitgliedschaft nachweisen. Von den 45 genannten evangelischen Kriegs- und Wehrmachtpfarrern gehörten indes sieben der NSDAP an. Auffällig ist allerdings, dass nur ein Kriegspfarrer a. K., nämlich Erich Arndt – ein Mitglied der BK – unter den Parteimitgliedern zu finden war. Bei den sechs anderen Parteimitgliedern aus der evangelischen Pfarrerschaft handelte es sich um Wehrmachtpfarrer, Wehrmachtoberpfarrer oder Wehrmachtdekane, d. h. Wehrmachtbeamte, die bereits vor dem Krieg in den Dienst der Wehrmacht getreten waren und kaum eine engere Bindung zu ihren Kirchen gepflegt haben dürften.[84]

Noch eindrücklicher ist das Bild bei den Wehrmachtdekanen, deren Überprüfung ergab, dass sich unter den 16 katholischen Militärdekanen aus dem Jahr 1942 kein NSDAP-Mitglied findet. Dagegen gehörten von den insgesamt zwölf evangelischen Militärdekanen im gleichen Jahr vier der NSDAP an.[85] Dies ist insofern nicht verwunderlich, als die Mehrheit der deutschen Protestanten 1933 den Nationalsozialismus begeistert begrüßt hatte. Im konservativ-protestantischen Sozialmilieu fanden sich die Geistlichen, die Hitler als den Mann der Stunde feierten sowie die tragenden Wählerschichten, denen die NSDAP ihren Aufstieg verdankte.[86]

Nach der Machtübernahme der Nationalsozialisten hatte sich für Geistliche beider Konfessionen nur ein kleines Zeitfenster geöffnet, in dem sie überhaupt in die NSDAP eintreten konnten. Denn kurz nach den Märzwahlen 1933, die der Partei Millionen neuer Mitglieder bescherten, beschloss die Parteiführung zum 1. Mai 1933 einen Aufnahmestopp. Als die NSDAP 1937 die Sperre aufhob, blieben Pfarrer und Theologiestudenten beider Konfessionen von der neuerlichen Möglichkeit, in die Partei einzutreten, ausgeschlossen.[87]

Noch weniger Gelegenheiten zum Parteieintritt ergaben sich für katholische Geistliche. Während evangelische Pfarrer bereits vor 1933 in die Partei eintreten konnten, hatten die katholischen Bischöfe in den letzten Jahren der Weimarer Republik deutlich gemacht, dass der Nationalsozialismus für sie inakzeptabel sei. Erst nach den Märzwahlen 1933 nahm der Episkopat – beeindruckt durch Hitlers Vorgehen gegen die Linksparteien und dessen Bemühungen, das Bild eines christlichen Staatsmannes zu vermitteln – seine Warnungen zurück. So stand katholischen Geistlichen letztlich nur in den Monaten März und April 1933 der Weg in die NSDAP offen. Hinzu kam, dass das im Juli 1933 abgeschlossene Konkordat zwischen der deutschen Reichsregierung und dem Vatikan, Geistlichen und Ordensleuten jegliche parteipolitische Aktivität untersagte.[88]

Selbst bei dem katholischen Wehrmachtdekan Josef Thomann, den sein Vorgesetzter Georg Werthmann als hochgradig

Offiziersuniform eines katholischen Wehrmachtpfarrers ohne Schulterklappen aus dem Nachlass des katholischen Kriegspfarrers Martin Seitz. Das rot-weiß-schwarze Band verweist auf das Kriegsverdienstkreuz II. Klasse mit Schwertern. Das Brustkreuz wurde, außer bei Amtshandlungen, verdeckt unter der Jacke getragen. Die violetten Kragenspiegel weisen auf die Zugehörigkeit zur Feldseelsorge hin. An der Uniformmütze ist nur das Kreuz zu sehen, nicht das Hoheitsabzeichen, das Hakenkreuz, das nachträglich entfernt wurde (Dauerausstellung zur Geschichte der Katholischen Militärseelsorge, AKMB, Foto Dagmar Pöpping).

Feldtornister eines katholischen Wehrmachtpfarrers aus dem Nachlass des katholischen Kriegspfarrers Martin Seitz. Darin befanden sich: Messkelch, Patene, Löffelchen, Ziborium mit Deckel, Hostiendose für Priesterhostien, Messglöckchen mit Ledergriff, zwei Messkännchen mit Tablett, Doppelölgefäß in Schutzhülle, Aspergill in Dose, Altarkreuz mit Halterung, zwei Kerzenleuchter, Buchständer, drei Kanontafeln, Altarstein mit Reliquien, Kriegsmessbuch und das Missale Romanum (Ausstellung AKMB, Foto Dagmar Pöpping).

gefährlichen Parteigänger der Nationalsozialisten fürchtete, ließ sich keine Mitgliedschaft in der NSDAP nachweisen.[89] Entweder hatte Thomann es in der kurzen Zeit zwischen März und Mai 1933 versäumt, in die NSDAP einzutreten oder seine Mitgliedskarte ging in den Wirren von 1945 verloren.

Über die Kleidervorschriften und das Arbeitsmaterial der Wehrmachtpfarrer gab es genaue Vorschriften. Ihre Uniformen hatten keine Schulterstücke. Am Kragen befanden sich Offiziersspiegel mit violetter Waffenfarbe. Auf der Uniformmütze war das Hoheitszeichen mit dem Hakenkreuz zu sehen, darunter ein Christuskreuz. Außerdem gab es ein etwa 8 cm großes Kreuz, das sichtbar an einer langen Kette um den Hals getragen wurde. Das Kreuz des katholischen Kriegspfarrers hatte eine Holzeinlage mit dem Corpus des gekreuzigten

Christus. Der evangelische Kriegspfarrer trug ein einfaches silbernes Kreuz ohne Corpus.

Kriegspfarrer galten als Nichtkombattanten nach Artikel 8 des I. Genfer Abkommens zur Verbesserung des Loses der Verwundeten und Kranken der Streitkräfte im Feld vom 27. Juli 1929. Als Seitenwaffe trugen sie nicht den bei Offizieren üblichen Säbel oder Dolch, sondern eine Pistole zur eigenen Verteidigung. Zu ihrer Ausstattung gehörte außerdem ein Kultkoffer oder Messtornister, deren Inhalt von der Konfession abhing. Für evangelische Kriegspfarrer reichten Bibel, Feldagende, Feldgesangbuch; der katholische Kollege musste außerdem Messgewänder und Messgeräte mit sich führen.

Eine Rotkreuzbinde wurde nur dann am Arm getragen, wenn das Anlegen für das Sanitätspersonal befohlen wurde. Auch das vorgeschriebene Brustkreuz wurde nur in Ausnahmefällen getragen, da es „oft deplaciert“ erschien und weil „Kreuz und Kette so billig“ wirkten, wie ein katholischer Divisionspfarrer bemerkte.[90]

6. Das Schaf im Wolfspelz

„Man war nicht eigentlich eingestuft, rangierte aber doch ungefähr bei den Majoren und war ohnehin fast wie aus einer eigenen Welt." So beschrieb der evangelische Kriegspfarrer und Dichter Albrecht Goes in seiner 1950 erschienenen Novelle „Unruhige Nacht" die besondere Position des Kriegspfarrers innerhalb der Wehrmacht.[91]

Auf der einen Seite war der Kriegspfarrer Teil der militärischen Welt, gleichzeitig blieb er sichtbar von ihr getrennt, denn er stand immer auch als „Mann Gottes" und Verkünder einer überzeitlichen Wahrheit im Feld. Seine Sonderstellung war schon an der Kleidung zu erkennen. Zwar ließ die Uniform erkennen, dass er zum Offiziersstab gehörte, doch trugen Kriegspfarrer als einzige Gruppe unter den Offizieren keine Schulterstücke. Ihr genauer Rang war so nicht zu erkennen.

Dies löste Irritationen in ihrer Umgebung aus, sicherten doch gerade die Schulterstücke gewöhnlich die korrekte Verortung jedes Einzelnen innerhalb der militärischen Hierarchie. Viele Kriegspfarrer empfanden es als demütigend, wenn ihr Gegenüber sie nicht richtig einordnen konnte und es deshalb an ausreichendem Respekt fehlen ließ. „Der Chef trägt oben eine weiße Pelzjacke, die seine „Blöße" bedeckt (ihn ärgern die fehlenden Schulterstücke)", notierte Hans Kähler. Er selbst beschrieb sich als „Mann ohne Schulterstücke" und „Schaustück für alle neugierigen Leute".[92]

Auch Georg Werthmann empfand das Fehlen der Schulterstücke als diskriminierend. Erst nach dem Krieg erkannte er die Vorzüge dieser Besonderheit. Nun ließen sich die fehlenden Schulterstücke als Zeichen der Distanz zum Militär interpretieren. Vom „Übernatürlichen her" – so erläuterte Werthmann nun – seien die fehlenden Schulterstücke kein Nachteil gewesen, denn erstens sei dem Kriegspfarrer dadurch bewusst geworden, dass er für alle da sei, vom einfachen Soldaten bis zum General. Jede äußere Charakterisierung seines Ranges hätte dagegen nur auf seine hierarchische Position verwiesen. Der Kriegspfarrer sei „weder

Soldat noch Offizier noch Beamter" gewesen, sondern Priester im Feld. Zudem seien starke, glaubensgewisse Priester durch die Demütigungen ihrer militärischen Umgebung sogar ermuntert worden, ihr Können unter Beweis zu stellen. Innerhalb der Wehrmachtseelsorge hätten die fehlenden Schulterstücke außerdem unterstrichen, dass es keine Feldgeistlichen ersten oder zweiten Grades gegeben habe. Aktive Wehrmachtgeistliche hätten keinen höheren Wert gehabt als Kriegspfarrer und Divisionspfarrer seien gegenüber Lazarettpfarrern nicht bevorzugt worden. Nur die Qualität des Dienstes habe über den Wert eines Geistlichen entschieden.[93] Dies waren freilich Idealisierungen, die der Realität der Wehrmachtseelsorge kaum gerecht wurden.

Die Unsichtbarkeit des genauen Offiziersranges von Kriegspfarrern bedeutete indes nicht, dass diese sich mit den einfachen Mannschaftssoldaten gemein machten. Die Zugehörigkeit zum Offizierskorps und der damit verbundene hierarchische Abstand zum Soldaten standen nie in Frage. Der Kriegspfarrer blieb Offizier und verbrachte seine Freizeit mit anderen Offizieren. Die Mannschaftssoldaten gerieten nur als Ziel seiner erzieherischen Tätigkeit in den Gottesdiensten, Lazaretten oder Gefängnissen in den Blick.

Dennoch bot die Sonderstellung des Kriegspfarrers im Offizierskorps die Möglichkeit, von der Mannschaft als Vertrauensperson akzeptiert zu werden. Dies entsprach dem Kalkül der militärischen Führung: Besaß ein Kriegspfarrer das Vertrauen der Mannschaft, konnte er seinem Kommandeur ein realistisches Bild von der Stimmung unter den Soldaten vermitteln. Zugleich war das Vertrauen der Mannschaft die Voraussetzung dafür, diese noch besser im Sinne der militärischen Führung beeinflussen zu können. Dazu gehörte es, den Krieg als „gerechten Krieg" zu vermitteln, den „Dienst am Vaterland als Gottesdienst" darzustellen und den „Opfertod für das Vaterland" zu verklären.[94]

Im Idealfall hielten sowohl Offiziere als auch die Mannschaftssoldaten den Kriegspfarrer für ihren Verbündeten. Kurz nach Kriegsende resümierte Werthmann: „Die Offiziere sahen in dem Pfarrer einen Helfer bei ihrer oft so schweren Aufgabe der inneren Führung ihrer Truppe, und der Landser blickte vielfach zu seinem Divisionspfarrer auf in der stillen Hoffnung, in ihm einen geheimen Verbündeten zu sehen."[95]

Der Kriegspfarrer war derjenige, der Gegensätze ausglich, in Konflikten vermittelte, Ängste beruhigte sowie Tod und Leid mit religiösem Sinn versah. Dazu gehörte es, für die Verbindung mit der Heimat zu sorgen oder „die Heimat an die Front" zu bringen, wie es hieß. Die Erinnerung an die Heimat sollte den Soldaten trösten und beruhigen und ihn im Glauben an die Sinnhaftigkeit seines Kampfes bestärken. Die Soldaten sollten nicht glauben, ihnen drohe erneut ein „Dolchstoß" aus der Heimat. Die wohl wichtigste Mitteilung, die der katholische Feldgeneralvikar Georg Werthmann auf einem Frontlehrgang 1944 seinen Kriegspfarrern zu machen hatte, war: „Aber die Front möge auch beruhigt sein wegen der Heimat. Sie versage nicht."[96]

Der katholische Wehrmachtpfarrer Anton Vögtle nahm den Auftrag die „Heimat an der Front" zu vermitteln sehr wörtlich, indem er half, eine Bunkerstellung mit Heimatbildern auszuschmücken. In seinem Seelsorgebericht schrieb er: „Ideelle Anregungen möglichst beseeltes Ausstattungsmaterial zu nehmen, insbesondere auch noch Ansichten heimatlicher Landschaften und Frühlingsbilder, um so das Bild der Heimat, für die wir kämpfen, recht lebendig um [uns] zu haben, wurden dankbar angenommen, von mir auch mit sachlichen Beihilfen unterstützt (Spruchkarten, echte Photos von Mädchen- und Mutter- und Kindmotiven, Dörfern und Landschaften)."[97]

Auch die konfessionellen Gottesdienste standen im Dienst dieser Aufgabe. Sie sollten eine Art spirituelle Verbindung zwischen Front und Heimat schaffen. Der katholische Kriegspfarrer Leopold Ellner schrieb an seinen Bischof: „Wir denken immer daran, daß wohl in der gleichen Stunde des Sonntags unsere Lieben zuhause, wie wir, um den Altar stehen und wir so in Gott zutiefst verbunden sind. Da packt uns freilich mitunter ein gewaltiges Sehnen, die Glocken unserer Heimat läuten zu hören, die nun leider auch vielfach verstummt sind. Wir sind uns dann einig, das Läuten von unseren Heimatglocken und unseres Heimatglaubens nicht vergessen zu wollen, wir wollen es noch hören aus dem Donner der Geschütze, in die sie eingeschmolzen sind."[98]

Besonders an den Weihnachtstagen versuchten die Kriegspfarrer die „Heimat an der Front“ spürbar werden zu lassen, denn zu dieser Zeit war das Heimweh der Soldaten am größten. Kriegspfarrer Stelzenberger feierte an Weihnachten 1943 sogar eine mitternächtliche Christmette nach bayerischer Tradition.

Zuweilen wurde eine gleichsam metaphysische, christliche Volksgemeinschaft suggeriert, die im gemeinsamen Beten von Heimat und Front neu geschaffen wurde. In einem Rundschreiben der Kirchlichen Kriegshilfe von 1941 an die katholischen Soldaten hieß es: „So wie die Spitzen- und Vorausabteilungen immer wieder Verbindung mit den rückwärtigen Einheiten aufnehmen müssen, so darf auch bei uns Streitern Christi nicht die Verbindung mit den Beterkompanien in der Heimat abreißen.“[99]

Der Weg, auf dem ein Kriegspfarrer das Vertrauen der Soldaten gewinnen sollte, war der Weg der Anpassung an das soldatische Milieu und den dort gepflegten Habitus von Männlichkeit und Härte. Dazu gehörte, dass er die „Freuden und Leiden“ der kämpfenden Gruppe teilte, wie es das „Merkblatt“ 1939 formuliert hatte. Karl Edelmann, der Amtsgruppenchef im OKH, schärfte es den Kriegspfarreranwärtern ein: „Der Kriegspfarrer gehört im Gefecht nach vorn, wo es schiesst. Das Dortsein allein verbindet ihn schon mit der Truppe und zwar fester als die schönste Predigt.“[100] Diese Aufforderung zog sich wie ein roter Faden durch seine Vorträge im Krieg.

„In Haltung und Auftreten, Denken und Fühlen, Wort und Tat des Kriegspfarrers muss der Soldat stets zum Ausdruck kommen. In jeder Beziehung soldatisch eingestellt, wird der Kriegspfarrer stets die richtige Form und den richtigen Ton dem Soldaten gegenüber einzuschlagen wissen und so den richtigen Weg zum Herzen des Soldaten finden“, erklärte Edelmann auf einer Heeresgruppenpfarrerbesprechung.[101]

Danach konnte nur der, der das gefahrvolle und entbehrungsreiche Leben der Soldaten teilte, die richtige Sprache und den richtigen Ton gegenüber den Soldaten finden. Dieses Ethos hatte sich im Verlauf des Ersten Weltkrieges herausgebildet, als Feldgeistliche noch überwiegend hinter der Front in den Lazaretten zu finden waren. Doch schon 1915 bemerkte Heinrich Ostertag: „Wenn der Feldgeistliche zeigt, daß er persönlichen Mut besitzt, wenn er nicht bloß bei der Bagage Courage predigt, sondern auch an gefährdeten Stellen seines Amtes waltet, dann gewinnt er vielleicht nicht bloß persönliche Achtung, sondern trägt auch zur Hebung der Standesehre bei."[102]

Im Zweiten Weltkrieg gehörte die Fahrt an die Front – und damit verbunden – die Lebensgefahr, die Feldgeistliche in den vorangehenden Kriegen nur selten eingegangen waren, zum Alltag. Dabei handelte es sich gerade im Ostkrieg um erhebliche Distanzen, die vom Kriegspfarrer bis zur Frontlinie einer Division und an dieser entlang zurückzulegen waren, was diesen je nach Wetterlage und Wegeverhältnissen oftmals an den Rand seiner körperlichen Belastbarkeit brachte. Die Gottesdienstplanungen der Kriegspfarrer hatten sich den von Tag zu Tag wechselnden Orten anzupassen. Sie mussten Autos und Motorräder fahren und Reiten können. Sie sollten flexibel agieren und über Improvisationsgabe verfügen, um möglichst viele Truppenteile kennen zu lernen.[103]

Hinter diesem Anforderungsprofil stand die von den Nationalsozialisten gepflegte Hochachtung vor dem Frontkämpfer. Kaum eine Ordensverleihung an einen Kriegspfarrer, die nicht betonte, dass der sich durch Tapferkeit an der vordersten Linie der kämpfenden Truppe ausgezeichnet habe. Kaum ein Kommandeur, der diesen Aspekt nicht hervorhob, wenn er auf einem Frontlehrgang über die Erwartungen an einen Kriegspfarrer sprach.

Die meisten Kriegspfarrer versuchten, diesen Erwartungen zu entsprechen. Besuche an der Hauptkampflinie – so ein evangelischer Kriegspfarrer – seien unbedingt notwendig, denn nur dort erhalte man einen Eindruck von der Leistung und Haltung der eigentlichen Träger des Kampfes. Dort werde das Band der Kameradschaft und des Vertrauens geknüpft, ohne das Seelsorge nicht sein könne.[104] Der evangelische Kriegspfarrer Beyer wog in seinem Kriegstagebuch akribisch die Vor- und Nachteile eines gemeinsamen Fußmarsches mit der Truppe ab:

„Wenn wir Pfarrer die persönliche Fühlung mit der Truppe behalten wollen, müssen wir sie des Nachts aufsuchen und mit ihr marschieren. Ich habe mich davor bisher immer etwas gescheut. Die Leute sind 10 bis 20 Jahre jünger als ich. Sie haben ihre eingelaufenen Marschstiefel, die halbhohen ‚Knobelbecher', wir nur unsere schweren Reitstiefel. Die älteren Offiziere sitzen einen großen Teil des Weges auf dem Pferd. Außerdem haben sich die Leute in allmählicher Übung an das Marschieren gewöhnt. Das alles ist bei uns anders. Marschieren wir Pfarrer aber mit in Reih und Glied, dann dürfen wir natürlich nicht schlapp machen, müssen im Gegenteil frisch für ständige Gespräche sein. Aber jetzt ist das Marschieren so sehr das Leben der Truppe, daß wir es teilen müssen, wenn wir ihr nicht fremd werden wollen. Einmal mit dem Wagen bei ihr erscheinen, ein paar freundliche Worte sagen und sich wieder ins Auto setzen, schadet mehr als es nützt. So haben wir uns entschlossen, es einmal zu versuchen, ein großes Stück mit ihr zu laufen."[105]

Wichtig war es, dem einfachen Soldaten das Gefühl zu geben, dass ein Angehöriger des Offiziersstabes ihr entsagungsvolles Leben würdigte. „Der Pfarrer allein will nichts von den Leuten, sondern er kommt nur zu ihnen, um ihnen nahe zu sein. Das ist wohl eine größere Hilfe als alles, was man sagt", notierte Beyer. Er wollte nachempfinden, was die Soldaten fühlten und dieses Gefühl in seinen Predigten vermitteln. Kurz nachdem er selbst in einen sowjetischen Angriff geraten war, schrieb er: „Aber die merkwürdige Mischung von Grauen und Wollust bleibt doch, die mir vom Weltkrieg her so vertraut ist. Das kann und will ich nicht leugnen. Es ist gut, daß ich es jetzt einmal wieder an mir erfahre. Denn meine Kerls müssen das ja alle auch durchmachen. Und etwas davon muß künftig in meinen Predigten mitklingen, wenn sie den Soldaten da treffen sollen, wo das Menschlichste in ihm angerührt ist."[106]

Der evangelische Divisionspfarrer Ernst Ufer dozierte auf einer Kriegspfarrertagung in Bourussow 1942 über „Sinn und Nutzen der Frontbewährung von Kriegspfarrern": „Bei der Truppe ist es das Schönste als ‚unser Divisionspfarrer' zu gelten. In Marschzeiten ganze Marschtruppen vorüberziehen zu lassen oder stückwegs mitzumarschieren, vermittelt die äußere Bekanntschaft in kürzester Zeit. Man sollte immer wieder an Gruppen von Soldaten herantreten und sie mit Handschlag begrüßen. Da der Soldat das nicht gewöhnt ist, empfindet er das schon als etwas Besonderes und Persönliches."

Ufer war es gelungen, durch häufige Frontbesuche Anerkennung in seiner Truppe zu finden. Stolz berichtete er, der Divisionspfarrer habe von allen Angehörigen des Divisionsstabes die größte Frontnähe. Dagegen beschränkten der Divisionsarzt, der Veterinär oder Kriegsgerichtsrat ihre Arbeit meist auf die Schreibstube. Bei der Auswahl von Kriegspfarrern, so meinte er, solle man außer der Eignung zum geistlichen Amt nur die Frontbewährung und die Führereigenschaften in Rechnung stellen.[107]

Die Kirche befürwortete die Anpassung des Kriegspfarrers an den soldatischen Habitus. Ihr Anliegen bündelte sich in dem biblischen Wort „allen alles sein", was eine Art Mimikry an die Menschen seiner Umgebung meinte und auf den neutestamentarischen Auftrag zur Mission anspielte: „Ich bin allen alles geworden [...]. Denn obwohl ich frei bin von jedermann, habe ich doch mich selbst jedermann zum Knecht gemacht, damit ich möglichst viele gewinne", heißt es in den Korintherbriefen des Apostels Paulus (1. Kor. 9,19-22).

Diesem Motto gemäß hatte sich der Kriegspfarrer dem Soldaten gleichsam als „Schaf im Wolfspelz" zu nähern. Ein katholischer Priestersoldat schrieb an seinen Bischof Michael von Faulhaber: „Wenn aber die ganze Männerwelt, vor die wir einst wieder mit innerer Botschaft zu treten hoffen, durch diese harte Schule des Krieges geht, so müssen auch wir um ihre Seelen zu gewinnen die gleichen Mühen geteilt, dieselben Opfer gebracht und dieselben Leiden gekostet haben. So wird man leichter „Allen alles werden!"[108]

Ähnliches war auf evangelischer Seite zu hören. In den pastoraltheologischen Anweisungen der bayerischen Landeskirche von 1943 hieß es, der Feldgeistliche müsse sich „auflockern" und innerlich frei genug werden, um sich gern in den Kreis einzufügen, der ihn umgebe. Der Kriegspfarrer solle schlicht und eindrucksvoll reden als einer, der sich in seine Kameraden „hineingelebt, hineingedacht und hineingelitten" habe.[109]

Die Soldatengemeinde habe es mit Kameraden zu tun, die durch ihr „Kriegsschicksal angefochtene Menschen" seien. Daraus ergebe sich für den Prediger die Folgerung, Fühlung mit den Kameraden zu halten und durch seine Persönlichkeit deutlich zu machen, dass er hinter dem stehe, was er sage, erklärte ein evangelischer Wehrmachtdekan vor angehenden Kriegspfarrern. In den Predigten knüpften die Kriegspfarrer deshalb bewusst an die lebensweltlichen Erfahrungen der Soldaten an.[110]

Wie wörtlich manch ein Kriegspfarrer den kirchlichen Auftrag zur Anverwandlung an seine soldatische Umgebung nahm, zeigt der Tätigkeitsbericht eines katholischen Kriegspfarrers über die ersten Monate des Russlandfeldzuges: „Ich wollte Ernst machen mit dem Worte, ‚Allen Alles zu werden'", darum begleitete ich die Truppe in die Schlacht." Dieser Kriegspfarrer suchte die maximale Nähe zu den Soldaten: „Am Abend kroch ich zu der Mannschaft ins Zelt und wollte so einer aus ihnen werden". Und er fuhr fort: „Ich bemühte mich, mich gefechtsmäßig zu benehmen, legte mich genauso auf den Boden, nützte jede Deckungsmöglichkeit aus, grub mir ein Schützenloch oder schlüpfte zu den Kameraden in Deckung".[111]

Kirchliche und militärische Erwartungen an die Anverwandlungskünste der Kriegspfarrer an ihre Umgebung fanden im Begriff des „guten Kameraden" ein gemeinsames Bild. So mahnte die bayerische Landeskirche ihre Feld- und Lazarettgeistlichen, sie sollten nichts sein als Pfarrer und gute Kameraden, die um die Bedürfnisse der Soldaten wüssten und diesen kleine Freuden machten, indem sie diese etwa nach ihrer Heimat und Familie fragten oder Schokolade und Zigaretten verteilten.[112]

Als dem katholischen Divisionspfarrer der 88. Infanteriedivision, Emil Weis, 1942 das Kriegsverdienstkreuz I. Klasse mit Schwertern verliehen wurde, hieß es in der Begründung seines Divisionskommandeurs: „Pfarrer Weis war in den Wochen des Einsatzes für die Truppe mehr als nur Seelsorger, er war ihr bester, allseits geachteter Freund und Kamerad geworden."[113]

Vereinzelt wurden aus Kriegspfarrern sogar Kriegshelden, weil sie sich unaufgefordert, aber erfolgreich militärisch betätigten. Ein bemerkenswertes Beispiel dieses Typs war der katholische Divisionspfarrer Alfons Satzger, der während seiner Zeit bei der 132. Infanteriedivision das Eiserne Kreuz 1. Klasse erhielt. In seinem Tagebuch ließ Satzger keinen Zweifel daran, dass er sich ohne Bedenken über die Definition des Kriegspfarrers als Nichtkombattant nach Art. 3 der Haager Landkriegsordnung hinweggesetzt hatte. Ausführlich schilderte er, wie er allein – bewaffnet nur mit seinem „Pistölchen“, von dem er nicht einmal wusste, ob es geladen war – 20 sowjetische Matrosen aus einem Bunker lockte und gefangen nahm. Satzger hatte die Soldaten auf Russisch aufgefordert, sich zu ergeben und vorgetäuscht, nicht allein zu sein. Die Tatsache, dass der Pfarrer allein einen russischen Bunker ausgehoben hatte, habe sich nicht nur bei seiner Division, sondern im gesamten Bereich der 11. Armee verbreitet, vermerkte Satzger mit erkennbarem Stolz am 21. Dezember 1941 in seinem Tagebuch.[114]

Eine ähnliche, wenn auch weniger prominente Rolle spielte der evangelische Divisionspfarrer Beyer, der keine Gelegenheit ausließ, sein militärisches Wissen, das er als Artillerist im Ersten Weltkrieg erworben hatte, einzusetzen. Gelegentlich erteilte er spontan militärische Befehle, beriet einen Bataillonführer beim Vorwärtsgehen oder nahm selbst an einem „richtigen Zielschießen“ teil. Am 1. September 1942 notierte er: „Ich setzte mich ans Scherenfernrohr zur Beobachtung. Und nun ging es los. Die ersten Schüsse lagen zu weit. Aber bald war eine Gabel gebildet, die den Bunker genau in die Mitte nahm. Und nun konnte das Wirkungsschießen beginnen. Es gab zwar keinen genau im Ziel sitzenden Volltreffer, aber die meisten Schüsse lagen doch so gut, daß es den Bolschewisten sicher sehr ungemütlich geworden ist und sie sich wohl nach einer neuen B-Stelle umsehen werden. Ich aber war mit einem Schlag wieder mit Leib und Seele Artillerist.“[115] Kurze Zeit später notierte er: „Mir machte es mächtigen Spaß, einmal wieder die Feuerbefehle geben zu können, und ich war richtig stolz, als einmal schon der dritte Schuß mitten im Ziel saß“.[116]

Vieles spricht dafür, dass die Kriegspfarrer die Anerkennung, die sie durch Anpassung an das soldatische Leben und Milieu zu finden hofften, auch bekamen. So notierte der katholische Anwalt beim Kriegsgericht der 132. Infanteriedivision, Arnold Brinz, der wie Satzger der 132. Infanteriedivision angehörte:

„In den Kämpfen der letzten Tage soll sich unser katholischer Divisionspfarrer Satzger durch grosse Tapferkeit hervorgetan haben. Es heisst, dass er deshalb zum EK. I vorgeschlagen sei, insbesondere dafür, dass er weit über seine seelsorgerischen

Pflichten hinaus, unter rücksichtslosem persönlichen Einsatz, verwundete Soldaten bergen half, wobei er einmal auch beinahe in russische Gefangenschaft geraten wäre. Die Tatsache, dass Satzger einer unserer Älteren ist, lässt sein Verhalten als umso bewunderungswürdiger erscheinen. Die ‚ecclesia militans' tritt hier einmal im unmittelbarsten Wortsinn und in besonders imponierender Form auf!" Immer wieder berichtete Brinz beeindruckt von den Kriegsauszeichnungen Satzgers. Für ihn war Satzger „wirklich ein Hochwürden", was er „gewiss nicht von allen Geistlichen behaupten" wollte.[117]

Für Misstrauen sorgte das soldatische Gebaren der Kriegspfarrer bei Goebbels und Hitler. Sie fürchteten das Ansehen, das die Kriegspfarrer bei den Soldaten genossen. Goebbels machte es zu schaffen, dass sich unter diesen Geistlichen Träger des EK I befanden, die kämpferisch eingestellt waren und die Fähigkeit hatten, „aus dem Fronterlebnis heraus zu reden".[118]

Die Anverwandlung von Kriegspfarrern an das soldatische Milieu gelang manchmal so gut, dass die Würde des geistlichen Amtes in Vergessenheit geriet. Dies zeigen die häufigen Beschwerden über rohes und ungebührliches Verhalten von Kriegspfarrern, die bei den Feldbischofsämtern eingingen. Kirchliche Funktionäre beider Konfessionen sprachen von einer wachsenden geistigen Leere bei den Kriegspfarrern und fehlendem pfarrlichen Können.

Im Idealfall aber waren Kriegspfarrer zuständig für alles, was den Soldaten problematisch wurde. Sie ebneten Konflikte zwischen Hierarchien ebenso wie den Übergang vom Leben zum Tod, beantworteten Fragen nach dem Sinn des Lebens und Sterbens im Feld oder verteilten einfach nur Schokolade und Zigaretten unter den Verwundeten. Dabei ging es immer um die Gewährleistung des „Menschlichen" an der Front. Der Kriegspfarrer wurde gleichsam das Symbol des emotionalen Zusammenhaltes der Truppe, das Idealbild des guten Kameraden inmitten einer Männergesellschaft, die geprägt war von Gewalt, Demütigungen, Egoismus und Einsamkeit. Er stand für eine friedliche Weltordnung, eine „Communitas", in deren Namen er Brücken zwischen allen Gegensätzen innerhalb der Truppe baute.[119] So vermittelte er den Soldaten das Gefühl, Teil einer christlichen und insofern moralisch guten Gemeinschaft zu sein.

Noch 50 Jahre nach dem Krieg waren ehemalige Kriegspfarrer überzeugt, den Krieg gegen die Sowjetunion „menschlicher" gemacht zu haben. Schließlich hätten sie dafür gesorgt, dass aus Verbandsplätzen und Friedhöfen der Deutschen keine Schutthalden von „vom Krieg verbrauchten Menschenmaterial" geworden seien und in jedem toten Soldaten das Bild Gottes geachtet worden sei, wie Joseph Perau 1989 in einem Interview erklärte.[120]

7. Die Netzwerke der Kriegspfarrer

Für Kriegspfarrer waren die Kontakte zu den Theologen der eigenen Konfession essentiell. Von ihnen konnten sie Hilfe und Unterstützung bei den Gottesdiensten und Beerdigungen erwarten. Die katholischen Priester, die meistens bei der Sanität dienten, stellten ein großes Reservoir an Hilfskräften für die Wehrmachtseelsorge bereit, wenn es um die Organisation und Gestaltung katholischer Gottesdienste ging oder um die geistliche Betreuung von Verwundeten.

Dagegen standen evangelischen Lazarettpfarrern weniger Hilfskräfte zur Verfügung, weil ihre Geistlichen seltener als Sanitäter dienten, sondern bei der kämpfenden Truppe. Die evangelische Wehrmachtseelsorge versuchte dieses Defizit auszugleichen, indem sie die Kriegspfarrer dazu aufrief, sich selbst ein Netzwerk wohlgesonnener Christen zu schaffen. Der Feldgeistliche sollte sich bemühen, viele Helfer zu finden, hieß es in den pastoraltheologischen Anweisungen für Feldgeistliche aus dem evangelischen Landeskirchenrat von Bayern 1943. Das konnten gläubige Christen, Diakone, Pfarrersöhne, Theologiestudenten oder einfach nur „Landsleute" sein.

Im Ersten Weltkrieg war es selbstverständlich, Amtsbrüder aus der Truppe zur Hilfe bei Gottesdiensten heranzuziehen. Im Zweiten Weltkrieg war dies seit 1940 verboten. Im Kriegsalltag wurden solche Verbote allerdings regelmäßig umgangen, wenn die Kommandeure es billigten. Vor allem katholische Theologen hielten heimlich Messen für katholische Soldaten. In einem Schreiben an seinen Diözesanbischof berichtete der Priestersoldat Anton Baur über die gängige Praxis: „Ich habe Eurer Eminenz schon einmal berichtet, daß wir 5 Priester unseres Standortes uns in [sic!] die sonntäglichen Gottesdienste teilen. Bis heute ist es uns immer noch möglich sie durchzuführen. Wir dürfen diese Hl. Messen freilich nicht offiziell bekannt geben. Es spricht sich doch im ganzen Standort herum, daß zu einer bestimmten Zeit in einem bestimmten Hause ein Priester die Hl. Messe für Kameraden feiert. Wir benützen auch die Gelegenheit, ein paar Worte zum Evangelium zu sprechen. Eine kleine Schar Getreuer ist immer zugegen und nicht selten sind auch Offiziere darunter."[121]

Der katholische Sanitätssoldat Joseph Dierkes versicherte 1991 in einem Schreiben an Josef Perau, dass es in der Sanitätskompanie zehn Mitbrüder gegeben habe, von denen sich einige, trotz des Verbotes ihrer religiösen Betätigung, fast nur den Sterbenden zugewandt hätten.[122]

Die Kriegspfarrer beider Konfessionen legten großen Wert darauf, Kontakt zu ihren Mitbrüdern zu halten. Die lebendige Verbindung katholischer Kriegspfarrer zu den Priestersoldaten in ihrer Einheit galt als Erfahrung der „Confraternität", die mehr war als bloße Kameradschaft. Ähnliches empfanden evangelische Kriegspfarrer, wenn sie etwa einem Oberleutnant trafen, der ebenfalls Pfarrer war und ihnen bei den Weihnachtsgottesdiensten half.

Häufig vertraten katholische Priester- und evangelische Pfarrersoldaten ihren Divisionspfarrer, wenn dieser krank oder im Urlaub war. Für manchen bedeuteten diese Vertretungen den Höhepunkt seiner militärischen Karriere. Der evangelische Pfarrer und Oberleutnant Heinz Rahe verzichtete gern auf seinen Urlaub, wenn sich die Gelegenheit bot, seinen Divisionspfarrer zu vertreten. „Ist es nicht eine Gnade, daß ich mein Amt ausüben darf?", fragte er in einem Brief an seine Frau, „Darüber bin ich wirklich froh. Es ist vielfach schwieriger als das Soldatspielen, aber man ist doch anders mit dem Herzen dabei. Ich bin nun mal kein geborener Soldat."[123]

Gerhard Knapp schilderte, wie er zum ersten Mal nach über drei Jahren als Pfarrersoldat einen Soldatengottesdienst abhalten durfte: „Ich war nicht leichten Herzens an die Aufgabe einer Osterverkündigung herangegangen, und nun ist eines der schönsten Erlebnisse während meiner Soldatenzeit daraus geworden. Das war mir in keiner Weise selbstverständlich, es war mir ein wirkliches Geschenk."[124]

Regelmäßig berichteten Kriegspfarrer über informelle Treffen mit den Theologen in ihrer Division. Wöchentliche, zwanglose Zusammenkünfte von Ordensbrüdern, Theologiestudenten oder Pfarramtskollegen im Hause des Kriegspfarrers sicherten die „fruchtbare Zusammenarbeit". Man tauschte sich über Theologie, militärische Aufgaben und kirchliche Gegenwartsfragen aus oder sprach über „alles mögliche". Wichtig war, dass man sich kennenlernte, sich gegenseitig half oder das eigene theologische Wissen auffrischte, das in der militärischen Umgebung in Vergessenheit zu geraten drohte.

Die Hilfe beruhte auf Gegenseitigkeit. So verwandten sich evangelische Divisionspfarrer bei ihren militärischen Vorgesetzten für die Beförderung oder Kriegsauszeichnungen von Pfarrersoldaten, die ihrerseits bereit waren, an arbeitsintensiven Tagen wie Weihnachten die Divisionspfarrer in Gottesdiensten zu vertreten.

Die Bedeutung solcher Netzwerke erschließt sich vor dem Hintergrund des Kriegspfarrermangels, der seit dem Einstellungsstopp für Kriegspfarrer 1942 fühlbar wurde. Dankbar notierte Werthmann nach dem Krieg: „Es gibt keine Statistik, um nachweisen zu können, in welchem Ausmasse unsere Priestersoldaten durch ihre Mitarbeit in der Feldseelsorge dazu beigetragen haben, dass trotz der verhältnismässig geringen Anzahl von Kriegspfarrern möglichst viele Einheiten mit Gottesdiensten versorgt wurden und vor allem in Lazaretten möglichst vielen sterbenden Soldaten die Sterbesakramente gereicht werden konnten."[125]

Im November 1943 berichtete Hans Kähler über ein Geheimschreiben der militärischen Führung, das Kriegspfarrern verbot, Theologen, die mit der Waffe dienten, zu versammeln.[126] Auch dieses Verbot dürfte nur wenig Eindruck gemacht haben. Da der Kriegspfarrer unter den Offizieren seiner Division die Rolle eines einsamen Streiters innerhalb eines oftmals fremden und kirchenfernen Milieus einnahm, konnte ihm das Netzwerk von Amtsbrüdern oder christlich ausgerichteten Offizieren vor allem psychische Stabilität verschaffen. Man hielt gemeinsam Morgen- und Abendgebete, fand sich zur Bibelarbeit zusammen oder traf sich zwanglos am Kaminfeuer. Gestärkt wurde die christliche Gemeinschaft durch die Frontlehrgänge, die von den Heeresgruppenpfarrern in regelmäßigen Abständen abgehalten wurden. Neben ihrer informatorischen erfüllten diese Lehrgänge eine mindestens ebenso wichtige soziale Funktion. Die Stunden zwischen den Vorträgen waren oftmals wichtiger als die Vorträge selbst, wie der evangelische Wehrmachtpfarrer Siegfried Hotzel in seinem Tagebuch festhielt.[127]

Der alltägliche Arbeitsablauf beförderte allerdings eher die Beziehungen zur anderen Konfession. Dies ergab sich schon daraus, dass der katholische und der evangelische Kriegspfarrer Auto, Küster und sogar das Quartier miteinander teilten. Sie sprangen auf Beerdigungen, in Lazaretten oder bei Gottesdiensten füreinander ein und traten meistens gemeinsam auf. Der katholische Divisionspfarrer Josef Perau berichtete von dem ausgesprochen guten Verhältnis zu seinem evangelischen Pendant Eberhard Müller, mit dem er gern die Abendstunden verbrachte und von dem er sich Kleidung und Bücher aus der Heimat mitbringen ließ.

Der evangelische Pfarrer Heinz Rahe schloss Freundschaft mit dem katholischen Divisionspfarrer Joseph Eickhoff. Das Zusammenleben mit Eickhoff gab ihm Trost und half gegen die Einsamkeit, wie er an seine Frau schrieb.

Die Situation des gemeinsamen Alltags ermöglichte zahlreiche Gelegenheiten zu interkonfessionellen Gesprächen. Darin ging es immer auch um die Möglichkeit einer neuen Ökumene zwischen Katholiken und Protestanten. Während Gerhard Knapp mit einem katholischen Theologen im Bunker saß, erfuhr er zum ersten Mal von der katholischen liturgischen Bewegung um Ildefons Herwegen und Romano Guardini und dem inneren Verhältnis, das junge katholische Geistliche neuerdings zu Luther hatten. Erst hier ging ihm auf, was eine katholische Messe von einem evangelischen Gottesdienst unterschied. Der Hauptunterschied zwischen dem evangelischen und dem katholischen Gottesdienst bestehe wohl darin, vermerkte er, dass der evangelische Gottesdienst im Wesentlichen Wortverkündigung sei, während es sich beim katholischen Gottesdienst um eine Sakramentenfeier handele.[128] Ein paar Monate später berichtete Knapp über katholische Theologen in seiner Einheit, die vertretungsweise den evangelischen Predigtgottesdienst für die Soldaten hielten.

Der dienstaufsichtführende Wehrmachtpfarrer beim Wehrmachtoberbefehlshaber Ostland in Riga Johannes Opfermann diskutierte mit anderen katholischen Theologen die Idee der

„una sancta", d. h. heißt einer Ökumene von katholischer und evangelischer Kirche wie sie von der evangelischen Michaelsbruderschaft und der Berneuchener Bewegung seit den zwanziger und dreißiger Jahren vertreten wurde. Auch der evangelische Divisionspfarrer Hans Kähler berichtete wiederholt von Soldaten, mit denen er über die Vereinigung von evangelischer und katholischer Kirche diskutierte.

Die Tagebücher der Kriegspfarrer und Theologen an der Ostfront erzählen von interkonfessionellen Begegnungen und Bildungserlebnissen, die ein ganz neues Gefühl für die andere Konfession auslösten. Heinz Rahe schrieb an seine Frau, wie er durch den katholischen Kriegspfarrer Joseph Eickhoff lernte, die katholische Kirche zu schätzen. Rahe lobte die tiefe Verwurzelung der katholischen Kirche im Volk, trotz „lateinischer Messen und Priestern und dem ganzen niederen Kult". Dagegen fand er in der evangelischen Kirche zwar eine gute Theologie und tüchtige Prediger, aber nur eine lose Verbindung zwischen Volk und Kirche. Er stellte fest, dass die Messe das Zentrum des katholischen Gottesdienstes sei und folgerte: „Für uns müßte das Heilige Abendmahl viel mehr sein." Schließlich kam er zu dem Schluss, dass die katholische Kirche der evangelischen in mancher Hinsicht sogar überlegen sei. „Denk Dir nur", schrieb er, „Ein Priester kann sich seine Pfarre nicht aussuchen, sondern wird bestimmt. Ist das nicht ein Segen? Wir haben die vielgepriesene Freiheit, aber sie taugt nichts. Der Bischof kennt alle seine Priester und ist durch die Firmung gezwungen, sie zu besuchen. Ist der hierarchische Aufbau bei der katholischen Kirche nicht auch ein Segen? Die katholischen Priester gehorchen, bei uns hat jeder seinen eigenen Kopf."[129]

Der katholische Kriegspfarrer Anton Baur schrieb an seinen Bischof Faulhaber, er habe auf einer abendlichen Zusammenkunft evangelischer Theologen über die Heilige Messe vorgetragen. In der anschließenden Diskussion sei es um die Gemeinsamkeiten von evangelischen und katholischen Christen gegangen. „Die evangelischen Christen", so meinte er, „haben doch das Gefühl, daß sie manches wertvolle Gut seit der Reformation u. durch sie verloren haben."[130]

Vielfach wurde man sich erst in der Begegnung mit der anderen Konfession der eigenen Vorurteile, aber auch tiefer mentaler Unterschiede bewusst. Der katholische Wehrmachtpfarrer Josef Wassong zählte nach einem Gespräch mit einem evangelischen Pfarrer eine ganze Reihe von falschen gegenseitigen Vorurteilen auf, derer sich keiner von ihnen vorher bewusst gewesen sei:

„Er war entsetzt, daß ich der Meinung war, für die Prot[estanten]. gebe es keine Pflicht, am Sonntagsgottesdienst teilzunehmen, ich dagegen traute meinen Ohren kaum, als er meinte, ich könne doch die Anbetung der Gottesmutter durch die Kath[oliken]. nicht leugnen, denn was das an den Wallfahrtsorten denn anderes sei. Auch stellte er u. a. die Behauptung auf, wenn Luther dem Landgraf Phil. v. Hessen die Doppelehe gestattet habe, so beweise das, daß er k[eine]. Politik getrieben habe, er habe nach s. Gewissen gehandelt; wenn die kath. Kirche Heinrich VIII. aber eine 2. Ehe nicht gestattet habe, so sei das Politik gewesen, es gebe eben auch eine feinere Politik. Ist denn so etwas möglich? Viel göttl. Gnade wird nötig sein, ehe 1 Wiedervereinigung im Gl[au]b[en] sich vollzieht, denn die Mißverständnisse sind doch bedauerlich groß.“[131]

Auch der evangelische Kriegspfarrer Wilhelm Lechner blieb skeptisch. Er berichtete seinem Bischof Hans Meiser, dass gerade die „ernsten und tief veranlagten Pfarrer“ bei der Truppe nachdrücklich den Zusammenschluss der Kirchen forderten. Sie seien der Meinung, nur die „oberen führenden Leute“ stünden einer Kircheneinigung im Wege. Lechner berief sich auf die persönliche Begegnung mit katholischen Kameraden und Theologen, die erst im Krieg möglich geworden war. Die katholischen Kollegen hatten selbst ihn – wie er zugeben musste – beeindruckt, denn oftmals böten sie ein ausgezeichnetes Beispiel von Kameradschaft. Lechner wusste, wie er seine katholischen Kollegen dazu bringen konnte, ihr „wahres“, und das hieß für ihn, ihr gänzlich intolerantes Gesicht, zu zeigen: „Oft mach ich das so: Ich rede von einem scheinbar nebensächlichen Dogma der evang. Lehre, erkläre es sei doch Unsinn, so etwas als Trennungswand aufzurichten. Begeistert tun sie da mitreden selbst vieles noch dazu. Ganz ruhig lenke ich zu einem spezifisch römisch-kathol. Dogma über, das vielleicht erst im 19. Jahrhundert ‚erfunden' wurde, belege den Unsinn nach dem NT und aus ist jedes Verständnis. Ich habe meist ein scharfes Wort gegen solche jesuitische Charakterlosigkeit. Der ‚Egoismus collectivus' im Katholizismus ist groß. Tun sie es bewußt oder nicht; jedenfalls freuen sie sich, wenn einer sein eigenes Nest beschmutzt; denn dieser ist schon ungefährlich, halb gewonnen."[132]

Nicht alle Kriegspfarrerpaare waren eine Bereicherung füreinander. Das Verhältnis des evangelischen Divisionspfarrers Hans Kähler zu seinem katholischen Kollegen Hermann Mömkes war höchst ambivalent. Einerseits pflegten beide eine enge Beziehung. „Ein Zuhörer, der uns nicht gekannt hätte, hätte kaum vermutet, daß hier ‚feindliche' Stiefbrüder beisammen saßen!", notierte Hans Kähler. Gleichzeitig war sein Verhältnis zu Hermann Mömkes durchzogen von Distanzierungen und Konkurrenzgefühlen. „Dies ‚Verheiratetsein' mit dem kath. Kollegen", notierte er, „hat doch sehr seine Schattenseiten." Je nach Laune und Situation aktivierte Kähler seine alten Vorurteile gegen den katholischen Kollegen, etwa wenn er stöhnte: „So sind die Stiefbrüder! Sie sind im Grunde alle gleich". Als er bemerkte, dass Mömkes die Gräber katholischer Soldaten nach jeder Beerdigung noch einmal einsegnete, „damit ja kein kath. Soldat in einem ungeweihten Grab ruht", klagte er: „Wie sehr haben die doch einen anderen Geist als wir!"

Das Bild, das Kähler von dem katholischen Wehrmachtoberpfarrer Erich Bartsch, der Mömkes einmal vertreten hatte, zeichnete, entsprach dem Negativklischee eines katholischen Priesters: „Ein 54 jähr., fetter Kerl, typisch Pfaffe", der „trinkt wie ein alter Zecher" und „redet wie ein Buch". Kähler war davon überzeugt, dass seine katholischen Stiefbrüder die Arbeit wie die Pest hassten.[133]

Umgekehrt wurden evangelische Kriegspfarrer von ihrem katholischen Gegenüber als „unehrlich" eingeschätzt, weil sie sich angeblich hinter dem Rücken des katholischen Kriegspfarrers beim Divisionskommandeur, der in der Regel evangelisch war, Einfluss verschafften. Oft hatten katholische Kriegspfarrer das Gefühl, ihre evangelischen Kollegen glaubten immer noch an das Primat der evangelischen Militärseelsorge. Sie sahen darin die Fortsetzung einer ungerechten militärischen Tradition. In den Augen ihrer katholischen Kollegen setzten evangelische Kriegspfarrer überdurchschnittlich viele Gemeinschaftsgottesdienste bei den militärischen Vorgesetzten durch. Dagegen stellten evangelische Kriegspfarrer fest, dass katholische Kriegspfarrer sich weigerten, Gemeinschaftsgottesdienste zu halten oder diese sogar durch Fehlinformationen verhinderten. Der katholische Wehrmachtpfarrer Josef Wassong empörte sich über seinen evangelischen Kollegen Ernst Schubring, der ihm über den Küster gedroht hatte, er werde es melden, wenn Wassong keinen Gemeinschaftsgottesdienst halte. Ein herzliches Dauerverhältnis zu Schubring erwartete er nicht mehr.[134]

Je näher man sich kennenlernte, desto mehr konkurrierte man miteinander. In seinem Bericht an den Feldbischof mahnte ein evangelischer Wehrmachtpfarrer an, alle 14 Tage im Kriegslazarett 4/615 in Schilowo Gottesdienst zu halten, um dem katholischen Pfarrer dort nicht das ganze Arbeitsfeld zu überlassen. Konkurrenzgefühle zwischen den Kriegspfarrerpaaren entwickelten sich auf nahezu allen Arbeitsgebieten. Meistens ging es um die Frage, ob der Kollege von der anderen Konfession mehr Anerkennung bekam als man selbst. Besonders deutlich wurde dies, wenn es um militärische Auszeichnungen ging. Der katholische Wehrmachtpfarrer Josef Wassong notierte über das Kriegsverdienstkreuz, das ihm am 5. November 1941 verliehen wurde:

„Mi., 5.11.41 Um 18 Uhr wurde ich zum General [...] gerufen. Was konnte der Grund sein? ‚Dumme Sache' sagte Major [...] im Vorzimmer. Herr General aber stand freundlich auf u. überreichte mir im Namen des Führers mit Dank für m. Arbeit das – Kriegsverdienstkreuz. Es ist sicher gut gemeint von ihm, aber niemand kann erwarten, daß ich mich über diese ‚Auszeichnung' besonders freue, zumal Pfr. Schubring, der nicht im geringsten mehr tat als ich, bereits seit 5/4 Jahr das E[iserne]-K[reuz]. trägt. Zudem komme ich so spät an die Reihe, daß ich keine Ehre darin sehe. Zahlreiche andere, die nicht im Offiziersrang stehen, hb. es bereits vom Stabsquartier erhalten. Ich werde es der Division nie vergessen, daß sie den ev. Pfarrer so auffällig bevorzugte, das habe ich auf keinen Fall verdient u. ungerecht bleibt es." Noch ein Jahr später nagte das Gefühl der Zurücksetzung an ihm. Am 11. Dezember 1942 vertraute Wassong seinem Tagebuch an, er habe den 1. Adjutanten seiner Division gefragt, „ob man etwa jemals bei der Division der Ansicht gewesen sei, daß ich nicht treu m. Pflicht tue, weil man mich doch etwas merkwürdig behandelt habe.“ [135]

Neben dem militärischen Rang und der Konfession war die Region, aus der ein Soldat stammte, wichtig für die Nähe oder die Distanz zum Kriegspfarrer. Zwar war bei der Zusammenstellung der Divisionen darauf geachtet worden, Mannschaften aus derselben Region zusammenzustellen, doch hatte sich die einheitliche Zusammensetzung der Divisionen durch die hohen Verluste im Verlauf des Ostkrieges immer weiter aufgelöst. Die landsmannschaftliche Zugehörigkeit verband sich häufig mit der Zugehörigkeit zu einer der beiden Konfessionen, was dem Kriegspfarrer, sofern er aus derselben Region stammte, den Zugang zu den Soldaten erleichterte.

Der evangelische Lazarettpfarrer Johannes Rudolph vermerkte jede Begegnung mit Verwundeten aus seiner Heimat, dem Erzgebirge, positiv in seinem Tagebuch. Diese hätten sich trotz ihrer oftmals schweren Verletzungen „riesig gefreut“ ihn zu sehen. Zudem meinte er bei ihnen noch eine „gewisse religiöse Substanz“ zu finden.[136]

Dem evangelischen Kriegspfarrer Hans Kähler waren Berliner verhasst. Obgleich diese in der Regel formal der protestantischen Kirche angehörten, fehlten sie in seinen Gottesdiensten. Als Kähler bei einem seiner Gottesdienste bemerkte, dass die Bäcker fehlten, fragte er sich, „Warum wohl die Bäcker so gottlos sind?“ Ein paar Monate später kannte er die Antwort: „Nun, sie sollen meistens aus Berlin stammen, das erklärt alles.“[137] Ein anderer evangelischer Kriegspfarrer hatte es ebenfalls fast ausschließlich mit Berlinern und Ostbrandenburgern zu tun. Er schilderte sie als die für ihre Heimat typischen religiös-kirchlich-indifferenten Protestanten. Abgestumpft durch die schweren Rückschläge im Winter 1941 zeigten die Berliner nur dann religiöses Interesse, wenn es darum ging, den Pfarrer „reinzulegen“, d. h. ihn durch Fragen „ad absurdum“ zu führen. Zudem sah er sich ständig der schadenfrohen Frage ausgesetzt: „Herr Pfarrer, was wird nach dem Kriege aus Ihnen?“[138]

Wie bei den meisten Soldaten hing das persönliche Befinden der Kriegspfarrer weitgehend von den Beziehungen zu ihren wichtigsten Bezugspersonen in der Heimat ab, die durch die Feldpost aufrechterhalten wurden. Die Bezugspersonen von evangelischen und katholischen Kriegspfarrern waren allerdings grundverschieden.

Die Hauptbezugspersonen für evangelische Kriegspfarrer waren in der Regel die Ehefrauen, mit denen sie in intensivem Briefwechsel standen. Die Kriegs- und Wehrmachtpfarrer Hans Kähler, Otto Schöner und Johannes Rudolph sowie die Pfarrersoldaten Heinz Rahe und Gerhard Knapp schrieben fast täglich ihren Frauen, deren Briefe sie mit Bangen und Inbrunst erwarteten. Jeder Brief der Ehefrau wurde im Tagebuch vermerkt. Hans Kähler versah alle Briefe seiner Frau mit Nummern und meldete am 21. Januar 1945 den 1045sten Brief. Trotzdem sind seine Aufzeichnungen voll der Klagen über ausbleibende Post: „Wieder keine Post von der Frau – es ist zum Kotzen! Was ist da bloß los in der Heimat? Liegts an Tina oder an der Post? Wehe, wenn es an Tina liegt! Dann folgt jetzt die Strafe!“[139]

Für katholische Kriegspfarrer war diese Rolle dem Bischof, den Eltern oder engen Freunden vorbehalten. Im Nachlass Michael von Faulhabers finden sich zahlreiche Briefe von Kriegspfarrern und Priestersoldaten, die auf ein sehr enges Verhältnis zu ihrem Erzbischof schließen lassen. Begründet war dies in der „übernatürlichen Verbindung“, die der Priester bei seiner Weihe mit dem Bischof einging. Zudem erfreute sich Faulhaber, der im Ersten Weltkrieg Feldpropst beim Bayerischen Heer gewesen war, besonderer Verehrung. Die Briefe, die er von katholischen Priestern und Kriegspfarrern erhielt, offenbaren eine tiefe emotionale Bindung. In einem Schreiben zum Namenstag Faulhabers hieß es: „Es vergeht kaum ein Tag, ganz besonders aber jetzt, da die Kirche das Schutzfest des hl. Erzengels Michael begeht, an dem meine Gedanken vom fernen Osten nicht heimwärts fliegen zu meinem Bischof, zu Ihnen Hochwürdigster Herr Kardinal, dem ich vor wenigen Jahren am Weihealtar mein ‚Promitto‘ in die Hände gelegt habe.“[140] Umgekehrt unterstützte Faulhaber die Kriegspfarrer seiner Diözese, wo er konnte. Er sandte ihnen Geld, damit sie kleine Geschenke an die Soldaten verteilen konnten, schrieb regelmäßig an seine Diözesanpriester im Feld, versandte Messkoffer an Priestersoldaten, die so in die Lage versetzt wurden, vorschriftswidrig Messen für ihre Kameraden zu halten.

In anderen katholischen Diözesen war man weniger auf den Bischof fixiert, sondern auf Eltern oder Freunde. Der junge Kriegspfarrer Josef Perau aus der Münsteraner Diözese erwartete täglich Briefe oder Paketsendungen von seinen Eltern und zeigte sich extrem frustriert, wenn diese ausblieben.

8. Die Arbeit an der Grenze des Todes

Gottesdienste

Das 394. Schützenregiment der 3. Panzerdivision war im Juli 1941 auf dem Weg von Smolensk nach Kiew und verzeichnete bereits hohe Verluste. Von den 61 Offizieren waren 57 tot oder verwundet, von den 26 Sanitätssoldaten war nur noch einer im Einsatz. In dieser Zeit nahm der Truppenarzt Hermann Türk an einem überkonfessionellen Feldgottesdienst teil und schilderte, wie er die Predigt des evangelischen Wehrmachtpfarrers empfand:

„Heute ist Feldgottesdienst. Gerne gehen wir hin. Ich freue mich direkt, als ich davon höre. Und manchen anderen ging es auch so. Das Lied vom guten Kameraden schnürte unsere Kehlen diesmal besonders. Heidland sprach vom Gebet und von der Stärke, die wir durch Gott bekommen. Von den letzten schweren Gefechten sprach er. Er schilderte das Erleben so, wie wir es wirklich erlebten. Ausserdem sagte er, dass unser Batl. in der Division als das beste der Div. bekannt ist, welches den grössten Schwung hat und dass wir stolz sein sollten auf unser Batl. Ja, das sind wir auch alle. Dann spielte die Reg.-Musik eine Stunde flotte Märsche. Die Bevölkerung kommt und staunt. Auch uns selbst kommt es komisch vor."[141]

Gottesdienste wie der hier beschriebene Gemeinschaftsgottesdienst fanden zu Heldengedenktagen, Führergeburtstagen, Gefallenengedächtnistagen, zur Sammlung vor dem Kampf, zum Dank nach erfolgtem Einsatz oder zur Weihnachtszeit statt. Die Truppenführer mussten Ort und Zeitpunkt der Gottesdienste genehmigen und durch Divisions-, Regiments- oder Standortbefehl bekannt geben. Unterließen sie das, hatten die Kriegspfarrer ihre oftmals weiten Wege zu einer Einheit umsonst zurückgelegt.

Der Gemeinschaftsgottesdienst war klar strukturiert: Lied, Schriftlesung, Predigt, Gebet für Führer, Volk und Vaterland, Segensgruß, Schlusslied. Die Beteiligung eines Musikkorps, zur

Begleitung der Choräle war erwünscht, um das gemeinsame Singen zu erleichtern.

Der evangelische Wehrmachtpfarrer, Hans-Wolfgang Heidland hatte seine Aufgabe gut gemacht, denn seine Predigt hatte einen eher kirchenfernen Offizier beeindruckt. Türk gefiel die anschauliche Schilderung des evangelischen Kriegspfarrers, in der er das Lebensgefühl seines Regiments wiederfand. Genauso war es vom OKH gewollt und in den Kriegspfarrerlehrgängen, später in den Frontlehrgängen gelehrt worden. Die Soldatenpredigt sollte die Situation und Kriegslage, die Leistung der Truppe, ihre Aufgaben und Schwierigkeiten richtig darstellen. Von den Kriegspfarrern wurde erwartet, den Soldaten in der Predigt in einer „durchaus männlichen und bei aller Gemütstiefe herben Wesensart" gegenüberzutreten. Wer das nicht schaffe, so hieß es im OKH, beweise damit nur, dass er kein Einfühlungsvermögen besitze und übersehe, dass der Soldat draußen an seinem Kriegspfarrer eine Frömmigkeit erleben wolle, die seiner eigenen Wesensart entgegenkomme.[142]

Nur in der „männlich herben Wesensart" konnte der Pfarrer also in „inneren Kontakt" zu seiner Truppe treten. War dies gelungen, sollte er „religiöses Leben schaffen", das sich positiv auf die Haltung der Soldaten im Kampf auswirkte.[143]

Man versprach sich vom Gemeinschaftsgottesdienst, das Zusammengehörigkeitsgefühl der Truppe zu stärken. Hier standen Menschen ohne alle hierarchischen und konfessionellen Unterschiede nebeneinander und bekräftigten den Bezug auf ihren gemeinsamen Gott. Im Gemeinschaftsgottesdienst werde der „tiefste Zusammenhalt der menschlichen Gemeinschaft" sichtbar und erlebbar, schrieb der evangelische Divisionspfarrer Herbert Krimm.[144]

Die katholischen Kriegspfarrer dagegen hielten die Gemeinschaftsgottesdienste für eine protestantische Angelegenheit, die dem eigenen Gottesdienstverständnis diametral entgegenstand. Man unterstellte dem traditionell protestantischen Offizierskorps, dass es die historische Orientierung des preußischen Heeres auf den Protestantismus in den Gemeinschaftsgottesdiensten fortsetzen wolle. Im Gemeinschaftsgottesdienst – so seine katholischen Kritiker – zeige sich die enge Verknüpfung von Staat und

Der ev. Pfarrer Karl Bornhäuser beim Abendmahl für das Füsilierbataillon, 20. 10. 1943 (LKA Karlsruhe, 150.068, Nr. 315).

Kirche, die den Protestantismus in Deutschland lange Zeit charakterisiert habe.

Eine ausführliche Beschreibung eines Gemeinschaftsgottesdienstes aus katholischer Sicht findet sich in der Tagebuchpublikation des Priestersoldaten Josef Zimmerl, der als Sanitäter bei einer SS-Polizeidivision im Raum Leningrad tätig war: „Auf Befehl eines Generals geht jetzt ein ökumenischer militärischer Gemeinschaftsgottesdienst buchstäblich über die Bühne. Der General, der ihn angeordnet hat, ist weder katholisch noch evangelisch, hält sich aber trotzdem für einen ‚guten Christen'. ‚Die Bühne': Auf dem Podium steht ein Tisch mit Kreuz, zwei brennende Kerzen und Tannenreisig in Vasen. Der Tisch ist bedeckt mit einer roten alten Kriegsflagge. Die Wand dahinter schmückt eine große Kriegsfahne mit dem Hakenkreuz, sie ist von einem Scheinwerfer angestrahlt. Links und rechts flankieren den Tisch je eine Gewehrpyramide und je ein Tannenbaum im Naturgewand. In meine Betrachtung hinein erschallt plötzlich das Kommando: ‚Unteroffiziere und Mannschaften, Achtung!' Alle springen auf und stehen stramm. Der General betritt den

Saal und geht grüßend durch die Reihen zu seinem ‚Ehrensitz'. Der katholische Kriegspfarrer betritt das Podium. Die Militärkapelle spielt das bayrische Militärgebet: Anbetung, Dank, Bitte und Hingabe bringen die Musiker in ihrem Spiel fein zum Ausdruck. Es folgt das Lied ‚Unserer Brüder denken wir' von allen gesungen, begleitet von der Musik. Der katholische Pfarrer trägt die Epistel vor, genommen aus einem Paulusbrief, und tritt dann ab. Jetzt betritt der evangelische Kriegspfarrer die Bühne und beginnt zu lesen: ‚Wir hören das Wort Gottes nach Johannes ... Größere Liebe hat niemand, denn die ist, daß jemand sein Leben einsetzt für seine Brüder.' In der Ansprache sagt er unter anderem auch: ‚So schrecklich und erschütternd auch das Sein des Krieges ist, er hat eine innere Seite, gleichsam eine Seele, die da ist der Aufruf zum Einsatz des Höchsten, das ein Mensch wagen und geben kann, zum Einsatz seines Lebens. Daß gerade der Krieg dazu aufruft, ist eine Ehre ... Größere Liebe ... Wir können dieses Wort nicht aussprechen, ohne an den zu denken, der es gesprochen hat. Christus der Herr… Er ist der Sieger über den Tod! Den Tod braucht nicht zu fürchten wer in Gemeinschaft lebt mit dem, der den Tod überwand, da Er sich für uns hingegeben… Es hängt viel davon ab, ja das ewige Heil, ob einer glaubt, an das dunkle Schicksal oder glaubt an Gott, den Vater…' Der Pfarrer schließt seine Predigt mit dem Gedicht eines im Juni 1940 südlich der Somme gefallenen Soldaten: in dem die Kraft zum mutigen Sterben, aus dem Glauben an den Sieg Christi sichtbar wird. Wir singen das Lied vom guten Kameraden. Der katholische Pfarrer spricht ein Gebet für die Gefallenen, für Führer und Heer. Stehend hören wir, wie er für uns alle das Vater unser betet. Mit dem Lied: ‚Herr, meine Seele, harre des Herrn', schließt die Feier."[145]

In dieser Schilderung wird deutlich, wie eng militärische Tradition (alte Kriegsflagge, Gewehrpyramide), nationalsozialistische Ikonographie (Kriegsfahne mit Hakenkreuz) und christliche Symbolik (Kreuz) und Liturgie (Predigt, Gebet, Gesang) in den Gemeinschaftsgottesdiensten zusammenwirkten. Der Katholik Josef Zimmerl empfand diese Melange als „Bühnenspektakel", das ihn befremdete.

Letztlich nahmen die katholischen Geistlichen diese Inszenierungen billigend in Kauf, weil sie ganz pragmatisch ihr Ziel der Mission verfolgten. Josef Perau warb noch rückblickend um Verständnis für diese Strategie. Sein Kommentar neben einem Foto, auf dem er vor der Hakenkreuzflagge predigte, schildert offen und undramatisch wie leicht es ihm fiel, den symbolischen Kompromiss mit dem Nationalsozialismus einzugehen, solange er hoffen konnte, die Soldaten für sich zu gewinnen: „Predigt beim überkonfessionellen Feldgottesdienst in Dobrosielle am 28. 6. 42. Die Einheiten traten zu einer solchen Veranstaltung in voller Uniform, manchmal mit Stahlhelm an. Deshalb trug man auch als Pfarrer Koppel, Mütze und Handschuhe. In meiner Hand sieht man das N. T. und das ‚Kirchengebet'. Wir stellten immer ein Wort der Schrift in die Mitte der Feier, sprachen das Vaterunser, einen Psalm und sangen einige beiden Konfessionen gemeinsame Lieder. Gerade Einheiten, die die Feier besonders gut vorbereiten wollten, hatten manchmal ihre Fahne über den Altar gelegt. Das bedeutet nicht, daß sie besonders nationalsozialistisch eingestellt waren. Es fehlte ihnen eben ein anderer Dekorationsstoff. Es schien uns klug, beide Augen zuzudrücken und kein Wort darüber zu verlieren. Daraus ergaben sich dann Bilder wie das vorliegende, die sehr eindringlich die unlösbare Spannung verdeutlichen, in die wir uns gestellt sahen, und den schmalen Grat, auf dem wir schritten. Es ging immer darum, die kleine Herde der Gläubigen zu erreichen. Über der Hakenkreuzfahne sieht man schon das Altartuch gebreitet und alles für die nachfolgende Meßfeier bereitgestellt."[146]

Protestanten standen dem Gemeinschaftsgottesdienst positiver gegenüber als Katholiken. Wo eine Truppe in gemeinsamen Kämpfen und Märschen zu einer inneren Einheit zusammengewachsen sei, so ein evangelischer Divisionspfarrer in seinem Tätigkeitsbericht, könne die gemeinsame Erhebung ihrer Herzen zu Gott nur in der Form eines gemeinsamen Feldgottesdienstes ihren Ausdruck finden. „Er ist und bleibt das stärkste Erlebnis unter den Feierstunden des Soldaten."[147]

Dagegen war es seinem katholischen Pendant bei der Division wichtiger, allen katholischen Soldaten unmittelbar vor dem Angriff in vorderster Stellung die Generalabsolution und die

Gemeinschaftsgottesdienst mit Josef Perau, Dobrosielle (Russland), 28.6.1942 (AKMB, NL Josef Perau 2/431, D35).

heilige Kommunion zu erteilen. Dafür sei ihm die Truppe besonders dankbar, berichtete Kriegspfarrer Bernhard Dähn. Die katholischen Soldaten gingen ruhiger und gelassener in den Kampf. Damit habe die Seelsorge ihren Zweck schon voll und ganz erfüllt und die Frage nach ihrer Existenzberechtigung stelle sich gar nicht mehr.[148]

(Konflikte zwischen katholischen und evangelischen Kriegspfarrern entzündeten sich fast immer am Gemeinschaftsgottesdienst. Für den katholischen Geistlichen hatte der Gemeinschaftsgottesdienst nichts mit einer echten katholischen Messe zu tun, die erst von der Eucharistie, d.h. vom Abendmahl aus,

An den Gemeinschaftsgottesdienst anschließende katholische Messe mit Josef Perau, Dobrosielle (Russland), 28. 6. 1942 (AKMB, NL Perau, 2/431, D36).

ihre Bedeutung gewinnt und den Kommunikanten in den Vollzug des Christusopfers einbezieht. Eine Messe war etwas fundamental anderes als ein überkonfessioneller Feldgottesdienst und ließ sich nicht in diesen integrieren. Deshalb sollte sich an jeden überkonfessionellen Gottesdienst, der von einem katholischen Kriegspfarrer gehalten wurde, eine Heilige Messe für die katholischen Soldaten anschließen.

Dafür wurden nicht nur dogmatische Gründe angeführt. Schließlich – so hieß es von katholischer Seite – fordere das OKH, den Soldaten die Erinnerung an die Heimat näher zu bringen. Das konnte nur bedeuten, dass die katholische Messe in ihrer gewohnten Form verlaufen musste.[149]

Das empörte die evangelischen Pfarrer, die den Gemeinschaftsgottesdienst entwertet sahen, wenn ihm noch eine katholische Messe folgte. Zudem verweigerten sich katholische Kriegspfarrer oftmals, überhaupt den Gemeinschaftsgottesdienst abzuhalten.

Am 8. August 1941 notierte der katholische Kriegspfarrer Johannes Stelzenberger, seine Einheit sei im Schlamm stecken geblieben. Doch seine wahre Sorge aber galt einer neuen Verordnung über „sogenannte Feldgottesdienste", die in Einsatzzeiten ausschließlich überkonfessionelle Gottesdienste zuließ. „Das ist eine Gewissensknechtung sondergleichen", empörte er sich, „Der kath[olische]. Soldat muss es sich gefallen lassen, einen ihm ganz fremden Geistlichen anzuhören. Umgekehrt auch der evangelische. Man hat jede Ehrfurcht vor dem religiösen verloren." Zwei Tage später schrieb er: „Wer für die konfessionelle Wehrmachts-Seelsorge eintritt – und jeder überzeugte Katholik muss das tun, sonst ist er ein Feigling – erlebt sehr schwere Stunden und viele Kränkungen."[150]

Im Vergleich zu evangelischen Soldaten waren katholische Soldaten die eifrigeren Kirchgänger. Sie besuchten regelmäßiger und in höheren Zahlen den konfessionellen Gottesdienst und legten großen Wert darauf, vor einem Angriff die Absolution zu erhalten. Für katholische Kriegspfarrer wie Hans Mühle lag die Vermutung nah, ihre evangelischen Kollegen bevorzugten den befohlenen Gemeinschaftsgottesdienst nur deshalb, weil sie befürchten mussten, dass kaum ein evangelischer Soldat freiwillig in einen evangelischen Gottesdienst kommen würde.[151]

Legte ein evangelischer Kriegspfarrer von sich aus das Gewicht seiner Arbeit auf Gemeinschaftsgottesdienste, verstand sein katholischer Kollege dies als mutwilligen Einbruch in seinen Kompetenzbereich und sah sich gezwungen, dagegen einzuschreiten. Eine gedeihliche Zusammenarbeit von evangelischen und katholischen Kriegspfarrern war nur dann möglich, wenn beide den Gemeinschaftsgottesdienst unterstützten.

Die größten Anhänger des Gemeinschaftsgottesdienstes fanden sich unter den evangelischen „Deutschen Christen", die Christentum und Nationalsozialismus miteinander verschmelzen wollten, oder den Anhängern einer neulutherischen völkischen Theologie, die ihr Ideal einer Volkskirche in der Wehrmacht verwirklichen wollten. Auch protestantische Freikirchler wie der Bremer Prediger Ulrich von Hasselbach, der behauptete, die Soldaten lehnten jede konfessionelle Teilung in den Gottesdiensten ab, zählten zu den Befürwortern des Gemeinschaftsgottesdienstes.[152]

Sie alle argumentierten mit dem Hinweis auf die Masse der Soldaten, die keinen inneren Bezug zu Kirche und Christentum habe und die durch einen konfessionsgebundenen Gottesdienst nicht mehr zu erreichen sei. „Dem Wundermanne, auch dem des Osterwunders der leiblichen Auferstehung, glauben sie nicht und können sie von ihrer geistigen Wirklichkeit aus nicht glauben", notierte Beyer. Doch da, wo manche Prediger mit Bekennermiene ihr Punktum hinsetzten, fange die eigentliche Aufgabe seiner Verkündigung erst an. Auf einem Frontlehrgang für evangelische Kriegspfarrer in Charkow im April 1942 erklärte er:

„Ich kann aber beim Feldgottesdienst auch nicht einfach die Sonntagsperikope hernehmen und auslegen. Für eine anständige und gründliche Exegese fehlen alle Voraussetzungen, angefangen bei der dafür zur Verfügung stehenden Zeit. Wenn ich drei- oder viermal, selten öfter in einem Jahr bei der gleichen Truppe Gottesdienst halten kann, darf ich die Textwahl nicht an die Zufälligkeit des für den nächstliegenden Sonntag festgesetzten Bibelabschnittes binden, sondern muß sie von einem in sich sinnvollen Zusammenhang her und von der Lagebeurteilung, von der ich sprach, aus aufbauen. Das Bibelwort, das ich wähle, muß Inhalt der Predigt und Leitspruch des Soldaten für die kommenden Wochen zugleich sein. Darum ist in dieser Hinsicht die Feldagende für den Truppengottesdienst nicht brauchbar, wie es auch die uns zugesandten Predigtmeditationen, so fein und theologisch tief sie auch an sich sein mögen, für diesen Zweck nicht sind."[153]

Beyers Kritik an der „katholischen Ausrichtung" der Wehrmachtseelsorge richtete sich gegen die Anhänger der Bekennenden Kirche, die in seinen Augen nur die speziellen Belange ihrer Kirche vertraten. Dagegen ginge es den Vertretern des Gemeinschaftsgottesdienstes um die Belange des ganzen deutschen Volkes.[154]

Tatsächlich wollten die Anhänger der Bekennenden Kirche unter den Kriegspfarrern wie ihre katholischen Kollegen die konfessionelle Identität ihrer Soldaten stärken. Der evangelische Wehrmachtdekan Ernst Schieber verwies auf die Pflicht der Kriegspfarrer, den Soldaten die Heimat an die Front zu bringen. Diese wollten gerade in „religiösen Dingen am liebsten in der Sprache ihrer Kindheit und Heimat" angesprochen werden. Die evangelische Feldagende lege deshalb Wert auf den Zusammenhang mit der kirchlichen Ordnung der Heimat, dem Kirchenjahr, der Gottesdienstordnung und der Text- und Perikopenreihe. Dahinter verbarg sich die Einschätzung, Gottesdienste erreichten nur diejenigen, die mit ihren Ritualen vertraut waren, während kirchenferne Soldaten ohnehin nicht durch Gottesdienste zu erreichen seien.[155]

Trotzdem kritisierten auch Kriegspfarrer, die der evangelischen Bekennenden Kirche anhingen, die Predigthilfen aus ihren Landeskirchen als weltfremd und unbrauchbar für die Situation an der Ostfront. Ernst Ufer empörte es noch nach dem Krieg, dass sein Armeepfarrer den Kriegspfarrern „Bußpredigten" vorschreiben wollte: „Die Tatsache ist erfreulich, daß im Unterschied zur Soldatenseelsorge vergangener Zeiten, die sich vereinzelt an der Glorifizierung unseres Vaterlandes beteiligte, in dem Sinne, daß am deutschen Wesen die Welt genesen soll, die Kriegspfarrer dieses Krieges amtlich aufgerufen werden, anders von unserem Land zu sprechen, in dem Sinne, daß es ein Land ist, das zur Buße gerufen werden muß. Aber vor Soldaten, die persönlich vor dem Letztem stehen, ein Land zur Buße zu rufen, das ist nicht die richtige Plattform für deinen Ruf." Ufer zeigte sich befremdet über das, was evangelische Theologen in der Heimat beschäftigte: „Bultmanns kleine Schrift über die ‚Entmythologisierung des biblischen Weltbildes' bewegt z. Z. die Theologenköpfe in der Heimat", schrieb er. Doch die Frage, die Köpfe und Herzen der Soldaten an der Front bewege, sei weniger die Frage nach dem ‚Weltbild' der Bibel, sondern die nach der ‚Weltliebe' Gottes. „Die Frage, die hier umtreibt, ist die: ‚Wie kann Gott das alles zulassen?'"[156]

Die Gottesdienste waren die wichtigste Aufgabe der Kriegspfarrer. An der Zahl der Gottesdienstbesucher maßen sie den Wert ihrer Arbeit. Akribisch hielten ihre Tätigkeitsberichte fest, wie viele Gottesdienste in der Berichtzeit gehalten wurden. Katholiken hielten zudem die Zahl der Kommunikanten und die Zahl der Beichten fest. So wie etwa der katholische Wehrmachtpfarrer Josef Wassong, der in seinem Tagebuch am 27. August 1941 festhielt:

„Mi., 27.8.41 Für Stab A. O. K. 9 u. die ganze I/9, R 9 ist 8.30 Uhr in Oliwez Gem[einschafts]. Gottesdienst durch mich (ca 300

Teiln[ehmer].), auf 1 Wiese. 82 Teiln[ehmer]. 78 K[ommunionen]. – 10.30 Uhr für I/a R. 45 im Walde […] Gem. Gottesd[ienst]., dann hielt ich im Walde M[esse] mit 80 Teiln[ehmern]. u. 80 K[ommunionen]. Während meiner M[esse]. hält Pfr. G. stets Abendmahl u. zwar mit gr[oßem]. Erfolg. Ich lasse der M[esse] jetzt stets die Gen[eral].Abs[olution]. vorausgehen, da für B[eichte] die Zeit fehlt. Immerhin ist es erhebend, daß solche Kommunionsziffern möglich sind, das habe ich im Westen nicht erlebt. Der Krieg im Osten hat die Soldaten doch tief gepackt."[157]

Auch der katholische Wehrmachtpfarrer Johannes Opfermann notierte für jede seiner Messen die Zahl der Teilnehmer und der Kommunikanten. In seiner Zeit als Standortpfarrer in Riga zählte er bis zu 1300 Gottesdienstbesucher, von denen nur ein Teil die Kommunion empfing. Insgesamt schwankte die Zahl der Gottesdienstbesucher erheblich. Kriegspfarrer berichteten sowohl vom völligen Ausbleiben der Gottesdienstbesucher, als auch von hohen Zahlen. Bestimmend waren Faktoren wie Kriegslage, Standort, das Wohlwollen des jeweiligen Kommandeurs, der den Gottesdienst anzukündigen hatte, aber auch die Zusammensetzung der Mannschaften selbst, die aus mehr oder weniger kirchennahen Regionen stammen konnten.

Während ihrer Gottesdienste ließen evangelische und katholische Kriegspfarrer die Mannschaftssoldaten und die Offiziere gesondert zählen. Blieben die Offiziere einem konfessionellen Gottesdienst fern, hatte das zur Folge, dass viele der ihnen untergeordneten Soldaten ebenfalls dem Gottesdienst fern blieben.

„Von den 4 im Lager liegenden K[om]p[anien]. erscheinen glücklich 2 Mann. Ich kann daher den Gottesd. gar nicht halten. Die Soldaten lungern alle draußen rum, saunieren, sonnen sich, spielen Karten usw. Die Hauptschuld gebe ich den Offizieren, die sich um die Gottesd. überhaupt nicht kümmern", klagte der Divisionspfarrer Hans Kähler.[158]

Die Missachtung durch die Offiziere war nicht zuletzt deshalb so verletzend, weil die Kriegspfarrer mit den Offizieren auf der gleichen sozialen Stufe verkehrten. Traf Kähler einmal einen christlich eingestellten Offizier, hielt er das in seinem Tagebuch fest. Je mehr Offiziere an einem Gottesdienst teilnahmen, umso mehr fühlte sich der Kriegspfarrer in seiner Arbeit geschätzt.

Wenn Offiziere im Gottesdienst erwartet wurden, war dies Anlass für eine besonders gute Vorbereitung. „Die Trauerfeier für den Hpt. [...] muß gut vorbereitet werden, damit ich mich vor den vielen Offiz. nicht blamiere, wer weiß, was alles kommt", schrieb Kähler.[159]

Lazarett

Kriegspfarrer mussten zunächst in einem Lazarett arbeiten, bevor sie Divisionspfarrer werden konnten. Anders als der Divisionspfarrer, der es mit Soldatenkollektiven zu tun hatte, begegnete der Lazarettpfarrer dem Soldaten als Individuum in einer schwierigen existentiellen Situation. Auf den Frontlehrgängen erklärte man den Kriegspfarrern, man erwarte von ihnen „jederzeit neue Einfühlung" in den seelischen Zustand des Verwundeten. Der Lazarettpfarrer müsse Zeit haben, zuhören können und sich gebührend auf seinen Einsatz bei den Betreuten vorbereiten. Die Hauptaufgabe des Kriegspfarrers sei es, die verbreitete Scheu vor der „eigentlich geistlichen Betreuung" zu überwinden.[160]

Im Lazarett konnte der Kriegspfarrer nicht in seiner Rolle als Erzieher und Offizier auftreten und von oben herab predigen oder Vorträge halten. Hier hatte er es mit menschlichem Leid zu tun, mit Männern, die krank waren oder starben. Menschliche Qualitäten wie Empathie und Sensibilität, aber auch überzeugende Antworten auf den Sinn des Lebens und Sterbens in einem Kriegslazarett waren gefordert. Dies war besonders dann problematisch, wenn der Seelsorger auf ein wenig christliches Umfeld stieß, wo das Angebot christlicher Sinnstiftung keineswegs dankbar angenommen wurde. Die Kriegspfarrer waren in den Lazaretten häufig mit „Gottgläubigen" und Offizieren konfrontiert, die den Pfarrer ablehnten oder provozierten.

Lazarettseelsorge sei ein Feld, auf dem keinen von uns die Demütigungen und Beschämungen erspart bleiben, resümierte der evangelische Professor für praktische Theologie Martin Doerne, der selbst als Lazarettseelsorger tätig war. Um kranke Offiziere sollten sich am besten nur diejenigen kümmern, die ihre Minderwertigkeits- und Subalternitätsgefühle überwunden hätten.[161]

Der evangelische Lazarettpfarrer Johannes Rudolph hat in seinem Tagebuch die Demütigungen beschrieben, die er von Seiten der Verwundeten erfuhr. Nach seinem Weihnachtsgottesdienst 1941 war es zu offenen Angriffen gegen ihn gekommen. Der ganze Saal, so Rudolph, habe gemeutert, sei total aufgehetzt gewesen. Die Verwundeten warfen ihm vor, nicht an die Kameraden an der Front und die Gefallenen gedacht zu haben, woraufhin er ihnen entgegnet habe, Gefallenenehrungen seien die Angelegenheit des Kompaniechefs bei rein militärischen Heldengedenkfeiern. Auch konfrontierte man ihn mit der Behauptung, noch nie einen Pfarrer an der Front gesehen zu haben, was Rudolph mit den Worten „Das ist eine Unverschämtheit!" kommentierte.[162] Die folgenden Tage setzte er seine Besuche in diesem Lazarett aus, da er sich seelisch dazu nicht in der Lage fühlte.

Zu den Konflikten mit den Verwundeten kamen Konflikte mit den Ärzten, die geprägt waren von Misstrauen, Vorurteilen und unklaren Hierarchien. Es kam immer wieder zu Auseinandersetzungen um den richtigen Umgang mit den Verwundeten und Sterbenden. Lazarettpfarrer beschwerten sich, weil Ärzte ihre Arbeit nicht ausreichend unterstützten oder sogar behinderten. Oft würden sie nicht rechtzeitig benachrichtigt, wenn sich der Zustand eines in Lebensgefahr schwebenden Patienten verschlimmere. Manche Ärzte würden die Arbeit der Kriegspfarrer nur als „Sterbehilfe" ansehen und den Pfarrer erst dann rufen, wenn sie mit ihrer Kunst am Ende seien, kritisierte der evangelische Kriegspfarrer Hans Leonhard rückblickend.[163] „Man glaubte von uns: wir nehmen jedem die Hoffnung auf Genesung, um ihn dann zu Kreuz kriechen zu lassen", empörte sich der katholische Wehrmachtpfarrer Anton Ullrich.[164] Johannes Rudolph schilderte, wie Ärzte auf ungute Weise mit dem Seelsorger um das Vertrauen der Verwundeten konkurrierten: „Je mehr das Vertrauen der Verwundeten wächst, um so eisiger wird das Verh[ältnis]. zwischen mir u. den Ärzten, die weithin – obwohl ein großer Teil Pfarrerssöhne sind – völlig indifferent meiner Arbeit gegenüberstehen."[165]

Ein häufiger Grund für die Dissonanzen zwischen Geistlichen und Ärzten war die fehlende christliche Orientierung bei der Mehrheit der Ärzteschaft. Man sei nicht Arzt, ohne zugleich

Antichrist zu sein, stellte Werthmann rückblickend fest. Die Ärzteschaft sei von Positivismus und naturwissenschaftlichem Materialismus beherrscht gewesen. Der evangelische Wehrmachtdekan Ernst Schieber warf vor allem den jüngeren Ärzten Zynismus und Nihilismus vor. Sie seien dem Alkohol verfallen oder anderen Leidenschaften und lehnten den Glauben und die Kirche überlegen ab. In diesem Punkt unterschieden sich die Erfahrungen der katholischen Kriegspfarrer nicht von denen ihrer evangelischen Mitstreiter.[166]

Manche Lazarettärzte gingen fälschlicherweise davon aus, die Kriegspfarrer seien ihnen unterstellt. Manchmal befahlen Chefärzte Kriegspfarrern, Mittel zur Verhütung geschlechtlicher Erkrankungen bei sich zu führen. Besonders die katholischen Geistlichen, die an das Zölibat gebunden waren, mussten sich davon zutiefst in ihrer Berufsehre gekränkt fühlen.

Vor diesem Hintergrund wird deutlich, warum sich Lazarettseelsorger gegenüber den Divisionspfarrern wie Seelsorger zweiter Klasse fühlten. „Ich merke wieviel leichter u. mitreißender die Arbeit eines Div.-Pfarrers oder Corps-Pfarrers ist als die mühsame Lazarettarbeit", resümierte Johannes Rudolph nach einem halben Jahr Lazarettseelsorge an der Ostfront.[167]

Doch auch in dieser Situation hielten die Kriegspfarrer an ihrer christlichen Missionsabsicht fest. Ein katholischer Kriegspfarrer schrieb in seinem Seelsorgebericht: „Wo er [der Verwundete] aber einen aufgeschlossenen Kriegspfarrer findet, der ein Herz für ihn hat, wird die Seelsorge ihre Wirkung nie verfehlen, sondern einen nachhaltigen Einfluss haben auf sein ganzes späteres Leben."[168] Die Erfahrungen der Verwundeten mit dem Seelsorger im Lazarett würde diese – so hoffte man – nach dem Krieg an die Kirche binden.

Doch anders als im Ersten Weltkrieg, als sich die Feldseelsorge noch unverblümt zu ihren Missionsabsichten bekannte, wurden die Kriegspfarrer im Zweiten Weltkrieg angehalten, ihre Absichten, möglichst zu verbergen. Vielmehr sollten sie glaubhaft machen, dass sie gerade keine eigenen Absichten verfolgten, sondern nur da waren, um aufzurichten und zu trösten. Martin Doerne warnte die Kriegspfarrer davor, das Lazarett primär als Gelegenheit zur Volksmission zu begreifen. Krankenseelsorge

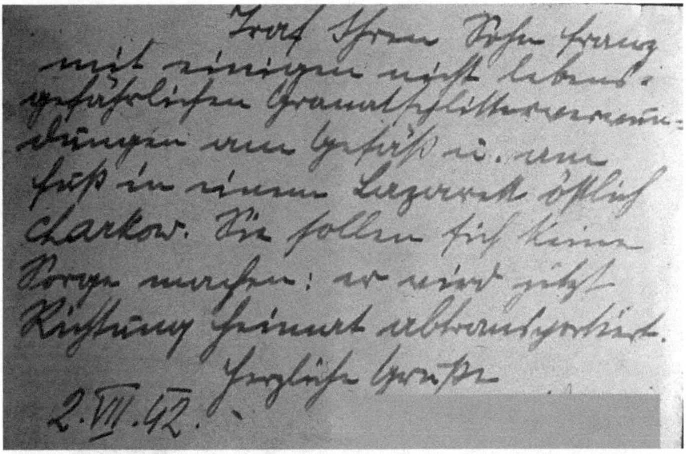

Traf Ihren Sohn Franz
mit einigen nicht lebens-
gefährlichen Granatsplitterverwun-
dungen am Gesäß u. am
Fuß in einem Lazarett östlich
Charkow. Sie sollen sich keine
Sorgen machen: er wird jetzt
Richtung Heimat abtransportiert.
Herzliche Grüße
2.VII.42.

„Traf Ihren Sohn Franz mit einigen nicht lebensgefährlichen Granatsplitterverwundungen am Gesäß u. am Fuß in einem Lazarett östlich Charkow. Sie sollen sich keine Sorgen machen: er wird jetzt Richtung Heimat abtransportiert. Herzliche Grüße 2. VII. 42". Feldpostkarte des katholischen Kriegspfarrers Alois Beck an Angehörige eines Verwundeten, 2. 7. 1942 (AKMB, NL Beck, 5/224).

müsse immer eine „parakletische", d. h. eine tröstende und aufrichtende Seelsorge sein. Der Seelsorger solle den Mann nicht bekehren wollen, seine Situation nicht benützen, um ihn wieder für die Kirche zu gewinnen, sondern zu allererst helfen, so wie Christus den Leidenden geholfen habe. Doch am Ende bekannte sich Doerne doch zur Aufgabe der Mission, indem er feststellte: „So ist in die eigentliche, die parakletische Aufgabe, zumeist auch ein Stück missionarischen – und wohl auch apologetischen Dienstes hinein geflochten." Um dies zu erreichen müsse der Lazarettpfarrer als der unverkünstelte Mensch zu den Verwundeten kommen, in dessen Munde die Anrede ‚Kameraden' glaubwürdig sei.[169]

So war auch im Lazarett die Rolle des „guten Kameraden" gefordert. Die Lazarettpfarrer sollten den Verwundeten „erwünschte Liebesdienste" erweisen. Die „Leibseelsorge" sollte den Weg zur Seelsorge ebnen. Der Lazarettpfarrer schrieb Karten und Briefe für die Verwundeten, verschaffte ihnen Lesestoff

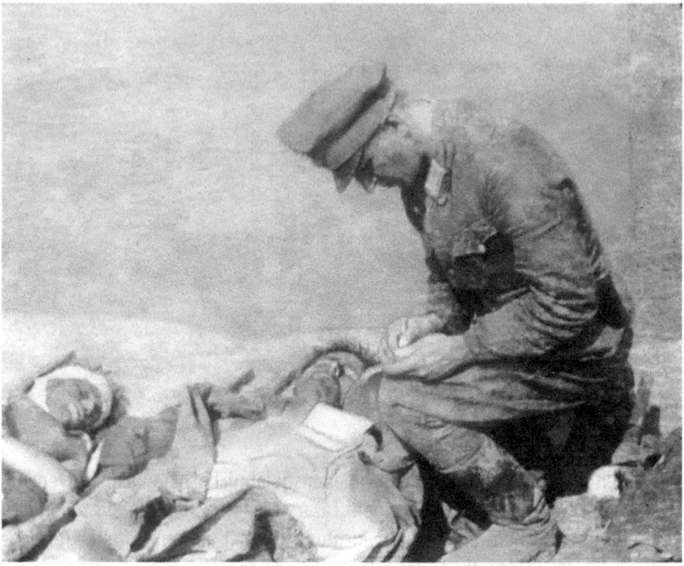

Kriegspfarrer Beck kommentierte das Bild rückblickend wie folgt: „Eines der erschütterndsten Bilder aus dem letzten Krieg: ich schreibe wahrscheinlich letzte Nachrichten für sterbende Kameraden aus Stalingrad an ihre Angehörigen." (AKMB, NL Beck, AR 91/5/225).

oder informierte sie über den neuesten Wehrmachtbericht. Das alles sei Sorge im Bereich des Menschlichen, schrieb der katholische Kriegspfarrer Guido Aix in einem Erfahrungsbericht. Aber von dort vollziehe sich fast unmerklich der Übergang zum Eigentlichen, zum Ewigen.

„‚Haben Sie noch einen Wunsch?' frage ich abends beim Abschied einen schwerverwundeten jungen Kameraden; ‚Herr Pfarrer, beten Sie mit mir!' Das weiss und spürt der Soldat, bei dem es um die Entscheidung geht: der Pfarrer, der da bei mir sitzt im feldgrauen Rock, der will und kann mir aus dem Alltag hinaus helfen, er kann mir helfen, zu Gott heimzufinden, er kann mir sterben, leiden, aber auch leben helfen!"[170]

Die Verwundeten, die sich in einer Situation der Schwäche und Hilflosigkeit befanden, griffen vielfach dankbar nach jedem Trost, der sich ihnen bot. Zweifellos kam diese situative Frömmigkeit, die in dem Satz „Not lehrt beten" ihren Ausdruck fand, den verborgenen Missionsabsichten der Geistlichen entgegen. So erklärte Wehrmachtdekan Schieber den evangelischen Kriegspfarreranwärtern, die Verwundeten befänden sich in „einer grossen, dem Evangelium zugewandten Hilfsbedürftigkeit", die selbst solche, die der Kirche völlig entfremdet seien, dazu brächte, den Trost des Pfarrers willig anzunehmen.[171]

Vor diesem Hintergrund beschrieben Kriegspfarrer gern und oft in ihren Berichten die Erfolge, die sie für das Christentum in den Lazaretten erzielten. Der katholische Wehrmachtgeistliche Heinrich Kreutzberg berichtete über seine Zeit als Lazarettpfarrer im Ostfeldzug: „Bei einem Ausfall von über 6000 Männern hatte der Pfarrer Gelegenheit, eine Unsumme von menschlichem Leid und Schmerz kennen zu lernen. [...] Vor mancher Amputation war es eine lohnende Aufgabe für den Pfarrer, den Verwundeten auf diese Operation seelisch vorzubereiten und ihn innerlich stark zu machen für die infolge der Verstümmelung zu erwartenden Beschwerden seines künftigen Lebens. Bei diesen Gelegenheiten empfand man, wie diese Männer in schwerem inneren Ringen sich an Gott anklammerten, in dem letzthin alles Leid und aller Schmerz seine Lösung findet."[172]

Wenn sich Verwundete an den Trost der Religion klammerten, stellten sich bei den Geistlichen durchaus Gefühle beruflicher Befriedigung ein. Der evangelische Kriegspfarrer Paul Bauer schrieb in seinem Erfahrungsbericht über den zweiten Kriegswinter in der Sowjetunion, man könne auf den Verbandplätzen viel erfreuliches erleben und verwies darauf, dass manchmal die Blicke der Amputierten auf dem Kreuz, das er auf seiner Brust trug, hängen blieben, wenn er ihnen Bibelworte präsentierte, die zu ihrer Situation passten.[173]

Das Kriegstagebuch des katholischen Sanitätssoldaten und Kriegspfarrers Theodor Loevenich ist voll von Sterbeberichten aus dem Lazarett. Für Loevenich waren das Erfolgsgeschichten. Am 23. Dezember 1943 notierte er:

„Als ich ihm die Wegzehrung [Krankenölung, D. P.] gegeben, fragte ich ihn, was denkst du von dir selbst? Wörtlich: Grüßen Sie meine Frau u[und] meine Mutter. Ich sterbe gern. Gott hat es ja so für mich bestimmt. Ich habe immer darauf gewartet, wenn sie mir die hl. Ko[mmunion] bringen wollten. Und das hat mir sehr geholfen."

Besonders stolz machten Loevenich Bekehrungen von „Gottgläubigen" und SS-Männern. Am 24. Oktober 1943 hielt er fest: „Ein SS. O[ber-] Sturmf[ührer] g[ott]g[läubig] sagt am Vorabend seines Todes zur Schwester Luise: Denken sie einmal an mich in ihrem Abendgebet."

Am dritten Advent 1943 notierte er über einen sterbenden SS-Mann in Winniza: „Ein SS. Mann schwer verwundet – Halsschuß – multiple Splitter in beiden Armen und Beinen – liegt schwer danieder. Er spricht kaum ein Wort. Fast 3 Wochen lang besuchte ich ihn. Als SS. Mann durfte er nur auf Wunsch betreut werden. Er äußert sich nicht. Am genannten Sonntag bringe ich morgens um 6:30 Uhr die hl. Kommunion auf die Stationen. Auf diesem Gang sehe ich ihn auf einer Trage im Sterbezimmerchen liegen. Ich trete zu ihm und sage: Armer Kerl, hat man dich hier allein abgestellt? Dann flüstert er mir zu als ich auf dem Boden neben ihm knie: ‚Herr Pfarrer, können sie mir helfen?' Er wußte genau, daß ich ihm keine Erlösung und Heilung seines zerschossenen Leibes bringen konnte, aber Erlösung von Schuld und Sünde! Er beichtet, kommuniziert, empfängt die hl. Krankenölung. Mit den verbundenen Armen sucht er mich zu umarmen und vergießt Freudentränen. Gaudete, so begann auch die Predigt – dann sagte er noch – wenn meine Mutter das hört, wird sie sich freuen. Er war ein Oberschlesier."[174]

Für katholische Lazarettpfarrer ließ sich der Erfolg ihrer Arbeit häufig an der Zahl der ausgegebenen Krankensalbungen [häufig fälschlich als „Sterbesakrament" bezeichnet, D. P.] messen. So äußerte sich Johann Anton Hamm noch Jahre nach dem Krieg zufrieden darüber, dass der katholischen Lazarettseelsorge fast keiner gestorben sei, ohne „versehen" worden zu sein, d. h. ohne die Sakramente empfangen zu haben.[175] Für den katholischen Geistlichen war es essentiell, das Sterben im Lazarett mit dem Sakrament der Krankensalbung zu begleiten. Denn nach katholischer Lehre entging der Soldat nur dann dem ewigen Tod, wenn ein Priester ihm vor dem Eintritt des Todes mit der Krankensalbung die Vergebung seiner Sünden gewährt hatte.

Bei den verwundeten Soldaten wurde die Krankensalbung jedoch nicht immer mit Freude aufgenommen. Sie fürchteten das Sakrament als „Dolchstoß“ oder „Giftspritze Gottes“, erinnerte es sie doch an das kurz bevorstehende Ende ihres Lebens.[176]

Der Eifer manch eines katholischen Kriegspfarrers, möglichst viele Sterbende mit dem Sakrament zu versehen, wirkte auf seine evangelischen Kollegen befremdlich, wenn diese den Eindruck gewannen, der katholische Kriegspfarrer wolle mit der Ausgabe der Krankensalbung „Quote an den Sterbenden“ machen.[177] Dagegen betonte man auf evangelischer Seite die Andacht mit Wort, Gebet, Gesang und Musik sowie den Bezug zur Heimatkirche, in die der Soldat nach seiner „glücklichen Heimkehr“ hineinfinden sollte.

Manche der evangelischen Lazarettpfarrer sahen aber auch mit Wohlwollen oder sogar mit Neid auf die Möglichkeit der „letzten Ölung“. Sie hatten festgestellt, dass Sterbende oft nicht mehr die Kraft für Gespräche hatten und sich sichtlich beruhigten, wenn sie die alten Rituale aus ihrer Kindheit und Jugend wieder erkannten.[178]

Hinrichtungen

Nach nationalsozialistischer Auffassung wurde der Erste Weltkrieg verloren, weil „Minderwertige“, „Versager“ und „Drückeberger“ die Kampfkraft des Heeres von innen zersetzt hatten. Daraus folgte im Zweiten Weltkrieg eine unvergleichliche Politik der Härte gegenüber den eigenen Soldaten. Zwischen 1939 und 1945 wurden 25.000 Todesurteile wegen geringfügiger Vergehen, die unter dem Straftatbestand der „Wehrkraftzersetzung“ oder „Fahnenflucht“ subsumiert wurden, von den Wehrmachtgerichten ausgesprochen. Schätzungsweise 18.000 bis 22.000 dieser Urteile wurden vollstreckt. Dagegen fielen in die Zeit zwischen 1907 und 1932 nur 393 Exekutionen.[179]

Aus Sicht der Machthaber hatten die Kriegspfarrer dafür zu sorgen, dass der zum Tode Verurteilte sich widerspruchslos fügte und bei seiner Hinrichtung ruhig blieb. Die Arbeit der Kriegspfarrer setzte erst ein, wenn das Todesurteil über einen Soldaten bereits gesprochen war. Der katholische Feldbischof ermahnte seine Geistlichen sogar ausdrücklich, sich nicht für eine Revision von Todesurteilen einzusetzen. Niemals könne es die Aufgabe der seelsorgerlichen Betreuung sein, dem Todeskandidaten falsche Hoffnungen auf Begnadigung zu machen, hieß es in einem „Merkblatt" vom 1. Mai 1940 für die seelsorgerliche Betreuung von Strafgefangenen, die zum Tode verurteilt waren.[180]

Ziel der evangelischen Seelsorge am Todeskandidaten war es, diesen möglichst davon zu überzeugen, sein Sterben als Sühne zu begreifen und als eine „Warnung für manchen, der sich in Gefahr befindet, abzugleiten."[181] Der evangelische Professor für systematische Theologie Ernst Sommerlath erklärte auf einer Standort- und Lazarettpfarrerkonferenz, die Verfehlungen des Häftlings seien Schuld vor Gott, nicht nur vor dem Gesetz, nicht nur vor den Menschen. Es sei überaus wichtig, den Gefangenen von der Unordnung seines ganzen Lebens zu überzeugen und diese Unordnung nicht als moralische, sondern als religiöse Angelegenheit zu verstehen. Alle Verfehlung verweise nur auf ein Verhältnis zu Gott, das nicht in Ordnung sei. Erfahrungsgemäß gelinge es aber, den zum Tode Verurteilten von der Notwendigkeit seiner Buße zu überzeugen. Am Ende sähe er ein, dass Gott ihm auch den „bitteren Weg nicht ersparen" könne.[182]

Über eine in diesem Sinne besonders gelungene Überzeugungsarbeit berichtete der evangelische Divisionspfarrer Hermann Wolfgang Beyer: „Hunzinger erzählte mir auch noch von einem anderen Geschehen. Er hat einen sächsischen Ortsgruppenleiter der Partei, der wegen Zersetzung der Wehrmacht zum Tode verurteilt worden war, zur Exekution führen müssen. Der Mann hatte neben Hetzereien in der Truppe einen Brief geschrieben, in dem er geäußert hatte, es sei ein Skandal, daß er als Soldat dienen müsse, das verdanke er nur den Machenschaften bestimmter Leute und ähnliches. Als ihm die bevorstehende Vollstreckung des Urteils angekündigt wurde, hat er, obwohl aus der Kirche ausgetreten, von Haus aus Volksschullehrer, nach dem Pfarrer verlangt. Da hat der Geistliche dem Parteimann auseinandersetzen müssen, warum ein echter Staat hart sein und bedingungslose Beugung fordern müsse. Plötzlich hat ihn jener gefragt, ob seine Verurteilung durch den Staat auch seine Verurteilung durch Gott bedeute. Das ist dann Anlaß zu einem langen Glaubensgespräch geworden. Der Mann hat dann Hunzinger gebeten, dessen Inhalt seiner Frau, Lehrerin an der SS-Mütterschule, mitzuteilen. Der hat das wegen nur zu leicht möglichen Mißdeutungen abgelehnt, aber ihm Gelegenheit gegeben, von sich aus noch an seine Frau zu schreiben. Schließlich hat der Verurteilte den Pfarrer gebeten, ihn auch zur Hinrichtung zu begleiten. Auf Hunzingers Hinweis, daß er dort aber als letztes Wort das Vaterunser sprechen würde, hat er geantwortet, gerade das wäre in seinem Sinn. So ist es denn auch geschehen. Von der Frau hat Hunzinger einen ergreifenden Dankbrief erhalten."[183]

War ein Soldat von einem Kriegsgericht zum Tode verurteilt worden, sollte der Kriegspfarrer sich Zugang zu den Akten der Anklage verschaffen und mit dem Kriegsgerichtsrat oder dem Gerichtsherrn Fühlung aufnehmen, um sich ein Bild von dem Todeskandidaten zu machen. Das evangelische Feldbischofsamt riet seinen Kriegspfarrern, beim ersten Seelsorgebesuch das Neue Testament mitzubringen und dem Verurteilten die zu lesenden Stellen aus der Passion Christi zu markieren. Der Kriegspfarrer war angehalten, den Delinquenten zum Gebet anzuleiten und zu erziehen. In den wenigen Stunden, die zwischen Bekanntgabe des Urteils und seiner Vollstreckung lagen, war es seine Aufgabe, den Verurteilten zur inneren Ruhe und letzten Sammlung zu verhelfen. Bei „innerer Bereitschaft" sollte dem Verurteilten das heilige Abendmahl gereicht werden.

Auch auf katholischer Seite empfahl man den Kriegspfarrern, den Verurteilten Passagen aus dem Neuen Testament nahezubringen. Dabei sollte aus den Abschiedsreden Jesu und dessen Leidensgeschichte vorgelesen werden. Hier lag der Akzent jedoch weniger auf der Schuldeinsicht als auf dem jenseitigen Leben. Beim Delinquenten sollte die Hoffnung auf die Begnadigung bei Gott geweckt werden. Im Mittelpunkt der katholischen Seelsorge stand deshalb der Vollzug der Sakramente, die den Todeskandidaten auf das Jenseits vorbereiteten.

„Bei allen Todeskandidaten auf baldigen Sakramentenempfang drängen", riet ein katholischer Kriegspfarrer seinen Kollegen auf einem Frontlehrgang in der Ukraine. Dies beinhaltete eine gründliche Lebensbeichte und den Empfang der Heiligen

Kommunion. Die „heilige Ölung“ oder Krankensalbung wurde hingegen nicht gespendet.[184]

Es waren die Kriegspfarrer, die entschieden, ob sie die Delinquenten mit menschlichem Mitgefühl behandeln oder als ausführende Organe einer unbarmherzigen Militärgewalt auftreten wollten. Wer dem Verurteilten ohne jede Empathie begegnete, konnte indes nicht hoffen, Gehör zu finden. So berichtete der evangelische Kriegspfarrer Hans Leonhard über seinen katholischen Kollegen, der von allen Gefängnisinsassen abgelehnt wurde: „Er redete sie als Verbrecher an; einen solchen Pfarrer wollten sie nicht.“[185]

Idealerweise brachte der Kriegspfarrer den Delinquenten dazu, seine Strafe als unvermeidlich zu akzeptieren, sie mit „männlicher Würde“ zu ertragen und seinen Blick auf das Jenseits zu lenken. Die Briefe, die Kriegspfarrer nach der Hinrichtung eines Soldaten an dessen Angehörigen schrieben, handelten meistens von einer in diesem Sinne vorbildlichen Haltung des Delinquenten. Einzig die Tagebücher der Kriegspfarrer offenbaren etwas von der schroffen Dramatik der Hinrichtungen, die keineswegs immer so glatt verliefen, wie es gewünscht wurde.

Am 4. Juni 1942 notierte Johannes Stelzenberger: „Ein denkwürdiger Tag! Bei Kutschuk Muskomja Exekution des Kanoniers [...] der Stabs-Batterie A. R. 64. Angeklagt und zum Tode verurteilt wegen Schädigung der Wehrkraft. 2 x bereits unerlaubt von der Truppe entfernt! Schwer psycho-path. Verheiratet. 2 uneheliche Kinder. Hängt mehr an seiner Mutter als an seiner Frau. Wollte erst weich werden. Ich riss ihn hoch; er musste an seinem Grabe vorbei. Ich sagte: Nicht hinsehen, wir müssten jetzt den schmerzhaften Rosenkranz beten. Sprach ihm vor: Jesus auf dem Gang zum Oelberg. Will Kommunion. Führte ihn an den Pfahl. Er wünschte angebunden und Augen verbunden zu werden.“[186]

Der katholische Divisionspfarrer der 9. Infanteriedivision, die gerade in Artemiwsk lagerte, Josef Wassong, schrieb am 1. Februar 1942: „Am Morgen war ich im Gefängnis, wo ich einen wegen Feigheit zum Tode Verurteilten der 111. I. D. auf Wunsch des zuständ. Pfarrers besuchte. Er beichtete u. kommunizierte. Er stammt von Hamburg u. ist sehr weich: ‚Meine Mutter wird das nicht überstehen‘, sagt er mit Tränen in den Augen.“

Nur wenige Monate vor Kriegsende berichtete dieser Kriegspfarrer – mittlerweile im Oderbruch – wieder von einer Hinrichtung. Nun äußerte er Mitleid mit dem Verurteilten: „Gestern abend wurde ich vom Gericht für heute 8 Uhr in die Ulanenkaserne gebeten. Einem zum Tode Verurteilten (...) wurde das Urteil verkündigt, der dann 20 Uhr bei den Schießständen (20 Min. entfernt) erschossen wurde. Er beichtete, k[om]m[uni]z[ier]te, schrieb einen Abschiedsbrief an s. Frau u. benahm sich sehr gefaßt. Es ist tragisch, daß dieser 28jährige Mann, der 5 Jahre Soldat war, 5 mal verwundet wurde u. selbst einen Stoßtrupp leitete, wegen ‚Feigheit' verurteilt wurde. In seine Zelle hatte er an die Wand einen schönen Christuskopf mit Bleistift gezeichnet. Der Mann machte einen guten Eindruck, er tat mir leid. Gestern wurde das Urteil gesprochen u. bestätigt, heute vollzogen."[187]

Ein ungeschminkter Bericht über das Misslingen der seelsorgerlichen Arbeit bei einer Hinrichtung findet sich im Tagebucheintrag des evangelischen Wehrmachtpfarrers Hans Kähler vom 6. Oktober 1944: „Als um 3:30 der Wecker rasselt, ist die Welt draußen weiß, eine eisige Kälte! 30 Min. warten Mö[mkes] und ich in scharfem Wind auf das Auto, das der Stab stellen soll. Endlich erscheint Bender. Wir fahren über Kemijärvi, an der Qu-Staffel vorbei in den nächsten Ort, wo um 6:00 der Wiener Bottlak erschossen werden soll. Als Posten treffe ich den alten Küster, Amtsbr. Bössow, unterhalte mich mit ihm, gehe dann rein und debattiere lange mit dem Uffz. Eckhardt 2/307, der ja auch zum Tode verurteilt ist. Er meint immer noch, daß ihm Unrecht angetan worden ist. Die Unterhaltung ist ziemlich sinnlos. Endlich kehren der ‚Blutrichter', Mö[mkes] und die Offiziere von der Erschießung zurück, letztere laden uns zum Tee mit Negrita-Rum und Butterbroten ein. Mö[mkes]. berichtet, daß der Delinquent getobt habe, man habe ihn ein paarmal neu festbinden müssen, seine letzten Worte seien gewesen: Ihr Mörder!"

Der Bericht endet mit den Worten: „Alle sind restlos erschüttert. Mit Hilfe des Schnapses und von Witzen versucht man, über die Situation hinweg zu kommen."[188]

Gräber und Beerdigungen

Normalerweise nahm der Divisionspfarrer das Amt des Gräberoffiziers wahr. Manchmal gelang es aber, dieses Amt an andere abzugeben, die nicht als Kriegspfarrer bei der Wehrmacht arbeiteten. Auf diesem Weg erhielt Richard Börner das Amt des Gräberoffiziers, wodurch er schon am nächsten Tag vom einfachen Mannschaftssoldaten zum Offizier im Divisionsstab aufstieg – sehr zum Ärger seines Kommandeurs.

Nach dem Krieg schilderte er seine Aufgaben: „Es war die Aufgabe des Gräberoffiziers, für würdige Soldatenfriedhöfe zu sorgen, Einzelgräber im Gelände auf Plankarten einzutragen, für jedes neue Grab ein Holzkreuz mit Namen, Dienstgrad, Geburtstag und Todestag anfertigen und aufstellen zu lassen. Diese fertigen Gräber hatte ich zu photographieren und den Angehörigen daheim ein Bild zuzuleiten. Es muß zur Ehre der deutschen Truppenführung gesagt werden, daß man auf diese Dinge hohen Wert legte. Wenn unbekannte Tote im Gelände von Suchkommandos gefunden wurden – unbekannt, weil weder Erkennungsmarke noch Dokumente vorhanden waren – so wurden sie an einen Wegrand gelegt, und ich hatte die Gesichter zu photographieren. Die Photos gingen dann zu allen Armee-Einheiten mit der Aufforderung, Wiedererkennungen zu melden. Auch hatte ich vorgefundene Nachlaßsachen, etwa Uhren oder dgl. zu säubern und an eine Zentrale zu Haus zu schicken, die diese letzten Erinnerungsstücke dann den Angehörigen weiterleitete."[189]

Jeder Todesfall musste dem Gräberoffizier einer Division und der Feld- bzw. Ortskommandantur gemeldet werden. Diese trug die Hauptverantwortung für Anlage und Pflege der Grabanlage. Der Gräberoffizier war der erste, der die Daten der Gefallenen erfasste. Die Kommandanturen hatten darauf zu achten, dass der Friedhof ein einheitliches Bild abgab.

Die Grabkreuze trugen das vom OKH herausgegebene Muster eines Eisernen Kreuzes, den Vor- und Zunamen, Dienstgrad, Truppenteil, Geburts- und Todesdatum des Soldaten. Ebenso waren Heimat-, Geburts- oder Todesort anzugeben. Selbst die Todesart mit Datum wurde auf dem Grabkreuz vermerkt. Man unterschied zwischen „gef.“: vor dem Feind gefallen oder binnen 24 Stunden an der Verwundung gestorben, „verw.“: nach Verwundung gestorben (hier wurde das Datum der Verwundung angegeben) und „gest.“: nach Krankheit oder Unglücksfall verstorben. Kriegsauszeichnungen wie das Eiserne Kreuz oder das Ritterkreuz wurden über dem Namen vermerkt.[190]

Der Gräberoffizier war für den Rahmen der Beerdigungen, etwa die militärische Ehrenformation sowie für die Führung von Lage- und Belegungsplänen der Gräber verantwortlich. Er war befugt, Gefangene und Einwohner zur Aushebung und Gestaltung der Gräber einzusetzen.

Für den christlichen Teil der Beerdigungen waren die Divisionspfarrer zuständig. So wie der Feldgottesdienst sollte das Soldatenbegräbnis „würdig und kurz“ gestaltet werden. Die Beerdigungsansprachen dienten immer auch als Mittel der Soldatenerziehung. Die Rede über die Toten der Division sollte die „Lebenden in den letzten Ernst“ führen und diese motivieren, es den Toten gleichzutun, d.h. ebenfalls ihr Leben freiwillig zu opfern, wie es in den Ausführungen eines evangelischen Kriegspfarrers zum Thema „Beerdigung im Felde“ hieß.[191]

Um das zu erreichen, wurde der individuelle Tod als gottgewollt dargestellt. Zudem verwies man auf die christliche Botschaft vom ewigen Leben, in der Absicht, „echte Furchtlosigkeit“ und eine „innere Bereitschaft zum Opfer“ bei den Soldaten zu erzielen. Wer an ein Leben nach dem Tod glaubte, so die Annahme, starb bereitwilliger als der, der nach dem Tod nichts mehr erwartete. Je nach konfessioneller Zugehörigkeit des Toten führte der katholische oder der evangelische Kriegspfarrer die Beerdigung durch. Zuweilen übernahmen beide Divisionspfarrer abwechselnd unterschiedliche Teile des Zeremoniells und segneten – getrennt nach Konfessionen – die Gräber ein.

Zu Spannungen zwischen den Konfessionen kam es, wenn die unterschiedlichen Schwerpunkte in der religiösen Praxis allzu deutlich wurden. So ärgerte sich Wehrmachtpfarrer Hans Kähler über das allzu formalistische, fast magische Religionsverständnis seiner katholischen Kollegen, wenn diese etwa die „Einsegnung“ von Soldatengräbern wichtiger nahmen als die Beerdigungspredigt.

Beerdigung deutscher Soldaten, Nähe Rudolbelka (Weißrussland), 25.2.1944 (AKMB, NL Perau, 2/431, F31).

Beerdigungen nahmen im Laufe des Krieges zunehmend größeren Raum im Alltag der Kriegspfarrer ein. „Der Militärseelsorger wuchs immer stärker in die Aufgabe einer routinierten Leichenentsorgung hinein", schreibt der Kirchenhistoriker Irmfried Garbe über den evangelischen Divisionspfarrer Hermann Wolfgang Beyer. Diesem Pfarrer fiel es schwer, ständig neue Texte und Gedanken für die Ansprachen „an den vielen, vielen Gräbern" zu finden. Die wachsende Zahl von toten deutschen Soldaten, das immer grausamere Sterben und Töten, veränderten Beyers Beerdigungsreden. Überschrieb er seine frühen Reden im Ostfeldzug noch mit biblischen Opfersprüchen, dominierte später das Thema der Trauer.[192]

Auch der evangelische Divisionspfarrer Hans Kähler beklagte sich über die häufigen Trauerfeiern. Er tat sich schwer, Abwechslung in seine Ansprachen zu bringen, zumal er die Gefallenen in der Regel nicht kannte. „Was soll man da viel sagen!" notierte er, „dulce et decorum est pro patria mori – Amen!"[193]

Die Korrespondenz mit den Angehörigen nahm bei den meisten Divisions- und Lazarettpfarrern einen großen Teil ihrer freien Zeit in Anspruch. Der Pfarrer durfte den Angehörigen erst 10 Tage nach Abgang der Nachricht an die Hinterbliebenen durch den Einheitsführer bzw. das Lazarett schreiben und nur dann, wenn der Verstorbene den Wunsch nach einer Benachrichtigung seiner Angehörigen durch den Pfarrer geäußert hatte. Der erste Brief des Kriegspfarrers durfte zwar Mitteilungen über die letzte seelsorgerliche Betreuung des Verstorbenen enthalten, doch geistlicher Zuspruch in Form von Bibeltexten oder anderen Zitaten waren ihm verboten, solange nicht feststand, ob die Angehörigen überhaupt nach geistlichem Zuspruch verlangten. Auch durften keine Einzelheiten über schwere Verwundungen geschildert werden. Nur wenn die Angehörigen von sich aus nach weiterem seelsorgerlichem Beistand verlangten, war es dem Kriegspfarrer erlaubt, den Briefwechsel fortzusetzen.[194]

Rückblickend behauptete der katholische Kriegspfarrer Josef Perau, durchschnittlich 20 Briefe am Abend an die Angehörigen der Verwundeten und Toten seiner Division geschrieben zu haben. Andere Quellen sprechen von 1 bis 3 Briefen pro Abend. Kriegspfarrer Stelzenberger notierte, er habe 1943 in einem Monat 68 Briefe an Angehörige geschrieben. Ihn rührte deren Dankbarkeit, etwa für die Übersendung von Lichtbildern des Grabes oder für die Mitteilung, dass sich der Friedhof in deutscher Hand befinde. Bitter vermerkte er dazu: „Und die Wehrmacht baut die Seelsorge ab!“[195]

Der evangelische Divisionspfarrer Otto Schöner hinterließ ca. 300 an ihn adressierte Briefe von Angehörigen verwundeter oder toter Soldaten, die er innerhalb eines Jahres erhalten hatte. Er hatte den Eltern der toten Soldaten geschrieben oder für Schwerstverletzte das Schreiben übernommen. Die Briefe an Schöner zeugen von der enormen Bedeutung, die ein Divisionspfarrer für die trauernden Angehörigen erlangen konnte. Mit aller Kraft klammerten sie sich an den, der bis zuletzt bei dem geliebten Menschen gewesen war. In ihm, dem Pfarrer, suchten sie gleichsam noch eine letzte Verbindung zum Sohn, Verlobten oder Ehemann.

Fast alle Briefe an Schöner drücken tiefe Dankbarkeit gegenüber dem Geistlichen aus: „Wenngleich Ihre Zeilen einen langsam verheilenden Schmerz von neuem aufrissen und mich und meine Angehörigen von frischem traurig machten, so bin ich

Ihnen trotzdem dankbar, daß Sie mir geschrieben haben, denn Sie sind nun der einzige Mensch dort draussen, der mit ihm war und ihn zum letzten Male sehen konnte", schrieb der Vater eines gefallenen Soldaten an Schöner.[196]

Darüber hinaus zeigten die Angehörigen ein unersättliches Informationsbedürfnis. Schöner sollte ihnen mitteilen, was immer er über den Verstorbenen wusste. „Bitte schreiben Sie mir doch ein bisschen von ihm, ich hatte ihn ja so lieb", bettelte ein anderer Vater. Selbst das Unbedeutendste war wichtig, man wollte wissen, wie der geliebte Sohn seine letzten Tage verbracht oder ob er noch „von seiner Mutti und dem Papa" gesprochen habe. Andere fragten den Pfarrer, ob ihr Sohn bis zum Tod bei Bewusstsein gewesen sei oder noch etwas gesagt habe. Zuweilen baten sie Schöner, sie im Urlaub oder nach dem Krieg zu besuchen, um sich mit ihm über den Verstorbenen zu unterhalten. Sie wollten wissen, wie ihr Angehöriger beerdigt worden war. „Sie haben meiner ganzen Familie damit viel Freude gemacht u. uns dadurch die Gewißheit u. Bestätigung gegeben, daß unser Sohn würdig beerdigt ist", schrieb ein Vater an Schöner.

Manche legten Geld in den Brief an den Pfarrer und erbaten dafür ein Foto vom Grab oder eine Gesamtaufnahme des Friedhofs. „Ich wär doch so gern an sein Bette getreten", schrieb eine Ehefrau, „und hätte ihn noch einmal gedrückt, aber leider blieb mir auch das nicht übrig, und so halte ich mich jetzt an sein Grab, was Sie mir zukommen ließen." Andere schickten Geld, damit der Pfarrer einen Kranz auf das Grab legen konnte.

Der eigene Schmerz über den Verlust war ein Thema in den Briefen der Angehörigen. Eine Mutter schrieb unter „großem Herzeleid". Eine andere versicherte: „Alles will ich hingeben, bloß meinen lieben, guten Jungen nicht". Die Väter lenkten den Blick häufig von sich ab und verwiesen auf ihre Frauen, die vor lauter Schmerzen nicht mehr schreiben konnten. Ein Vater entschuldigte sich für die mutmaßlichen Briefe seiner Leidensgenossen, die dem Pfarrer „vielleicht eine unpassende Antwort" geschrieben hätten. „Ich kann es gut verstehen", so schrieb er, „was so in einem Vater oder in einer Mutter steckt, wenn sie auf eine so furchtbare Weise ihr Kind verlieren, ihre Hoffnung und ihre einzige Freude. Es ist diesen Menschen nicht übel zu nehmen, wenn sie den klaren Verstand verlieren und deshalb möchte ich diese entschuldigen".

Die Briefwechsel zwischen Kriegspfarrern und Angehörigen wurden oftmals noch über den Krieg hinaus weiter gepflegt. Der evangelische Divisionspfarrer Ufer berichtete von Bindungen, die ihm persönlich sehr zugute kamen. So fand seine Familie, die durch die Bombardierungen Düsseldorfs in Gefahr geraten war, obdachlos zu werden, Aufnahme und Betreuung bei der Familie eines gefallenen Soldaten. Ufer empfand dies als „persönlich wertvolle Ernte eines kleinen und selbstverständlichen kameradschaftlichen Liebesdienstes, eigentlich nur durch Benachrichtigung der Todesumstände."[197]

Als die Wehrmacht im Verlauf der Rückzugsgefechte immer mehr Gebiete räumen musste, wurden die so sorgfältig angelegten Soldatenfriedhöfe zum Problem. Der evangelische Divisionspfarrer der 12. Infanteriedivision berichtete über die Räumung von Demjansk am 5. April 1943: „158 Briefe waren zu schreiben, vor allem auch nach der Bekanntgabe der Räumung von Demjansk. Die Sorge um das Schicksal der Gräber dort beschäftigt die Angehörigen in der Heimat sehr. Die Trennung von den Friedhöfen dort ist uns allen sehr schwer geworden. In der ersten Zeit vor und nach dem Stellungswechsel war der immer wieder aufgegriffene Gegenstand der Gespräche die Frage: Was wird aus den Gräbern werden, die in russische Hand fallen?"[198]

Gerieten die Soldatenfriedhöfe in sowjetische Hand, wurden sie zerstört. Eroberte die Wehrmacht das Gebiet zurück, wurde der Friedhof unter Aufsicht der Gräberoffiziere mühevoll wiederhergestellt.

9. Die Verklärung des Todes

Opfern

Mitten im Ersten Weltkrieg, im Herbst 1916, fand in Berlin ein Lehrgang für evangelische Feldgeistliche statt. Unter dem Eindruck des massenhaften Sterbens deutscher Soldaten auf den Schlachtfeldern war das Bedürfnis entstanden, Inhalt und Ausrichtung der Feldpredigten neu zu diskutieren. Es hatte sich gezeigt, dass Predigten, die den deutschen Sieg prophezeiten, weil Gott im Krieg selbstverständlich auf der Seite der Deutschen stehe, die Soldaten nicht mehr erreichten.

Der Hinweis auf die göttliche Erwählung des deutschen Volkes stammte aus dem Alten Testament, in dem Jahwe der Gott Israels ist. Ein Krieg gegen Israel war deshalb immer auch ein Krieg gegen das Volk Gottes, wie der Wiener Professor Fritz Wilke in seinem Vortrag erläuterte. Er hielt diesen Glauben für falsch. Predigten, die Deutschland in die Nachfolge Israels als auserwähltes Volk Gottes stellten, bezeichnete er als alttestamentlichen Irrweg, den man im Laufe des Krieges korrigiert habe.

Wilke und die anderen evangelischen Feldgeistlichen hatten sich im Laufe des Ersten Weltkrieges zunehmend von politisch motivierten Kriegspredigten, die auf dem Vorsehungsglauben des Alten Testamentes beruhten, abgewandt und sich stattdessen auf die Auslegung des Neuen Testamentes konzentriert: „Wir sind allmählich immer neutestamentlicher geworden. Das seelische Bedürfnis der Soldaten kann nur mit dem Tiefsten, das wir haben, gestillt werden. Nichts aber packt mehr als das Beispiel Jesu Christi.“[199]

So sah es auch der Berliner Neutestamentler Adolf Deißmann. Im Neuen Testament seien „lebendige Urkräfte“ am Werk, die es dem Soldaten ermöglichten, durchzuhalten, erklärte er auf demselben Lehrgang. Das Neue Testament setze ethische Kräfte frei, die als „heiliger Verzicht“, „heiliges Dulden“, „heiliger Trotz“ und „heilige Zuversicht“ beschrieben wurden.

Für Deißmann handelte es sich um Kräfte, die halfen, das Schicksal des Krieges zu erdulden und die Zukunft des Krieges zu gestalten.[200]

Hinzu kam, dass man im Ersten Weltkrieg gegen Nationen gekämpft hatte, die sich selbst ebenfalls als christlich verstanden. Vor diesem Hintergrund mutete die Annahme absurd an, Gott stünde nur auf der deutschen Seite, zumal sich diese Sicht leicht umkehren ließ, wie die katholischen Deutschen schon 1915 erfahren mussten, als ihnen französische Theologen in der Streitschrift „La Guerre Allemande et le Catholicisme“ vorwarfen, antikatholische Barbaren zu sein, die einem protestantischen und damit „häretischen“ Kaiser in einen unchristlichen Krieg gegen das katholische Frankreich folgten. Am Ende – so schien es – hatte der Ausgang des Ersten Weltkrieges beiden Konfessionen in Deutschland gezeigt, dass die Annahme, Gott stehe auf der Seite Deutschlands, falsch gewesen war.

Diesen Fehler wollte man nicht wiederholen. Und so rieten die Kirchenführer beider Konfessionen zu Beginn des Zweiten Weltkrieges davon ab, allzu leichtfertig die politischen Interessen Deutschlands mit der göttlichen Offenbarung zu identifizieren. Hier bot sich das Neue Testament als Alternative an. Dies lag zum einen im Trend der Zeit, in der man unter dem Einfluss der nationalsozialistischen Propaganda das „jüdische“ Alte Testament ablehnte, zugleich ließ sich mit dem Verzicht auf die Gleichsetzung von Gottes Willen mit den Zielen des NS-Staates eine allzu offensichtliche Identifikation von Christentum und NS-Staat vermeiden.

Die Predigtentwürfe der evangelischen Wehrmachtseelsorge verstanden sich als „Christuspredigten“ und galten als eigene Gattung. Von 194 ausgewerteten Predigten eines evangelischen Kriegspfarrers, der am Ostfeldzug teilnahm, beschäftigten sich mehr als 90 % mit Abschnitten aus dem Neuen Testament.[201] Diese Tendenz war ebenfalls unter katholischen Theologen verbreitet. Davon zeugen die 300 katholischen Predigthilfen, die von der Kirchlichen Kriegshilfe in Freiburg für die Kriegspfarrer ins Feld geschickt wurden. Auch sie deuteten die Situation der Soldaten vor dem Horizont der Passion Christi.

Die Bedrängnis habe alle Christen hin näher zu Christus geführt, notierte sich der katholische Priestersoldat Josef Zimmerl am 26. Februar 1943. Dabei verklärte die neutestamentarische Kriegsdeutung den Krieg nicht weniger als es der Bezug auf das Alte Testament getan hatte. Nun ging es jedoch nicht mehr um den göttlich verbrieften Sieg der deutschen Nation. Die neutestamentarische Botschaft richtete sich vielmehr an das Individuum, d.h. den einzelnen Soldaten in seiner meist notvollen und schuldhaften Existenz. Vor allem sollte sie dem Soldaten die Angst vor dem Sterben nehmen.

Aus Sicht der Kriegspfarrer war es die Nähe des Todes, die den Soldaten die Angst vor dem Sterben nehmen konnte. Denn erst wenn der Tod sich näherte, näherte sich Gott. Die Todesnähe wurde zum „Privileg" der Soldaten umdefiniert, zu einer Potenz, die dem Leben der Soldaten eine vermeintlich neue Intensität zu geben vermochte.

Das entsprach einer existentialistischen Kriegsdeutung, die von Autoren wie Ernst Jünger mit Blick auf den Ersten Weltkrieg geprägt worden war. Auf evangelischer Seite hatte der lutherische Theologe Hans Schomerus im „Ethos des Ernstfalles" erklärt, der Soldat könne nicht „diesseitig" sein, ohne seine Existenz zu verfehlen. Denn der Soldat lebe an der Grenze, in unmittelbarer Nachbarschaft mit dem Jenseits, dem Tod. Die Front, das sei die „Wirklichkeitszone", in der die verborgenen, jenseitigen Mächte zu Hause seien. Sie sei der „Ernstfall des Lebens", wo die alltägliche Sicherheit zerbreche, damit Tod und Abgrund des Lebens sichtbar würden.[202] Mit anderen Worten: Die Front, das war der Ort, wo der Soldat Gott begegnen konnte, weil der Tod schon auf ihn wartete.

Der drohende Kriegstod beförderte gleichsam ein von Gott erleuchtetes Leben. So hieß es etwa im Buch Hanns Liljes „Der Krieg als geistige Leistung", das 1941 gleich in zwei Auflagen erschien: „Wo weiß man mehr, wie köstlich das Leben ist als im Kriege?" Kriegspfarrer Beyer erklärte, der Krieg wolle die Menschen in das Lebendige hineinreißen, das nur da ist, wo sie vor den letzten Dingen stehen. Und der evangelische Wehrmachtoberpfarrer Otto Stockburger predigte den Konfirmanden seiner Wehrmachtgemeinde: „Feuerlinie ist Todeslinie. Nur dort wird das lebenswerte Leben geboren, wo es verloren gehen kann. Dort allein gewinnt das Leben seinen höchsten Inhalt."[203]

Gerhard Knapp notierte sich – einen Brief des evangelischen Theologen Helmut Thielicke zitierend – es lebe sich erst da intensiv und wirklichkeitsgesättigt, wo der Tod allgegenwärtig sei und Gott den Menschen in ein „eschatologisches Leben" hineinstelle.[204] Ähnliches war von August Winnig zu hören. Von ihm kursierte ein „Verteilblatt" unter den Soldaten der 9. Armee mit dem Titel „In Gottes Hand". Dort hieß es: „Unser Christenglaube lebt vom Ernstfall, d.h. von der selbsteigenen Erfahrung des Menschen, der einmal an der Grenze gestanden hat, an der Grenze von Leben und Tod, an der Grenze der eigenen Kraft, an der Grenze, wo er vor dem Nichts erschauerte."[205] Und ein evangelischer Divisionspfarrer schwärmte: „Es ist wunderbar, nicht Stimmung, sondern nüchterne starke Wirklichkeit, rau genug bei dem Donner der Geschütze in der Nähe, die die Orgel ersetzen. Wir machen hier nicht in Illusionen und Anschauungen, glauben und erfahren es aber: ‚Das Himmelreich ist nahe herbeigekommen!'"[206] Der katholische Divisionspfarrer Johannes Stelzenberger imaginierte die Front als eine von irdischer Schwere befreite Welt: „Der Soldat braucht Halt außerhalb der Erde, an der er hier an der Front nur leise und fein klebt". Auch für Georg Werthmann stand fest, dass sich erst in der „rauen Wirklichkeit des Fronteinsatzes" die ganze Wahrheit des Lebens zeige.[207]

Das Leben in der Zone des Todes verwies für Theologen beider Konfessionen immer auf den religiösen Raum. Die Brüchigkeit des Lebens in der Todeszone wurde umgekehrt in das unverbrüchliche Sein, der Sinnverlust gewendet zum eigentlichen Sinn. Dies ging einher mit der Forderung an die Soldaten, sich auszuliefern an die unbekannte Macht des Sterbens.

Die Nähe des Todes an der Front wurde mitunter sogar zum Gesellschaftsentwurf. Sie inspirierte Johannes Stelzenberger zu der Überlegung, hier werde ein radikal antibürgerliches Leben sichtbar, das auf bequeme Sicherheiten verzichte und alle Zumutungen der kalten, technisierten und verrechtlichten Moderne hinter sich lasse.

Die theologisch-existentialistischen Ausdeutungen der Todesnähe im Krieg zu einem Leben in der Nähe Gottes bildeten nur einen Aspekt, mit dem sich die Theologen dem Sterben im Krieg annäherten. Nicht zuletzt musste auch das Sterben selbst zum Thema werden.

Kriegspfarrer grenzten sich wiederholt von der Todesrhetorik der Nationalsozialisten ab. Über nichts werde in der Gegenwart so phrasenhaft und unecht geredet, wie über den Tod, erklärte Hermann Wolfgang Beyer seiner Division in einer Vortragsstunde. Die Reden von der „Ewigkeit des Volkes", von der „großen Armee" und vom „ewigen SA-Sturm" seien bloße Missbildungen des christlichen Jenseitsglaubens. Vielmehr sei der Tod ein großes Geheimnis, dem wir alle auf der gleichen Straße entgegen wanderten. Dieses Rätsel lasse sich nur über Jesus Christus erschließen, der uns gelehrt habe, dass im Tode Gott sei.[208]

An anderer Stelle berichtete Beyer von einem Gespräch mit jungen Offizieren, die ihn fragten, „ob uns nicht heute der olympische Mensch in seiner strahlenden Kraft, seinem Heldentum, seinem todtrotzenden, sich im Einsatz verschenkenden, geballten Willen das sein müsse, was den Vätern einst der Christus gewesen". Auch hier wusste Beyer die Überlegenheit des christlichen Glaubens auf seiner Seite und erklärte den Fragenden, die Gewalt von Christus fange dort an, wo der olympische Mensch aufhöre. Christus wisse von den Abgründen allen Menschseins, doch habe er Leid, Tod und Schuld vom Ewigen her überwunden. Besonders freute es ihn, wenn er erklärte Nationalsozialisten von seiner Haltung überzeugen konnte.[209]

Doch nicht alle Auseinandersetzungen über den Tod verliefen so harmonisch. Gerade beim Thema Tod kam es immer wieder zu Konflikten mit Nationalsozialisten, die den Kriegspfarrern vorwarfen, bei den Soldaten Angst vor dem Tod schüren zu wollen. Hans Kähler schrieb sich seine Wut von der Seele, als er über die Beerdigungsrede eines nationalsozialistischen Offiziers, den er despektierlich „Maischeißer" nannte, notierte: „[...]. M. ist Mecklenburger, offenbar ein 180%iger. Es paßt ihm ganz offensichtlich nicht, daß ein Pfarrer mitwirken soll. Er beginnt die Feier, er redet lang und breit und behauptet, daß eine frühere Zeit Furcht vor dem Tode gepredigt habe, aber jetzt stürben die Soldaten gerne. Wie kann man solche Phrasen den Soldaten im 4. Kriegsjahr vorsetzen!"[210]

Auf einem Frontlehrgang wenige Monate später erklärte Kähler, in der Wehrmachtseelsorge gehe man davon aus, dass die Soldaten nicht sterben wollten, was ihm große Zustimmung bei seinen Kollegen einbrachte.

Trotz dieser Differenzen suchten die Kriegspfarrer in den Beerdigungsreden oder in den Gottesdiensten an „Heldengedenktagen" immer wieder die Verbindung zum Nationalsozialismus. Charakteristisch dafür war eine Grabrede des katholischen Divisionspfarrers Johann Georg Schmutz 1942/43. Diese Rede vermischte die christliche Ausdeutung des soldatischen Opfertodes mit der nationalsozialistischen Vorstellung von der Aufhebung der Vergänglichkeit des Individuums in der Unsterblichkeit des Volkes: „Und ihr ward getragen von den Lebenswerten Kraft, unbedingter Pflichterfüllung u. Gehorsam. Darum seid ihr alle nicht gleich verschossene Patronenhülsen, die am Wege der Kämpfe liegen bleiben. Ihr seid als Gewinn eingetragen in das Grundbuch des geistigen Volksvermögens. Ihr seid nicht tot, Euer Blut fließt gleichsam zurück zum Herzen des Volkes, läßt die Jugend froh u. tapfer werden, mahnt dann alle zur Treue u. Pflichterfüllung. Ja ihr sprecht ein gewichtiges Wort mit in der Weiterentwicklung unseres Volkes. Und ihr seid nicht tot, denn Leben kann nur verwandelt, nicht vernichtet werden. Ihr tragt Gottes Odem in eurer Brust. Er, der Euch schuf u. rief, wird Euch aufwecken in sein Reich. So wollen wir von Euch gehen, beherzigt u. mutig in ernster Pflichterfüllung. Eure Leiber ruhen hier, eure Leben sind vor Gott, euer Herz soll in uns allen mutig weiterschlagen. Wer so für Gott u. Vaterland gefallen, der lebt im Herzen seines Volkes fort. Der ringt sich aber in das ewige Leben u. geht ein in Gottes Herrlichkeit."[211]

Hier ging es nicht um das ewige Leben und das Geheimnis des Todes, sondern um das Weiterleben des deutschen Volkes. Es sei die Pflicht des deutschen Soldaten, so predigte der katholische Wehrmachtoberpfarrer Johannes Opfermann am Heldengedenktag 1943, dass sein Grabkreuz sich einmal würdig erweise, im „heiligen Wald deutscher Erde, dem Wald der Kreuze", zu stehen.[212]

Katholische Theologen empfahlen sterbenden Soldaten, ihren Tod als etwas Positives zu begrüßen. So erklärte Johann An-

Johannes Opfermann, o. j. (AKMB, SW 623).

ton Hamm einem verwundeten Leutnant: „Andererseits ist der Verlust des Lebens der Beginn eines neuen, des eigentlichen Lebens. Warum also nicht ganz und gar, was die Religion angeht, zu allem Ja sagen, wenn man als Soldat zu Dingen ‚Ja' sagt, die wirklich fragwürdiger sind und keine persönliche Sicherheit garantieren."[213] Josef Wassong beschrieb wiederholt das Strahlen auf den Gesichtern der Sterbenden, ihre Tränen der Freude und die Hoffnung, die sich unmittelbar nach dem Empfang der Sakramente bei ihnen einstellten.

Die Aussicht, aus dem diesseitigen Elend in ein verheißungsvolles Jenseits gelangen zu können, erschien aus katholischer Sicht geradezu erstrebenswert. Der Historiker Martin Röw hat dies als den „funktionalen Kern" der katholischen Soldatenseelsorge im Zweiten Weltkrieg beschrieben.[214]

Eine solchermaßen verklärte jenseitige Welt stand aber nur am Ende einer aktiven christlichen Sterbebegleitung in beiden Konfessionen, die als Aufforderung zur Selbstopferung begriffen werden kann. Das Lebensopfer des Soldaten wurde nicht nur hingenommen, sondern als Vollendung der christlichen Existenz eingefordert. Das war nicht neu. Schon im Ersten Weltkrieg hatten Geistliche den Soldatentod verherrlicht. 1917 schrieb Pater Peter Lippert SJ in der Feldausgabe der „Stimmen der Zeit": „Der opfernde Christus vereinigt sich mit den opfernden Menschen." Gott, so meinte er, zerstöre die Welt nur, um dem Menschen die Gelegenheit zu heldenhafter Treue und Opfergesinnung zu geben und das „Wunder des Sterbens für Gott und die Freunde" geschehen zu lassen. Soldatentod und das Sterben Christi auf Golgatha verschmolzen zu einer Einheit, weil der Soldat durch sein Lebensopfer – so wie Christus – jeglichen Eigenwillen seinen Brüdern geopfert hatte.[215]

Der katholische Bischof von Rottenburg, Paul Wilhelm von Keppler, hatte 1916 eine ganze „Leidensschule" entwickelt, welche die Leiden des Krieges als „stillen und offenen Triumph" der Religion feierte. Die Religion triumphierte, weil sie den Soldaten die Möglichkeit gab, sich durch ihre Leiden und Opfer im Krieg die Erlösungsgnade Christi zu sichern. Keppler sprach von der „wunderbaren Schönheit" der Leiden Christi. Vollkommenere Seelen empfänden eine „dankbare Freude am Leiden" und eine „heiße Sehnsucht, eine heilige Leidenschaft, zu leiden". „Sie möchten gar nicht mehr ohne Leiden sein", schrieb er, denn „sie finden auch in den schwersten Heimsuchungen den Mut zu einem inständigen: Noch mehr, o Herr noch mehr!"[216] Was heute wie eine masochistische Phantasie klingt, war damals ein theologisch wichtiger Zugang zum Soldatentod.

Das Opfer hatte bereits in der evangelischen Kriegspredigt des Ersten Weltkrieges eine zentrale Rolle gespielt. Der Kreuzestod Christi und der „Heldentod" des Soldaten wurden vielfach in Analogie zueinander gesetzt. Das Kreuz Christi gebiete dem Soldaten, durch sein Lebensopfer das Heil zu finden. Mit seinem Opfertod verdiente er sich seine Seligkeit.

In den Feldgottesdiensten des Zweiten Weltkrieges war eine solche Verklärung des Soldatentodes nicht wegzudenken.

Schließlich gehörte es zu den wesentlichsten Zielen der Soldatenerziehung, dass die Soldaten freudig ihr Leben für das Vaterland gaben. Hier lag die größte und notwendigste Aufgabe der Wehrmachtseelsorge, wie der evangelische Wehrmachtpfarrer Albrecht Schübel schrieb. Mit dem Hinweis auf den Kreuzestod Christi bot die Wehrmachtseelsorge den Machthabern, die von den Soldaten die bedingungslose Bereitschaft forderten, ihr Leben für das Vaterland zu opfern, die gewünschte theologische Rückendeckung.

Ein herausragendes Beispiel dafür war die 1941 erschienene Broschüre mit dem Titel „Das Opfer". Sie war das Ergebnis einer Gemeinschaftsarbeit des evangelischen Wehrmachtdekans und Feldgeneralvikars Friedrich Münchmeyer und des katholischen Wehrmachtoberpfarrers Erich Bartsch, der zu dieser Zeit Georg Werthmann im OKH vertrat.

In einer gemeinsamen Einleitung schufen die beiden nach den Feldbischöfen ranghöchsten Militärgeistlichen der Wehrmacht eine Symbiose von christlichem Opfer und NS-Heldenkult. Mit einem längeren Hitler-Zitat wiesen sie darauf hin, dass der Soldat durch seine „Lebenshingabe" über den historischen Wert seines Volkes „vor dem Gottesgericht des Allmächtigen" entscheide. Das Wort „Opfer" sei ein „religiöser Urlaut", erklärte Münchmeyer. Die größte Tat Gottes, die Hingabe seines Sohnes am Kreuz, sei eine Geschichte des Opfers. Daraus folge, das Leben der Menschen müsse Opfer sein. Das Opfer – so hieß es – sei die „naturgesetzliche Voraussetzung" allen Lebens.[217]

Bei den Nationalsozialisten stieß der solchermaßen dokumentierte Wille, sich von christlicher Seite der NS-Ideologie anzunähern, nicht auf Gegenliebe. Im Februar 1942 verbot das OKW die Broschüre.

Für die Ausrichtung der Gemeinschaftsgottesdienste an der Ostfront hatte das allerdings keine Folgen. Hier insinuierte man weiterhin einen engen Zusammenhang zwischen Christusopfer und Soldatentod. So erklärte der evangelische Wehrmachtoberpfarrer Karl Krüger in einer Predigt zum Heldendenktag 1942, dass die Opfer dieses „riesengroßen" und „alles überragenden Krieges" einer Notwendigkeit entsprächen, die sich unmittelbar aus „Gottes heiligem Gesetz" herleite. Der Soldat sollte sich opfern, weil er damit auch nichts anderes tat als Christus. Krüger betonte, es ginge hier nicht um die Forderung eines „verborgenen Gottes der Geschichte", sondern um eine gleichsam ganz persönliche Ansprache von Jesus Christus an den einzelnen Soldaten. Nicht mehr die Gemeinschaft, sondern der Einzelne war angesprochen. Die Ansprache erfolgte nicht durch einen abstrakten, wenig greifbaren Gott, sondern durch dessen menschliche Gestalt, Jesus Christus: „Wie, wenn in diesem Wort nicht nur der verborgene Gott der Geschichte redete, nicht nur das Opfer für das Vaterland gefordert wäre, sondern in viel tieferem Sinn dein Heiland zu dir spräche, der Christus, in dem Gott sein Antlitz enthüllt und von dir das Opfer deines Willens, die Hingabe deines ganzen Lebens forderte!"[218]

Namhafte Theologen unterstützten diese Forderung. Im Christusgeschehen präfiguriere sich das für die deutsche Gegenwart des Krieges so elementare, schicksalhafte und stellvertretende Soldatenopfer, schrieb der lutherische Theologe Werner Elert 1943.[219]

In der Weimarer Republik hatte es allerdings auch andere Stimmen gegeben, die davor warnten, menschliches Sterben in den Kontext der Nachfolge des Opfertodes Christi zu stellen. So löste der evangelische Theologe Günther Dehn 1928 erhebliche Proteste aus, als er in einem Vortrag argumentierte, der Opfertod Jesu könne nicht mit dem Tod eines Soldaten parallelisiert werden, weil man dabei außer Acht lasse, dass der Getötete eben auch selbst habe töten wollen.[220] Ebenso hatte der Lutherforscher Paul Althaus vor der Parallelisierung von Soldatentod und Christustod gewarnt.[221]

In den Predigten an der Ostfront spielten solche Warnungen keine Rolle. Nur allzu leicht ließ sich eine Verbindung ziehen vom Sterben des Soldaten im Krieg und dem Kern der neutestamentarischen Geschichte, die im Opfertod Christi kulminierte. Mit dem Sterben Christi bot sich ein allgemeingültiges und zeitloses Geschehen an, in das der Soldat eintrat, wenn er sich für sein Vaterland opferte. Im Opfertod erreichte der Soldat dann eine neue, gleichsam sakrale Dimension.

Die vielen Opfer und die Verklärung des Opfertodes weckten die Hoffnung auf einen wie auch immer gearteten Gewinn:

„Muß nicht aus so vielen Opfern überreicher Segen fließen?", fragte der katholische Kriegspfarrer Josef Stehböck seinen Bischof Faulhaber.[222] Gleichzeitig ließ sich das Lebensopfer für die Soldatenerziehung instrumentalisieren. Wer sich opferte, zeigte damit seine Fähigkeit, sich hinzugeben und sich selbst zu überwinden und wurde so zum Vorbild für die Überlebenden. Erst im Krieg – so hatte Hanns Lilje in seiner Kriegsschrift 1941 geschrieben – werde deutlich, ob einer in Furcht und Schande nur an sein eigenes Ich gebunden sei oder ob die Kräfte der Hingabe und des Opfers in ihm lebenskräftig seien.[223] Die evangelischen Beerdigungspredigten an der Front verwiesen stets auf diesen Zusammenhang: Die Überlebenden hatten noch zu leisten, was die toten Soldaten mit ihrem Lebensopfer bereits erbracht hatten.

An den erzieherischen Wert von Opfer und Leid glaubte auch der katholische Feldbischof Rarkowski. Erst das Leid, so schrieb er in seinem Osterbrief an die katholischen Soldaten 1942, veredele den Menschen und lasse ihn zu wunderbarer Klarheit und Schönheit reifen, was ihm wiederum helfe, von sich selbst loszukommen. Es gelte Christus nachzufolgen, der gehorsam bis zum Tod gewesen sei. Wer in diesem Lichte sein eigenes Leid und die eigenen Wunden sehe, gelange zu jenem Lebensheroismus, dem die Hiebe des Schicksals nichts anhaben könnten. Er werde sein Leid umwandeln in ein Lied und es singend ertragen. Und er schloss mit der Frage „Ist das zuviel verlangt?"[224]

Doch solche Überhöhung des Soldatenopfers stieß nicht nur auf Zustimmung. Der evangelische Pfarrer Heinz Rahe schrieb am 16. Februar 1942 an seine Frau über die Predigt seines Divisionspfarrers: „Er sprach vom Opfer, auch vom Opfer Christi, aber es war eigentlich mehr eine Durchhaltepredigt als eine gute Andacht. Ernst meinte hinterher, er verstände gar nicht, warum er so sehr betont hätte, daß wir nun immer noch nicht genug geopfert hätten."[225]

Es lässt sich festhalten, dass die Wehrmachtseelsorge beider Konfessionen bemüht war, das „Lebensopfer" des Soldaten als erstrebenswert im christlichen Sinne darzustellen. Bewusst stellte sie den Kriegstod des Soldaten in das Licht der Passion Christi und suggerierte, der Soldat erlange durch seinen Tod für das Vaterland die Teilhabe am christlichen Heilsgeschehen. So machte sich die Wehrmachtseelsorge zum Instrument des Nationalsozialismus, der von allen Soldaten die Bereitschaft einforderte, das eigene Leben zu opfern.

Töten

Das Töten des Feindes im Krieg war für die Wehrmachtseelsorge in beiden Konfessionen eine Selbstverständlichkeit. Das Volk war eine gottgesetzte Größe – ebenso wie die Obrigkeit – und als solche berechtigt einen Krieg zu führen, mit allem, was dazu gehörte. Dennoch wurden Wehrmachtseelsorger von Seiten der Soldaten immer wieder mit dem 5. Gebot „Du sollst nicht töten" konfrontiert. Dieses Gebot schien eine Gültigkeit zu beanspruchen, die über das eigene Volk hinausging. Zweifel an der Legitimation eines Christen, die Feinde seines Volkes zu töten, waren bereits im Ersten Weltkrieg aufgekommen.

Heinrich Ostertag thematisierte den Widerspruch, der hier für viele sichtbar wurde: „Töten und Lieben scheinen ja wohl die größten Gegensätze zu sein, und zu Beginn des Krieges hat mancher Christ bitter schwer unter diesem Konflikt gelitten und manch anderer bereits von so etwas wie einem Bankrott des Christentums gesprochen. Die Praxis aber, in der wir hier draußen stehen, zeigt es uns immer wieder, daß nicht umsonst das Neue Testament und die altchristliche Literaturgeschichte und die Fülle der Erbauungsliteratur Bilder und Gleichnisse vom Kriegsdienst auf das Christenleben anwenden. Die Person Jesu und vor allem seine Passion sind aufs neue lebendig geworden unter uns. Wie Jesus ansetzt zum entscheidenden letzten Sturm auf die Hochburg seiner Feinde, wie er die Qualen der Verwundung den bitteren Tod für andere trägt, wie er an seiner Person zeigt, was ein Leben, Lieben, Leiden, Sterben, Sichofpern ist, und wie er dadurch die uralten Menschheitsfragen praktisch löst – das hat mit der Kraft neuer Offenbarungen auf uns gewirkt."[226]

Den Feind im Krieg zu töten, zugleich aber dem christlichen Liebesgebot Genüge tun zu müssen, wird hier zwar problematisiert, doch geht der Autor nicht weiter darauf ein. Stattdessen verweist er auf die Passion Christi, die im Krieg wieder erlebbar werde. Letztlich ging es nicht um den Verstoß gegen das 5. Gebot im Kampf, sondern um die Bereitschaft zum Opfer des eigenen Lebens, für die die Passion Christi vorbildlich war. Mit diesem Argument ließ sich selbst ein brutaler Angriffskrieg auf die Frage der aktiven Opferbereitschaft des Einzelnen verengen. Die Bereitschaft, sich selbst für die eigene Gruppe zu opfern, hebelte das 5. Gebot gleichsam aus.

In der Zwischenkriegszeit haben weitere evangelische Theologen das 5. Gebot zum Thema gemacht. Doch auch sie schoben das Problem eher zur Seite. So empfahl der Tübinger Theologe Karl Heim in Bezug auf das Problem des 5. Gebotes im Krieg, der Soldat solle sein individuelles Selbstbestimmungsrecht an Christus abgeben. Dann erst könne der Heilige Geist seinen Willen steuern und ihn durch die Meeresenge seines Daseins zwischen Scylla und Charybdis hindurchführen.[227] Dem evangelischen Pfarrer und Sanitätssoldaten Gerhard Knapp gab diese Haltung Orientierung während seines Einsatzes an der Ostfront.

Der Theologe Werner Elert maß dem 5. Gebot in Bezug auf das Töten des Feindes ebenfalls keine Bedeutung zu. Nur Literaten wie Nietzsche, so räsonierte er 1937, könnten glauben, die schwerste Frage für den Soldaten sei es, ob er andere umbringen dürfe. Diese Frage sei nicht mehr relevant, sobald der Soldat wisse, dass ein anderes Volk aufstehe, um das seine zu vernichten. Da Elert die Zehn Gebote als Individualethik begriff, die nur für den Einzelnen, nicht aber für ein Volk gelten sollte, ordnete er die Moral des Soldaten den Anforderungen des „Volksganzen", das im darwinistischen Überlebenskampf mit anderen Völkern stand, unter. Seine Schlussfolgerung war so einfach wie einleuchtend: „Schwerer als das Umbringen ist immer [...] das Sichumbringenlassen. Es ist der Sinn jedes Kampfes, dem Gegner das Schicksal zu bereiten, das er einem selbst zugedacht hat."[228]

Im evangelischen Raum genoss diese Position weite Verbreitung, wie ein anonymer Artikel in der „Allgemeinen evangelisch-lutherischen Kirchenzeitung" Anfang des Jahres 1941 zeigte. Der Autor unterschied klar zwischen „Morden" und „Töten". Das 5. Gebot untersage lediglich den Mord, nicht das Töten des Feindes im Krieg. Ein Mord sei verboten, weil er aus Motiven des persönlichen Egoismus und des Hasses ausgeübt werde. Dagegen sei das Töten des Feindes im Krieg erlaubt, weil es im Krieg um die Erhaltung oder Durchsetzung der notwendigen Lebensbedingungen des eigenen Volkes gehe. Deshalb sei Krieg etwas grundsätzlich anderes als Massenmord. Der Soldat töte nur pflichtgemäß für das überpersönliche Interesse des „Volksganzen", was ihn von jeglicher persönlichen Schuld entbinde.

Der Autor stützte sich u. a. auf den 1931 von Paul Althaus publizierten „Grundriß der Ethik", wo es hieß: „Die Gewaltübung und das Töten im Kriege darf, wenn anders der Krieg zur Pflicht gegenüber dem Berufe des Volkes werden kann, grundsätzlich nicht anders angesehen werden als die Gewaltübung und der Vollzug der Todesstrafe innerhalb der staatlichen Rechtsordnung; beides ist ein Handeln im Amte und hat mit dem Morde sowenig gemein wie die pflichtmäßige Verwendung der Täuschung als Kriegsmittel gemein hat mit der Lüge, der selbstsüchtig-bewußten Täuschung berechtigten Vertrauens".[229]

Da der Soldat als Amtsträger tötete, sollte das 5. Gebot nicht auf ihn angewendet werden. Der Schlüssel zum Töten im Krieg lag in der Unterordnung des Einzelnen unter das größere Ganze des eigenen Volkes. Der Soldat handelte sogar besonders christlich, weil er bereit war, sich selbst im Kampf für das Wohl seines Volkes zu opfern.

Der Massentod der eigenen Leute ließ bei den Kriegspfarrern nur wenig Mitgefühl für das Sterben des Feindes übrig. Die ethischen und religiösen Ansprüche, Mitmenschlichkeit und Hilfsbereitschaft blieben der eigenen Gruppe vorbehalten, einer Gruppe, die sich nur allzu leicht wegen ihrer Opferbereitschaft in die Nachfolge Christi stellen ließ.

Wie die Frage nach dem 5. Gebot von evangelischen Kriegspfarrern untereinander diskutiert wurde, zeigt ein Bericht über das Referat eines evangelischen Kriegspfarrers auf einem Frontlehrgang für die evangelischen Kriegspfarrer der Gebirgsarmee am 11. Oktober 1943. Darin hieß es, evangelische Soldaten sorgten sich immer wieder um ihr Gewissen, da sie im Krieg gegen das 5. Gebot verstießen. Der Kriegspfarrer habe ihnen erklärt, das sei ein „falsch verstandenes Christentum". Das 5. Gebot sollte im Krieg nicht gelten, weil es von Mord und nicht vom Töten des Feindes spreche. Die Bergpredigt spreche vom „Überwinden“ des persönlichen Feindes, nicht aber von der Liebe zu einem feindlichen Volk. Die Bibel spreche von Kriegen, nicht vom Pazifismus, hieß es weiter. Schließlich bezog sich der Referent auf ein Gebet vor der Schlacht, das in Luthers Schrift „Ob Kriegsleute im seligen Stande sein können“ zu lesen sei: „Lieber Gott hilf mir, daß ich recht fest hauen und stechen kann.“ Im Verlaufe der weiteren Diskussion versicherten sich die anwesenden Kriegspfarrer gegenseitig der besonderen Nützlichkeit ihres Berufsstandes im Krieg. Bewiesen worden sei diese schon im Ersten Weltkrieg, als evangelische Pfarrer durch ihre „heroische Haltung“ besonders hohe Verluste erlitten hätten und darin nur von der Berufsgruppe der aktiven Offiziere übertroffen worden seien. Die Veranstaltung endete mit der Loyalitätsbekundung der Kriegspfarrer zum NS-Staat.[230]

Die Differenzierung zwischen „Mord“ und „Töten“ setzte voraus, dass „Mord“ nur in der eigenen Gruppe möglich war. Dagegen wurde der tödliche Angriff auf den Feind nicht als Mord gewertet. Das Töten des Feindes leitete sich aus dem göttlichen Recht der Obrigkeit ab, das dem Individuum und seiner Moral übergeordnet war.

Demselben Schema blieben die katholischen Kriegspfarrer verpflichtet. Selbst Kriegspfarrerpersönlichkeiten, die sich über die Verletzung des Kriegsrechtes empörten, ließen keinen Zweifel an dieser Position, die ihrer grundloyalen Haltung zum Staat entsprach.

Das 5. Gebot wurde von der Wehrmachtseelsorge im Krieg als Gruppenmoral behandelt, d.h. einer Moral, die nur das eigene Volk meinte, die eigene Mannschaft vor Augen hatte und das eigene Opfer zelebrierte. Da der „Opfertod“ des Soldaten für die Sache des eigenen Volkes sogar in die Nähe der Passion Christi gerückt wurde, geriet die Welt, die außerhalb der eigenen Gruppe lag, erst gar nicht in den Blick. In dieser Logik spielte die Vernichtung des Gegners gar keine Rolle, sie ergab sich gleichsam nur zufällig aus der Liebe und dem Opfer für das eigene Volk.

„Dies ist des Opfertodes letzter Sinn – Sie starben nur für die, die für sie leben“, hieß es vielsagend in einer Grabpredigt des katholischen Kriegspfarrers Johann Georg Schmutz 1942.[231] In der „Allgemeinen evangelisch-lutherischen Kirchenzeitung" vom Januar 1941 hieß es: „Der Soldat handelt aus Notwehr, das heißt, er führt die Vernichtungswaffe zum Schutze der Heimat, im Auftrag der zu einer Notgemeinschaft zusammengeschweißten Volksgemeinschaft und zu ihrem Schutze. Er vernichtet – aus Liebe."[232]

Soldaten, die mit dem 5. Gebot Ernst machten und den Kriegsdienst verweigerten, wurden von den Kriegsgerichten zum Tode verurteilt. Andere, wie der katholische Kriegsdienstverweigerer Josef Fleischer, überlebten den Krieg nur, weil man sie als psychisch krank einstufte. So bescheinigte ein Gutachten des Kapuzinerpaters Johannes Chrysostomus Schulte, der als „Pastoralmediziner" an der Philosophisch-Theologischen Hochschule der Kapuziner in Münster lehrte, Fleischer einen „ganz verstiegenen, krankhaften Wahrheitszwang". Fleischer leide unter „Übergewissenhaftigkeit", in deren Folge er von seiner „Zwangsidee beherrscht, ja besessen" sei.[233]

Der „gut katholische" Feldwebel Arnold Brinz, berichtete in seinem Tagebuch über einen Kriegsdienstverweigerer: „Ein psychologisch interessanter Fall vor dem Kriegsgericht: Ein Soldat erklärt vor dem Einsatz: ‚Ich lege die Waffen nieder. Ich schieße nicht auf Menschen, die mir nichts getan haben. Ich unterziehe mich den Folgen. Ich weiß, daß mein Verhalten mit der Todesstrafe bedroht ist.'" In seinem Kommentar verwies Brinz auf die Seltenheit solcher Fälle. Später notierte er, man habe bei dem Kriegsdienstverweigerer Schizophrenie festgestellt und ihn für unverantwortlich erklärt.[234]

Dennoch gibt es Hinweise darauf, dass auch Kriegspfarrer das Töten des Feindes als Mord empfanden. So notierte Kähler am 28. April 1943: „Beim Chef meldet gerade ein Scharfschütze den Abschuß des 19. Russen. Beim 2a erhält er das EK I und 12 Tage Sonderurlaub. So wird der Massenmord nach besten Kräften gefördert und belohnt. Wie verrohend wirkt doch der Krieg!" Kähler berichtete außerdem, wiederholt über das Wort „Liebet eure Feinde" gepredigt zu haben. Er bezog sich auf eine Stelle im Matthäusevangelium, welche die Moral, nach der man sich nur für die Seinen einzusetzen habe, kritisiert. Danach waren Liebe und

Einsatz für die Freunde wertlos, wenn sie nicht auf die Feinde ausgedehnt wurden.[235]

Ja-Sagen

Auch wenn der christliche Glaube an die „Vorsehung“, die „providentia dei“, nicht mehr im selben Maße für die Untermauerung des eigenen Siegeswunsches instrumentalisiert wurde wie noch im Ersten Weltkrieg, spielte die christliche „Vorsehung“, d. h. der Glaube, der Krieg folge einem göttlichen Heilsplan, im Zweiten Weltkrieg eine Rolle bei der Vermittlung der deutschen Kriegsziele durch die Wehrmachtseelsorger.[236]

Ende des Jahres 1941 predigte Hermann Wolfgang Beyer seinen Soldaten: „Wir dürfen schaffend teilhaben an einem weltgeschichtlichen Geschehen von unbegreiflicher Größe.“ Er glaubte, mit dem Einsatz der deutschen Armeen im Osten „den Willen einer göttlichen Macht“ zu vollstrecken.[237] Darin unterschied sich der Neulutheraner nicht von seinen katholischen Kollegen. Heinz Rahe schrieb seiner Frau von einem Gespräch mit dem katholischen Divisionspfarrer Joseph Eickhoff: „Pfarrer Eickhoff meinte, daß die Vorsehung Deutschland vielleicht dazu ausersehen habe, die Sowjetherrschaft zu zerschlagen. Ich selbst wage mich an solche Geschichtsdeutung ungern heran.“[238]

Mit der sich andeutenden Niederlage änderte für manchen auch Gott seine weltgeschichtlichen Ziele. In den Predigten und Reflexionen einiger Kriegspfarrer verlor sich die Eindeutigkeit, mit der man Gott noch zu Beginn des Feldzuges auf der Seite der Deutschen gesehen hatte.

Ähnlich wie die „Vorsehung“ konnte die alttestamentarische Figur des „göttlichen Strafgerichts“ dem Verlauf des Krieges angepasst werden. Wurde der Krieg gegen die Sowjetunion in seiner Anfangsphase als das „Strafgericht Gottes“ gegen den „gottlosen Bolschewismus“ interpretiert, so hatte das Strafgericht am Ende des Krieges seine Zielrichtung geändert. Nun war das „Gottesgericht“ nicht ohne Grund über das moralisch abgewirtschaftete Deutsche Reich gekommen. „Ein Maß von Schuld hatte sich angehäuft, so dass Gott selber eingreifen musste“, predigte P. Theodor Bogler OSB 1945 kurz nach Kriegsende vor verwundeten Soldaten.[239]

Doch auch der Umgang mit dem Begriff der Vorsehung zeigt, dass die Wehrmachtseelsorge im Zweiten Weltkrieg weniger auf die Nation als auf das Individuum sah. Der Verweis auf die „Vorsehung" war für die Erziehung der Soldaten unverzichtbar. Wer alle Verantwortlichkeit bei Gott sah, stellte keine Fragen und konnte – so die Annahme – besser kämpfen und durchhalten. Man erwartete, dass der Soldat sich der militärischen Führung bedingungslos unterwarf und seinen Tod, der ihm beim nächsten Einsatz drohte, akzeptierte: „Wie stark wird ein Mensch, der nichts, gar nichts mehr zu fürchten und sorgen hat, weil er sich völlig in Gott geborgen weiß für Zeit und Ewigkeit! […]", schrieb der evangelische Feldbischof Franz Dohrmann 1942 an die evangelischen Wehrmachtangehörigen und ein katholischer Wehrmachtdekan erklärte schlicht, der Soldat sei Diener der „göttlichen Vorsehung".[240]

Daneben diente der Vorsehungsglaube der persönlichen Sinnstiftung in einem rational kaum noch als sinnhaft zu begreifendem Geschehen. Johannes Stelzenberger notierte nach dem Besuch eines Hauptverbandsplatzes: „Viel schweres Leid. Der christliche Glaube verklärt alles. Sonst wäre es nicht erträglich."[241]

So verstanden war der Glaube an die „Vorsehung" vor allem für den Einzelnen eine psychische Entlastung, die ihn vor quälenden Zweifeln am Sinn des Krieges oder vor Selbstvorwürfen schützte. Selbst in der Zerstörung ließ sich noch ein tiefer, geheimer Sinn finden, mit dem sich die Wirklichkeit des Krieges in ein Symbol verwandelte, das auf die höhere Macht Gottes hinwies.

Im Oktober 1944 schilderte Josef Wassong die nach dem Warschauer Aufstand von den Deutschen zerstörte Stadt als „schauerlich, tote Stadt". Er fragte sich, wie viele Tausende von Toten wohl ungeborgen in den Kellern Warschaus liegen mochten. Überall bemerkte er Barrikaden und umgelegte, mit Erde und Steinen gefüllte Straßenbahnen. Dann aber sah er ein „ergreif[endes]. Bild" vor der Kirche zum Heiligen Kreuz. Dort, so Wassong, sei die Statue des kreuztragenden Heilands von ihrem Marmorsockel heruntergestürzt. Nun liege der Heiland so, dass sein rechter Arm auf den Eingang der Krypta zeige, wo die Worte: „Sursum corda!" [„Erhebet die Herzen" D. P.] eingemeißelt seien.[242]

Von katholischer Seite geriet man zunehmend in Konflikt mit nationalsozialistischen Ideologemen, die ebenfalls von „Vorsehung" sprachen, doch darunter nicht das Wirken eines persönlichen Gottes, sondern das Wirken einer „blinden Schicksalsmacht" verstanden. 1939 schrieb der katholische Theologe und Religionsphilosoph Romano Guardini unter dem Titel „Was Jesus unter Vorsehung versteht", es sei verfehlt, die „Vorsehung" als anonym waltende Macht hinter den Gesetzen der Natur und der Geschichte zu verehren. Sie komme von Gott und erfülle sich nur an denjenigen Menschen, die sich entschlossen hätten, an Gott und seine Offenbarung zu glauben.[243] Die Broschüre gelangte Anfang 1940 an die Front. Sie war von der katholischen Kirchlichen Kriegshilfestelle in Freiburg dem Reichsministerium für Volksaufklärung und Propaganda zur Zensur vorgelegt worden, das sie erstaunlicherweise für den Versand an die Front freigab.[244]

Im Gegenzug warf die nationalsozialistische Seite 1941 eine Kampfschrift mit dem Titel „Glaubensbekenntnis. Ein deutsches Brevier für Hitler-Soldaten" an die Front, die ebenfalls die „Vorsehung" in den Mittelpunkt stellte. Der Text war im Predigtton verfasst und operierte mit christlich besetzten Begriffen, die er nationalsozialistisch umdeutete. Sein Autor, der SS-Obersturmführer Matthes Ziegler aus dem Amt Rosenberg, hatte den „Kampf um die Seelen" mit den Kirchen aufgenommen, denn die NSDAP beanspruchte selbst „Kirche eines neuen Glaubens zu werden" und auf diesem Wege den Einfluss des Christentums auszuschalten.[245]

Christliche Theologen und Nationalsozialisten stritten nicht zuletzt deshalb so heftig um den Begriff der Vorsehung, weil sie ihm zutrauten, dass er den Soldaten half, den eigenen Tod zu akzeptieren und jedes noch so sinnlose Kriegsgeschehen ergeben anzunehmen. Auch die Kriegspfarrer selbst konnten sich mit dem Glauben an die göttliche Vorsehung zum Durch- und Aushalten im Krieg motivieren.

10. Der Ostkrieg als Bildungsreise

Der Krieg gegen die Sowjetunion bedeutete für die Wehrmachtangehörigen eine enorme Erweiterung des eigenen geographischen und kulturellen Horizontes. Viele erlebten ihn mit dem Blick von Touristen, die darauf aus waren, ein fremdes Land kennenzulernen und dort etwas zu erleben, worüber sie ihren Angehörigen berichten konnten. Das traf auch auf die Kriegspfarrer zu. Ihre Schilderungen von Landschaft und Wetter vermischten sich nicht selten mit den sichtbaren Zeichen von Tod und Gewalt, die ebenfalls in einem ästhetischen Kontext angesiedelt wurden. So etwa bei Johannes Opfermann, der im Winter 1943 notierte: „Ein schöner, milder Wintertag. Doch am Horizont brennen wieder Dörfer. Die Dissonanzen des Krieges!"[246] Ähnliche Beschreibungen finden sich bei Gerhard Knapp, der am 3. Juli 1941 notierte: „Um 9 Uhr im Nachbarhaus Milch geholt und getrunken. Die Dorfbewohner ziemlich arm. Nach 10 Uhr Brand im Nachbardorf, durch eigene Soldaten verursacht. Auch verschiedene Granaten explodierten: ein schauerlich-schönes Bild!"[247]

Drei Wochen später vermerkte Knapp einen „schönen Blick auf das stark zerstörte Tschaussy". Als er nach einem Partisaneneinsatz beobachtete, wie die Menschen scheu und verängstigt aus den Wäldern in ihre Häuser zurückkehrten, erinnerten ihn die Älteren unter ihnen an Tolstois „russische Bauerngestalten". Sie erschienen ihm „typisch" und „echt" und er bedauerte, keinen Photoapparat dabei zu haben. Seine Erlebnisse maß er vor allem daran, ob sie seiner Frau vermittelbar waren oder einen gewissen Wert für die Zeit nach dem Krieg versprachen. Noch Ende des Jahres 1944 äußerte er sich begeistert über die „gesunde und erfreuliche Errungenschaft" der Sauna, „die uns das ‚russische Erlebnis' kennen und mit Freuden gebrauchen lehrte".[248]

Kriegsverbrechen und die Jagd nach einem Andenken bildeten zuweilen ein unauflösliches Gefüge. Als Gerhard Knapp von der geplanten Vernichtung seiner Quartiersleute im Zuge der

Josef Perau (rechts) und Küster mit „Quartiersleuten", Nähe Juchnow (Russland), 19.12.1941 (AKMB, NL Perau, 1/430, C24).

„Politik der verbrannten Erde" erfuhr, weckte dies Begehrlichkeiten, was ihn zu einer Reihe von Reflexionen anregte, die hier in ganzer Länge wiedergegeben werden sollen:

„Montag, den 19. Januar 1942 [... kurz vor dem Abmarsch aus Troiza, D. P.] Meine persönlichen Habseligkeiten hingen unter dem ‚Herrgottswinkel' der Stube. Wiederholt war mein Blick auf die Heiligenbilder (‚Ikonen') dieser Ecke gefallen; und die Frage beschäftigte mich: soll oder darf ich mir eines dieser Ikonen zur Erinnerung an Rußland aneignen? Es war mir ja ein unvergeßliches Erleben gewesen, nach 20-jähriger Bolschewistenherrschaft noch in unendlich vielen Bauernhäusern Rußlands den ‚Herrgottswinkel' zu finden. Ich wußte, daß auch dieses Haus dem nahen ‚Feuertod' geweiht war. – Den Hausbewohnern war es noch nicht bekannt, vielleicht rechneten auch sie im Stillen mit dieser Möglichkeit. – So mußte man sich ja sagen, daß auch diese Heiligenbilder in Bälde mit dem Wohnhaus in Flammen aufgingen. Unter diesen Umständen – auch Dr. [...], der kurz vor dem Abgang kam, ermunterte mich dazu – bekam ich die innere Freiheit, eines dieser alten Ikonen abzunehmen. Nun soll es mich in späteren friedlichen Zeiten – wenn es seinen neuen Platz in unsrem Schlafzimmer oder meinem Studierzimmer gefunden – an das unvergeßliche Kriegserleben auf russischem Boden erinnern. Merkwürdige Paradoxie: der Besitz dieses sehr alten russischen Ikons freute mich in der Tiefe und doch: der Hintergrund dieser Erwerbung offenbarte die ganze Furchtbarkeit und Härte einer totalen Kriegsnotwendigkeit. Als wir um 12 Uhr unser Haus verließen, gab ich den sehr netten, aufmerksamen Hausbewohnern zum Abschied eine kleine, (freilich auch wieder als Kostbarkeit empfundene) Gabe: der Bäuerin und den Kindern eine ‚gefaßte' Schokoladetafel und dem Bauern etliche Stumpen. Die Tätigkeit unseres Hauptverbandplatzes hatte ihr Ende gefunden. Im Lauf des Nachmittags wurde Troiza vorderste Linie. Wie wir Troiza auf unsrem Fußmarsch verlassen hatten und hinter uns liegen sahen, fing es auch hier an einer Stelle zu brennen an. Wie leid tat es einem um dieses schöne, eigentlich wohlhabende Dorf! Und wie wird es den Dorfbewohnern, Frauen und Kindern gehen? Die nächsten Tage brachten über 40 Grad Kälte! Wohl alle Kameraden waren von diesem harten Kriegsgeschehen stark bewegt. (Auch der Chef schenkte seinen Quartierleuten zum Abschied eine Schokoladentafel, wie ich später zufällig erfuhr)."[249]

Geheuer war diesem Pfarrer sein Handeln nicht. Er bemühte zahlreiche Argumente, um sein Gewissen zu beruhigen, weil er die geplante Vernichtung eines Dorfes und seiner Bewohner, darunter seine „Gastfamilie", die „nett und aufmerksam" zu ihm gewesen war, ausgenutzt hatte, um sich deren Ikone zu beschaffen. Doch auf der anderen Seite sollte die Ikone ihn später an das „unvergessliche Erleben" seiner Kriegszeit erinnern. Zudem dokumentierte sie das Überleben der christlichen Religion in einer atheistischen Diktatur, was für ihn als Geistlichen wichtig war. Das moralische Problem seiner Handlung löste er mit dem Hin-

„Evakuierte" Frauen, Nähe Roslawl (Russland), 16. 2. 1943 (AKMB, NL Perau, 2/431, E38).

weis auf den vorgesetzten Lazarettarzt, der ihn ermuntert hatte und ihm damit die „innere Freiheit“ gab, sich der Ikone zu bemächtigen. Es entlastete ihn, dass die Ikone bald ohnehin verbrannt wäre.

Für das inhumane Vorgehen seiner Truppe gegen das Dorf machte er das Abstraktum der „totalen Kriegsnotwendigkeit“ verantwortlich, das er nicht weiter hinterfragte. Stattdessen schilderte er die Menschlichkeit seiner Kameraden, die sich betroffen über das Schicksal der Dorfbewohner zeigten. Selbst der Kommandeur erscheint in einem menschlichen Licht, weil auch der seinen Quartiersleuten zum Abschied Schokolade schenkte.

Häufig war die Sicht auf Land und Leute geprägt vom eigenen tradierten Antibolschewismus und dem Einfluss der nationalsozialistischen Propaganda – eine Sicht, die sich durch die eigenen Erfahrungen in der Sowjetunion zu bestätigen schien. Der erste Eindruck von der Sowjetunion war der, in ein verwahrlostes Land geraten zu sein. Fast alle Beschreibungen erwähnen den Schmutz, die Armut, den schlechten Zustand von Häusern und Menschen und brachten dies schnell in Zusammenhang mit dem herrschenden politischen System.

Divisionspfarrer Beyer notierte: „Jetzt sind wir also im eigentlichen ‚Sowjetparadies'. Gleich die ersten Eindrücke sind erschütternd. Das Getreide auf den an sich fruchtbaren Feldern steht jämmerlich schlecht. Die Häuser sind ungepflegte Holzbauten mit Strohdächern. Kirchen sieht man in den Dörfern kaum noch. Wo sie noch stehen, dienen sie anderen Zwecken. Am erschreckendsten aber ist der Zustand, in dem sich die Gärten befinden. Ich habe keinen einzigen gesehen, der auch nur die geringste Pflege aufgewiesen hätte. Unkraut überwuchert die Gemüsepflanzen. Außer einigen Sonnenrosen gibt es keine Blumen. Wie pflegt auch der mit Arbeit noch so überlastete Deutsche sein Gärtchen. Daß der unter der Herrschaft des Bolschewismus stehende Mensch nicht einmal mehr ein Verhältnis zu dem letzten Stückchen Natur hat, das ihm als eigener Besitz geblieben ist, zeigt, wie seelenlos er geworden ist." Was Beyer hier wahrnahm, bestätigte nur, was er ohnehin über die Menschen im Bolschewismus zu wissen meinte. „Das ist die bolschewistische Wirklichkeit!", ereiferte er sich. Was man in Deutschland darüber berichtet habe, sei wahrlich nicht übertrieben.[250]

Sichtlich erschüttert begegnete Josef Wassong den ärmlichen Verhältnissen in der Sowjetunion. Akribisch beschrieb er die Wohnverhältnisse der ukrainischen Bauern, bei denen er einquartiert war. Auch er fand das Erwartete vor: „Schmutz", „Gestank" und „Primitivität". Vor allem die Armut seiner „Quartiersleute" beschäftigte ihn. Er berichtete über den einen Raum, die Bauernstube, die gleichzeitig als Küche, Wohn- und Schlafraum diente und von Familien, die der Wärme wegen auf dem Backofen schliefen. Sichtlich quälte ihn die physische Nähe seiner „Gastgeber", die seine gewohnte Lebensqualität empfindlich einschränkten:

„Es ist bitter", klagte er, „daß die klebrigen Wege uns an die kleine unheizbare Bude fesseln, in der großer Tag- und Nachtverkehr von Mäusen herrscht. u. Kleintierzucht betrieben wird, sodaß ich 1 Laus, 1 Floh u. 1 Wanze erledigen konnte. Meinem Schlafnachbar liefen eines Nachts die Mäuse sogar übers Gesicht. Vor unserem Salon, der durch den Weizen unterm Bett die Mäuse so interessiert, sind die Räumlichkeiten der ‚Eingeborenen', durch deren ‚Mief' ich möglichst schnell u. nach tiefem

Einatmen hindurcheile. Der Eingang ist zugleich Hühnerstall während im ersten Nachbarhaus der Eingang durch den Kuhstall führt. Ins linke Nachbarhaus ging ich 1 x des Studiums halber hinein. Ein halbnacktes Kind lag auf dem Backofen, der kleine Raum war durch s. Schmutz u. seinen furchtbaren Gestank, der einem den Atem nahm u. schnell fliehen ließ, menschenunwürdig. So was sah ich wohl kaum. Scheußlich!“

Der Mangel und die Dürftigkeit der Ernährung entgingen ihm nicht: „Ja, das Volk der an sich so reichen Ukraine ist bemitleidenswert arm. Butter sieht man fast nie, Honig öfter, manche Familien haben weder Kuh noch Huhn, u. wenn ein einigermaßen schlachtreifes Schwein da ist, wandert es bald in die Feldküche der Soldaten, die sich aus dem Lande ernähren müssen.“[251]

Die Schuld an der miserablen Ernährungslage gab er jedoch nicht der deutschen Wehrmacht, sondern dem Sowjetregime, das mit seinen Kolchosen dem Volk „fast alles genommen“ habe. Detailgetreu notierte er die Geschichten, die er über die Hungerkatastrophe in der Ukraine 1933 gehört hatte, als über drei Millionen Menschen in Folge der Kollektivierungspolitik Stalins verhungerten und als Kannibalismus zum Alltag gehörte: „Ein horrendes Hungerjahr war 1933. Der dolmetschende Uffz ist im Quartier bei einem Mann, der ihm erzählte, daß er 1933 mit 1 Spaten zu 1 Nachbardorf ging u. auf diesem Wege begrub er 30 Tote, die verhungert am Wege lagen. Was öfter erzählt wurde u. ich nie glauben wollte, das behaupten auch meine Hausleute mit aller Bestimmtheit, daß man nämlich 1933 Menschen gegessen habe. Hier in Sloboda Soswenjak, so beteuern sie, seien in 1 Familie ein 18jähr. u. ein 11 jähr. Mädchen umgebracht u. verzehrt worden. Bei der Untersuchung habe man im Ofen die Bratpfanne mit 1 Teil der Brust gefunden. Das 11 jähr. Kind war kurz nach der Rückkehr aus der Schule gesucht worden, worauf die Eltern erklärten, es sei gestorben u. im Garten beerdigt, das erregte Verdacht, u. beim Nachgraben im Garten unter dem scheinbaren Leichenhügel fand man nichts. Beide Eltern kamen ins Gefängnis, wo sich der Mann erhängte, er hatte 1 höh. Strafe als die Frau, die nur ein Jahr bekam. Jetzt soll die Frau wieder hier im Dorf wohnen. Die Frau meiner „Villa“ hatte 1933 ein einjähr. Mädchen u. mußte 3 Tage fort zur Beerdgg. der Gestorbenen. Als sie zurückkam, war ihr Kind angeblich gestorben u. beerdigt, aber heute noch vermutet sie, daß damals ihr Kind aufgegessen worden sei. Schauderbar!"[252]

Solche „Bildungserlebnisse" ließen den Angriff auf die Sowjetunion für manchen geradezu als Akt der Humanität erscheinen. Der katholische Kriegspfarrer Berger sprach dies in seinem Bericht an den Feldbischof deutlich aus: „Der Krieg in Rußland ist eine harte Belastungsprobe des Geistes unserer Soldaten. Doch kann das Erlebnis des Sowjetparadieses dem deutschen Soldaten nur die Notwendigkeit dieses Kampfes illustrieren."[253]

In den Briefen des evangelischen Pfarrers Heinz Rahe an seine Frau wird deutlich, wie sehr der Anblick der ärmlichen Städte und Dörfer der Sowjetunion die eigenen Vorurteile bestärkte. So schrieb er am 7. September 1941: „Wir gingen aus unserer Wohnkaserne auf dem holprigen Pflaster vorbei an kleinen, unordentlichen Häusern, bis wir auf den Hauptplatz kamen. Dieser Platz ist natürlich ungepflastert. [...] Schaufenster gibt es in der Hauptstraße natürlich nicht, viele Häuser sehen aus wie Fabrikgebäude, daneben stehen Bretterbuden oder andere wacklige Bauten, in denen Uhrmacher oder andere Handwerker jetzt ihr primitives Gewerbe wieder aufnehmen. Schließlich ging es vorbei an einem billigen, kitschigen Vergnügungspark, der sogar einen Brunnen mit jetzt zerschlagenen Gipsfiguren enthält. Unter den Bäumen des Parks liegen einige Gefallene, jetzt unbeachtet von Fahrzeugen umstellt. Wenn man solch kleinen Rundgang hinter sich hat, reicht es einem erst mal für lange Zeit: Sowjetkultur!"[254]

Rahe hatte nichts Besseres erwartet wie der wiederholte Gebrauch des Wortes „natürlich" zeigt. Auch seinen Antisemitismus fand er bestätigt. Über seine neue jüdische Putzfrau schrieb er: „Sie trägt ihren Judenstern auf dem Arm und hat ein scheußlich jüdisches Gesicht, eins von der unangenehmen Art, so daß man ein Foto von ihr ohne weiteres in den ‚Stürmer' aufnehmen könnte. [...] Unsere Sarah, wie ich sie nenne, war froh, Hausarbeit tun zu dürfen. Dafür bekommt sie mittags etwas zu essen, wofür sie ja sehr dankbar ist. Sie redet gebrochen deutsch wie alle Juden des Ostens. Wenn sie allerdings mit ihrer jüngeren Rassengenossin redet, die oben im Hause wirkt, kann man kein

Heinz Rahe (LKAK, 91.0, Nr. 344)

Wort verstehen. Das Jiddisch ist doch wohl noch anders als nur ein verdrehtes Deutsch. So oft ich sie ‚Sarah' nenne, kommt von ihr die Antwort: ‚Sofie'. Wie gesagt, sie gehört zu den typischen Judengesichtern und ist mir daher ziemlich widerwärtig. Aber ihre Arbeit macht sie ordentlich."[255]

Rahe übernahm die zynische NS-Behördensprache, die seit August 1938 alle Juden, die keinen registrierten jüdischen Vornamen trugen, zwang, die Vornamen „Israel" bzw. „Sara" in ihre Pässe eintragen zu lassen. Zwar fand Rahe die bekannten antisemitischen Stereotype durch seine Erfahrungen bestätigt, gleichzeitig aber wurden seine Vorurteile infrage gestellt. So staunte er, dass die Frau darauf bestand, als Individuum mit ihrem eigenen Namen angesprochen zu werden: „Sofie" nicht „Sarah". Ebenso hatte er gelernt, das Jiddische für mehr als ein „verdrehtes Deutsch" zu halten, wie er bislang geglaubt hatte. Schließlich fand er sogar Anerkennung für ihre Arbeit – Erkenntnisse, die ihm erst durch die reale Begegnung möglich wurden und die nun unverbunden neben seinen stereotypen negativen Beschreibungen standen. Letztlich aber konnten die neuen Erfahrungen seine tief verwurzelten Gefühle des Abscheus nicht auslöschen, wie er am Ende seines Berichtes – sich gleichsam noch einmal selbst vergewissernd – betonte.

Ebenso fand sich der evangelische Divisionspfarrer Beyer in seinem Antisemitismus bestätigt. Am 20. Juli 1941 notierte er über die Juden der Stadt Rowno: „Es sind wirklich ekelhafte Kerle in ihren dreckigen Kaftanen und mit ihren unrasierten Gesichtern. Auch die Frauen sehen höchst unerfreulich aus. Es war wirklich nicht übertrieben, was man immer wieder von diesem Ostjudentum gesagt hat.“[256]

Josef Wassong erwähnte die Juden nur beiläufig: „Inzwischen hatten wir einen der scheußlich aussehenden Räume eines gr. Hauses (einst Wohnungen von Juden) wohnlich hergerichtet“, hieß es im Oktober 1941 über sein neues Quartier.[257] Es scheint, als sei der Hinweis auf die jüdischen Vorbesitzer die logische Erklärung für die Scheußlichkeit dieser Räume. Über den Verbleib dieser Menschen verlor er kein Wort.

Wie die Erfahrungen des Ostkrieges die vorgeprägten Einstellungen von Geistlichen verändern konnten, zeigt abermals das Beispiel Heinz Rahes. Dieser Pfarrer, der die Machtübernahme der Nationalsozialisten 1933 als SA-Mann und Deutscher Christ begrüßt hatte, hatte im Laufe des Krieges sein Bild von der Sowjetunion revidiert. Abgestoßen vom herrischen Gebaren der deutschen Eroberer begann er im Frühjahr 1943 die vermeintliche kulturelle Überlegenheit der Deutschen gegenüber der sowjetischen Bevölkerung ernsthaft in Frage zu stellen:

„Ich unterhielt mich angeregt mit dem Sonderführer, der ja Russisch spricht und daher die Einstellung der Ostvölker gegen uns kennt. Nach ihm erkennen die Russen unsere zivilisatorische Überlegenheit an, aber nicht eine kulturelle. Es ist ja seltsam, daß wir trotz fast zweijährigen Aufenthalts im Osten der Seele und dem geistigen Leben dieser Völker völlig fremd geblieben sind. Vor allem unser Gebaren als Herren lehnen sie ab, sie fühlen sich nicht als kulturlose Neger, sie sind stolz auf Tschaikowski, Dostojewski und andere. Ja, wir hier kennen ja doch nicht die geistige Höhe dieser Menschen und sehen nur ihre unglaubliche Armut. Deshalb fühlen wir uns ihnen überlegen. Ob mit Recht? Das erscheint mir jetzt auch sehr fraglich. Wenn eine russische Schauspielerin beispielsweise sich empörte, daß man sie nicht ritterlich als Dame behandle, daß sie sich mit deutschen Offizieren nicht über Goethe, Schiller und russische Literatur unterhalten könne, so hat sie vielleicht doch begriffen, in welchem kulturellen Niedergang wir uns befinden. Nimmt man den auf religiösem und sittlichem Gebiet noch hinzu, sind wir dann tatsächlich noch Vermittler höherer Gesittung? Die Ukrainer reden zum Beispiel ihre Eltern mit Sie an und bringen ihnen große Ehrerbietung entgegen. Daß zumindest auf dem Lande die Sittlichkeit höher ist als bei uns, das wird jeder einfache Landser bestätigen. Die Städte allerdings sind ebenso dekadent wie unsere. So ist mir allmählich auch unsere kulturelle Sendung für den Osten problematisch geworden. Sind Liebe und Ehrfurcht nicht die höchsten sittlichen Werte? Gerade sie werden heute der Jugend genommen. Wenn man stattdessen die Ehre als Höchstwert propagiert, darf man sich nicht wundern, daß gerade die unterworfenen Völker sich auf ihre völkische Ehre besinnen. Sie fühlen sich schon jetzt ausgebeutet und betrogen. Daran ist wohl nicht zu zweifeln."[258]

11. Die Spuren des Christentums

Die Begegnung mit Land und Leuten lieferte den Kriegspfarrern reichliches Anschauungsmaterial, an dem sie den Soldaten den tieferen Sinn ihres Tuns im Ostkrieg verdeutlichen konnten. Die Begegnung mit den zerstörten Kirchen und Friedhöfen der Sowjetunion war ein Dauerthema in ihren Predigten, in denen sie einen Zusammenhang zwischen zerstörten Kirchen, armseligen Lebensverhältnissen und der brutalen Kriegführung der Roten Armee insinuierten. All dies deutete in ihren Augen auf eine nicht mehr vorhandene Sittlichkeit und Moral hin. Wer aber keine Moral und Sittlichkeit hatte – so argumentierten sie – der konnte keine menschliche Seele haben, die etwas wert war. Die „tiefsten und besten Kräfte in der menschlichen Seele" seien zerbrochen, predigte der katholische Divisionspfarrer Heinrich Litzenrath über den Kriegsgegner.[259] In der äußeren Zerstörung manifestierte sich gleichsam die innere Zerstörung des sozialistischen Menschen.

Gleichzeitig aber gingen die Kriegspfarrer davon aus, dass das Christentum in den Herzen vieler Sowjetbürger überdauert hatte und diese nichts sehnlicher wünschten, als eine Restauration der christlichen Kultur. Im Winter 1941 teilte ein evangelischer Kriegspfarrer seiner Kirchenleitung mit: „Das Elend dieses zertretenen, geschundenen, zur Heuchelei erzogenen Volkes kann man nicht beschreiben. Jetzt haben sie ja auch aufgeatmet, dass die Deutschen ihnen erlaubt haben, die Kirchen wieder zu benutzen."[260]

Doch nicht nur Geistliche, auch Offiziere mit christlicher Prägung beseelte das Ziel, dem Christentum in der Sowjetunion wieder zu alter Macht zu verhelfen. So notierte Arnold Brinz, Anwalt beim Kompanie- und Kriegsgericht der Stabskompanie der 132. Infanteriedivision, als er in einer ehemaligen Kirche auf der Krim übernachtete: „Hundert Soldaten liegen im langgestreckten Kirchenschiff auf dem Boden, den 100 Jahre hindurch – solange existiert die Kirche schon – bestehendem Brauche gemäß die Lippen frommer russischer Beter küßten. Der

„Zweckentfremdete" Kirche in Charkow zwischen 1941 und 1943. Alois Beck kommentierte das Bild: „Denn in Wirklichkeit war es kein Gotteshaus mehr, sondern ein Lagerhaus; und daß die Zweckentfremdung nicht erst während des Krieges begonnen hatte, konnte man daraus ersehen, daß man schon längst die elektrischen Lichtleitungen aus der Wand herausgerissen hatte, und daß die Seitenaltäre abmontiert waren." (AKMB, NLBeck, 3/148).

Atem der Schläfer durchzieht den weiten Raum, den einst weihevolle Orgelklänge durchbrausten und die Stimme des Popen von der Kanzel herab mit dem Wort Gottes erfüllte. An den Wänden, die ehedem Heiligenbilder, Fahnen und Teppiche in echt slawischer Kunterbuntheit zierten, hängen jetzt unsere Gasmasken, Gewehre, Waffenröcke etc. in dem einheitlichen Grau unserer Feldausrüstung. Vor den Portalen des Gotteshauses, die sich dereinst nur zu Stunden der Erbauung, Sammlung und stillen, friedlichen Einkehr auftaten, stehen unsere Posten mit aufgepflanztem Bajonett. Wo man also hinsieht: ein dramatischer, kaum vereinbar erscheinender Unterschied zwischen Vergangenheit und Gegenwart. Und doch ein Zusammenhang: der gegenwärtige Kampf gegen den Bolschewismus verspricht diesen Tempel des Herrn in seinem Ergebnis seinem ursprünglichen Zwecke wieder zuzuführen."[261]

Die Rudimente christlicher Kultur begegneten den Kriegspfarrern buchstäblich auf Schritt und Tritt. Besonders im ländli-

Der katholische Kriegspfarrer Theodor Lotz bei einem Feldgottesdienst für Soldaten der 170. Infanteriedivision am 9. 8. 1941 in der Ukraine. Im Hintergrund: ukrainische Zivilbevölkerung. Foto: Jakob Altenhofer (AKMB, AR 191 unverzeichnet).

chen Raum, wo sie eng mit ihren unfreiwilligen „Gastgebern" zusammenlebten, erfuhren sie viel über die Familien und das, was diese mit dem Christentum verband. Sie fanden Ikonen und versteckte Bibeln, die zu ihrer Freude aus den Verstecken hervorgeholt wurden. Sie lauschten Erzählungen über Verhaftungen von Priestern und kamen den Bitten um Gottesdienste oder Sakramentenspendung nach. Auch bemerkten sie Kreuzketten um den Hals gefallener Soldaten der Roten Armee und notierten, wenn Männer oder Frauen sich bekreuzigten.

Ein katholischer Priestersoldat schrieb seinem Bischof Faulhaber wie er eine illegale Messe in der Wohnküche eines Hauses für die dortige Zivilbevölkerung abhielt. Anschließend schilderte er beeindruckt, wie eine ältere Russin sich kurz vor ihrer Hinrichtung durch deutsche Soldaten bekreuzigt hatte.

Der evangelische Pfarrer und Gräberoffizier Richard Börner fand selbst noch auf dem Rückzug mitten im lettischen Kurlandkessel Nahrung für seine Sehnsucht nach einem christlichen Russland. So schilderte er, wie orthodoxe Gemeindemitglieder nach einem Ostergottesdienst auf seine Worte „Christo woskrest" mit den Worten „Er ist wahrhaftig auferstanden!“ antworteten. Glücklich kommentierte er: „Russische Gemeinde nach 25-jähriger kommunistisch-atheistischer Umerziehung! Sie feierten fröhlich Ostern“.[262]

Gottesdienste in Kirchen, die von der Wehrmacht wieder aufgebaut worden waren, sollten den Erfolg des vermeintlich christlichen Feldzuges dokumentieren. Der katholische Kriegspfarrer Alois Beck hielt während der Zeit seines Osteinsatzes zahlreiche Lichtbildvorträge über erste Gottesdienste der „befreiten“ Bevölkerung in ihren wieder hergerichteten Kirchen.

In einem Tätigkeitsbericht des evangelischen Kriegspfarrers Johannes Rother über die Zeit zwischen Juni und Ende August 1941 hieß es: „Es sind überwältigende Feierstunden für deutsche Soldaten, wenn Kirchen in Russland wieder ihrer Bestimmung übergeben werden und sie sich selber in einer Feierstunde dort vor dem Angesichte Gottes beugen, etwa in der ukrainischen Kathedrale zu Shitomir.“[263] Seine Soldaten, so berichtete er weiter, beschäftige es außerordentlich, dass 23 Jahre Sowjetherrschaft nicht vermocht hätten, in den „deutschen Kolonien“ der Ukraine den Leuten den Glauben aus dem Herzen zu reißen.

Die Feiern der einheimischen Bevölkerung für die siegreich einziehende Wehrmacht waren oftmals verbunden mit Gottesdiensten und Festreden der örtlichen Geistlichkeit. Das katholische Feldbischofsamt sammelte sorgsam die Schilderungen solcher Feste. Noch im Sommer 1943 gingen Berichte über Feste zum Jahrestag des 22. Juni 1941 ein, die in blumigen Worten den Nationalsozialismus als freundliche Schutzmacht einer neuen christlichen Ära in der Ukraine zu schildern wussten:

„Feiertagsstimmung. Männer und Frauen, Jungen und Mädel haben das Gewand der Arbeit mit Festtagskleidern vertauscht. Während leuchtender Sonnglast sich über die Fluren breitet und das lichte Weiß des Dorfheiligtums noch heller erstrahlen läßt, wird es in- und ausserhalb des die Kirche umgebenden Gemäuers lebendig. (...) Und während die Junisonne höher steigt, prängt vom Südportale des orthodoxen Bethauses das feurige Rot, vereint mit dem schwarzen Hakenkreuz im weissen runden Feld, das Banner der deutschen Nation. Um dieses Siegeszeichen hat sich die russische Bevölkerung gruppiert, in kurzer, würdiger Gedenkfeier dem Tag die innere Weihe zu geben. (...).“[264]

Nichts schien den positiven Sinn des eigenen Einsatzes im Ostkrieg so sehr zu bestätigen wie die lobenden Worte der einheimischen Geistlichkeit: „Obwohl schon nahe der Siebzig und die Leiden jahrelanger Kerkerhaft hinter sich, ist der Pope Pawel Sergij noch frisch genug, mitreissend anzufeuern. Er erinnerte daran, daß sich in den 2 Jahren des Krieges mit Russland so manches im Lande geändert habe. Während Gottesdienst und Glaubensfreiheit vom Bolschewismus verpönt, die Religion bekämpft wurde, wurde sofort nach dem Einmarsch der deutschen Truppen durch diese sofort wieder der Gottesdienst erlaubt und vollste Glaubensfreiheit gewährt. Seine Worte geisselten den Unsegen des Bolschewismus und den verderbenbringenden Einfluß des Judentums. Wenn heute der Bolschewismus jenseits der Front mit falscher Schmeichelei den Gottesdienst wieder gestatten will, so ist dies Lüge und bewusste Irreführung. Das gläubige russische Volk wird nie die Zeit vergessen, wo die Sowjets einmal schon ihr Wort gebrochen und viele Geistliche und Gläubige ihre Gottestreue mit dem Blute und Leben büssen liessen. Des Popen Schlußwort, daß das russische Volk mit Hilfe der deutschen Wehrmacht und durch die Gnade Gottes sich immer weiter zu neuem Leben und zur Freiheit entfalte, fand seine Zustimmung in dem Beifall derer, die den Worten gelauscht.“[265]

In ihrer Selbstwahrnehmung sahen sich die Geistlichen gern in der Rolle von „Befreiern“ und „Überwindern“, die dem eroberten Land zu einer christlichen Wiedergeburt verhalfen. Die Hoffnung auf die Befreiung der unterdrückten Christen in der Sowjetunion überschrieb förmlich den brutalen Angriffskrieg. „Gebe Gott, daß der Bolschewismus auf die Knie gezwungen wird. Als Deutsche und als Katholiken wünschen wir das“, erklärte Johannes Stelzenberger 1943 auf einem Frontlehrgang in Riga.[266] Von katholischer Seite erinnerte man an das Motto des ersten Kreuzzuges „Deus lo vult“: „Es einte uns ein Ziel, rücksichtsloser Kampf gegen den gottlosen Bolschewismus bis zum Endsieg. Der Gegner wurde geworfen, wo wir ihn trafen, wenn auch unter blutigen Verlusten unter der Parole ‚Gott will es‘. Für uns war dieser Feldzug ein Kreuzzug gegen den gottlosen Bolschewismus."[267]

Das im Kreuzzugsgedanken transportierte Motiv, als Befreier des Christentums in den Ostkrieg zu ziehen, wurde von der evangelischen Soldatenseelsorge geteilt. „Die Leute sollen wissen, daß wir deutschen Soldaten als ihre Befreier vor [sic!] dem Terror der Gottlosigkeit kommen. Und sie begreifen es", notierte Beyer im August 1941.[268]

Katholische Kriegspfarrer hofften, dass der Zusammenbruch der Sowjetunion zur Wiedervereinigung mit der orthodoxen Kirche führen würde, für die der Vatikan seit 1919 Vorbereitungen traf. Der Ostfeldzug rückte diese Pläne in den Bereich des Möglichen. Daher fürchteten die Nationalsozialisten, ein Sieg über die Sowjetunion könnte der Russlandmission des Vatikans Tür und Tor öffnen. In der „Weihe der Welt an das unbefleckte Herz Mariens" vom 31. Oktober 1942 legte Pius XII. seine Ziele dar: Beseitigung der bolschewistischen Diktatur und die anschließende Rückführung der Orthodoxen in die katholische Kirche.[269]

In der Sehnsucht der Kriegspfarrer nach Rechristianisierung spielten die Volksdeutschen eine besondere Rolle. Voller Stolz schilderten Kriegspfarrer, wenn sie Gottesdienste und Taufen für Volksdeutsche gehalten hatten. Hermann Wolfgang Beyer berichtete von zwei Gottesdiensten in volksdeutschen Gemeinden westlich von Shitomyr: „Es waren die ersten Gottesdienste, die diese evangelischen Deutschen seit ungefähr 20 Jahren gehabt haben. Sie beteiligten sich mit einer Ergriffenheit, die etwas im Tiefsten Bewegendes hatte, und bekundeten ihre Dankbarkeit in sehr eindringlicher Weise. Ich habe in diesen Gemeinden auch 85 deutsche evangelische Kinder getauft, an denen diese Handlung bisher infolge der Unterdrückung allen religiösen Lebens durch den Bolschewismus nicht hatte vollzogen werden können."[270]

Dass diese Christen unter dem Schutz der Wehrmacht wieder ihre Religion ausüben konnten, bedeutete ihm viel: „Meine Soldaten aber habe ich gefragt: ‚Daß wir diese Stunde miterleben dürfen, daß wir zu diesen Menschen als Befreier kommen durften, hat das nicht schon allein alle Strapazen, alle Mühen und alle

Entsagung gelohnt, die wir auf uns nehmen?‘ Ich glaube, sie haben es bejaht.“[271]

Vor diesem Hintergrund lag es nah, eine positive Verbindung zum christlichen Teil der Sowjetunion zu suchen. Doch eine „brüderliche Verbindung“ mit den Christen aus Deutschland hätte den eroberten Völkern eine eigene Würde und Selbstständigkeit zubilligen müssen. Obgleich diese Position von Teilen der Wehrmacht durchaus unterstützt wurde, blieb sie am Ende irrelevant, denn die Politik Hitlers war eine andere. Getragen vom eliminatorischen Rassismus des „Reichskommissars für die Festigung des deutschen Volkstums“ Heinrich Himmler und der radikalen wirtschaftlichen Ausbeutung der eroberten Teile der Sowjetunion durch den Beauftragten des Vierjahresplans Hermann Göring zielten Hungerpolitik, die Ermordung der Juden und anderer Zivilisten sowie der Mord an den Kriegsgefangenen auf die Vernichtung oder Versklavung der sowjetischen Völker – egal, ob diese Christen waren oder nicht. Ein sicheres Zeichen für das frühe Ende einer anfänglich durchaus positiven Stimmung in Teilen der sowjetischen Zivilbevölkerung gegenüber den Deutschen war das signifikante Anwachsen der Partisanenbewegung.

Schon kurz vor Beginn des Ostfeldzuges gab es die ersten Vorschriften, die zeigten, in welche Richtung die Politik gegenüber der sowjetischen Bevölkerung ging. So untersagte die Heeres-Dienstvorschrift 373 den Kriegspfarrern jeglichen außerdienstlichen Verkehr mit Geistlichen der Feindmächte. Im August 1941 verbot das OKW jede Form der Verbrüderung von Wehrmachtangehörigen mit der einheimischen Bevölkerung. Eine Ergänzungsrichtlinie zur Heeres-Dienstvorschrift 373 vom 10. September 1941 bestimmte, dass russische Kirchen weder von der Wehrmacht instand gesetzt noch für Wehrmachtgottesdienste genutzt werden durften. Nun war auch die Beteiligung der Zivilbevölkerung – einschließlich der Volksdeutschen – an den Gottesdiensten untersagt.

Urheber dieser Befehle war der Reichsminister für die besetzten Ostgebiete, Alfred Rosenberg, der festgestellt hatte, dass Teile der Wehrmacht ihre Aufgabe gegenüber der sowjetischen Bevölkerung durchaus anders verstanden als er. Am 2. August 1941 notierte er: „So sind einige schon übereifrig, ihre Wehrmachtpfarrer für Einweihung der Kirchen einzusetzen. Hier muss ein Befehl heraus, dass wir damit dienstlich garnichts zu tun haben u. allen Sendboten der Kirchen die Einreise verweigern müssen. Der Vatikan ist gerade emsig dabei, seine ‚Mission' zu organisieren. Er will die Ernte unseres Kampfes einstreichen. Das werde ich aber zu verhindern wissen."[272]

Die Kriegspfarrer, die für ihre Gottesdienste auf profane Räume wie Schulen und Kinos ausweichen mussten, bedauerten diese Verbote zutiefst. Vergeblich setzten sich beide Feldbischöfe dafür ein, die vorhandenen Kirchen in den eroberten Gebieten nutzen zu dürfen.

Nichts desto trotz scherten sich weder Kriegspfarrer noch ihre Kommandanten sonderlich um diese Verbote. Begeistert berichtete ein evangelischer Divisionspfarrer seiner Kirchenleitung, man habe eine ehemalige Kirche, die vordem ein Schweinestall gewesen sei, in zwei Stunden ausgemistet, um dort den ersten Advent 1941 mit 300 Soldaten und dem General seiner Division zu feiern.

Die Sehnsucht nach Rechristianisierung der Sowjetunion motivierte die Kriegspfarrer bis zuletzt gegen die bestehenden Vorschriften zu verstoßen. So behauptete der katholische Kriegspfarrer Johann Anton Hamm, Hunderte von geistlichen Amtshandlungen an der sowjetischen Zivilbevölkerung vollzogen zu haben.[273]

Sein Amtsbruder Josef Perau war vorsichtiger. Er verweigerte der ortsansässigen Bevölkerung den Wunsch, von ihm getauft zu werden. Gleichzeitig aber gestattete er seinem Küster, der ebenfalls katholischer Priester war, Taufen an Einheimischen vorzunehmen.

Wer oppositionelle Tendenzen in der christlichen Wehrmachtseelsorge sucht, findet diese noch am ehesten im Wiederaufbau zerstörter Kirchen – und mehr noch – bei den Taufen und Gottesdiensten für die einheimische Bevölkerung. Dort, wo es um ihre Vision vom Ostfeldzug als christlichen Feldzug ging, handelten Kriegspfarrer oft klar gegen die Anweisungen der NS-Führung, die sie ansonsten bedingungslos als ihre rechtmäßige Obrigkeit akzeptierten.

12. Die Vernichtung der Seelenlosen

Der Krieg gegen die Sowjetunion war von Beginn an als „Vernichtungskampf" geplant. Anders als beim Feldzug im Westen ging es Hitler hier um den „Kampf zweier Weltanschauungen", der in unvergleichlicher Härte geführt werden sollte. Die „verbrecherischen Befehle", denen die Wehrmachtmachtführung bereits vor Beginn der Kampfhandlungen zugestimmt hatte, schufen einen rechtsfreien Raum, in dem die rücksichtslose Vernichtung von Zivilisten und Kriegsgefangenen möglich wurde.

Bis zum Februar 1942 waren von den 3,9 Millionen sowjetischen Kriegsgefangenen in den Kriegsgefangenenlagern der Wehrmacht 2,8 Millionen gestorben. Man hatte sie in Todesmärschen durch das Land gehetzt, in überfüllte Konzentrationslager gepfercht und sie dort dem Hunger, der Kälte und den Krankheiten überlassen. Hinzu kam der kalkulierte Hungertod Hunderttausender Zivilisten.

Die SS-Einsatzgruppen, Polizeieinheiten und Wehrmacht kamen in engem Zusammenspiel dem Ziel der NS-Führung die Juden in der besetzten Sowjetunion zu ermorden, erschreckend nah. Am Ende ihrer Besatzungsherrschaft hatten die Deutschen etwa zwei Millionen Juden auf dem Territorium der Sowjetunion umgebracht.

Unter den Soldaten des Ostheeres waren diese Massenverbrechen allgemein bekannt, spielten sie sich doch vor ihren Augen und unter Mithilfe der Wehrmacht ab. Dies galt erst recht für die Kriegspfarrer, die durch ihre Zugehörigkeit zum Offizierskorps gut informiert waren, viele Gespräche mit Soldaten führten und ihr Wissen mit anderen Kriegspfarrern teilten.

Für Kriegs- und Wehrmachtpfarrer war spätestens im August 1941 klar, worauf die „Lösung der Judenfrage" im Ostkrieg hinauslief. In einem Brief über seine Beobachtungen in Wilna schrieb Wolfgang Knapp, der Bruder von Gerhard Knapp, der ebenfalls als Pfarrersoldat an der Ostfront eingesetzt war: „In diesen Tagen wanderten die 60 Tausend Juden ins Ghetto. Da sah man erschütternde Bilder, z. B. die Holzverschläge an den Schaufenstern in den Hauptstraßen! In wenigen Jahren wird es wohl keine Juden im Osten mehr geben."[274]

Hermann Wolfgang Beyer notierte, was er auf einem „Theologennachmittag" seiner Division über eine zum Christentum bekehrte Jüdin erfahren hatte: „Die Frau hatte einige Tage ganz in der Begegnung mit Christus gelebt, bis auch sie weggeführt worden war, um gleich vielen anderen Tausenden von Juden getötet zu werden."[275] Von ähnlichen Szenen berichteten katholische Kriegspfarrer.

Über die Dimensionen des Völkermordes an den Juden machten sich die Geistlichen keine Illusionen. Der Mainzer Weihbischof Josef Maria Reuss, der als katholischer Divisionspfarrer in der 6. Armee gedient hatte, erklärte 1963 in einer Zeugenvernehmung, er habe seit August 1941 vom Sonderauftrag des Führers an die SS gewusst, „der ja in der Ermordung der Juden" bestanden habe. Zudem habe ihm sein Küster erzählt, dass er die Erschießungen von jüdischen Männern und Frauen sowie von Kindern mit eigenen Augen gesehen habe.[276]

Doch wie rezipierten die Kriegspfarrer die Verbrechen hinter der Ostfront? Was predigten sie über ihre Kriegsgegner vor dem Hintergrund des Vernichtungskrieges? Wie erklärten sie sich und anderen das massenhafte Morden hinter der Front? Gab es explizite Unterstützung der Massenmorde unter den Kriegspfarrern, gab es Kritik oder gar Widerstand dagegen?

Als die Kriegspfarrer zu Beginn des Ostfeldzuges den Auftrag erhielten, gegen den Bolschewismus zu predigen, waren sie von ihren Kirchen längst auf den Kampf gegen diesen „radikal bösen" Gegner eingestimmt worden. In ihren Predigten konnten sie großzügig aus dem Reservoir des kirchlichen Antibolschewismus schöpfen, der nach der Oktoberrevolution in beiden Konfessionen ausgebaut worden war.

Ihre Kommandeure waren dankbar für die „gedankliche Tiefe" und die routinierte Rhetorik dieser Predigten, die sie selbst nur schwerlich hätten halten können. Beyer notierte, sein Kommandeur habe ihm gestanden, ihm selbst fehle es gemeinhin an Worten, „die Dinge so packend zu sagen", dass sie den einzelnen Soldaten aufrüttelten.[277]

Glaubt man den Berichten der Kriegspfarrer, kamen ihre Predigten gegen den Bolschewismus gut bei den Soldaten an. „Auf Befehl des Herrn General wurde in den Gottesdiensten gegen den Kommunismus und Bolschiwismus [sic!] gepredigt", berichtete ein katholischer Kriegspfarrer in einem Tätigkeitsbericht und kam zu dem Ergebnis: „Es waren sehr zufriedenstellende und erhebende feierliche Gottesdienste."[278]

Diese Predigten vermittelten eine durchaus theologisch fundierte Anthropologie des bolschewistischen Menschen, der bezichtigt wurde, im Kampf gegen Gott seine Seele verloren zu haben. Ein seelenloser Mensch aber war für diese Christen kein Mensch mehr, sondern ein Tier. Das gleiche Motiv findet sich in den Tagebüchern der Kriegspfarrer. So kam Hermann Wolfgang Beyer zu dem Schluss: „Das ist die Gottlosigkeit, die Seelenlosigkeit und Entmenschlichung bedeutet." Für Beyer waren die Sowjetmenschen nicht nur gottlose Rationalisten, sondern „Kommissare mit vertierten Gesichtern", denen nichts heilig war.[279]

In einer Predigtvorlage der Abteilung Schrifttum der „Kirchlichen Kriegshilfe" des Caritasverbandes, die über das Feldbischofsamt an die katholischen Feldgeistlichen versandt wurde, hieß es: „Sie haben in Rußland erlebt, was es heißt, daß ein Volk kein Kreuz mehr hat, wo die Kirchen entblößt und ausgeraubt sind, daß das Geheimnis des Kreuzes Christi nicht mehr zugegen ist; die Liebe. Bestien sind die Menschen geworden."[280]

Die Schlussfolgerung lag nahe: Wem die Seele fehlte, dem fehlte die Fähigkeit zu lieben und der konnte sich nicht human verhalten. So war es nur folgerichtig, wenn auf deutscher Seite die humane Behandlung des Gegners entfiel. Von hier aus war es nicht weit bis zur nationalsozialistischen Rede vom „Untermenschen."

In diesen Kontext fällt der Topos vom „jüdischen Bolschewismus". Kirchliche Repräsentanten und die christliche Publizistik beider Konfessionen hatten seit der Oktoberrevolution immer wieder den Zusammenhang von Judentum und Bolschewismus betont. Da jüdische Intellektuelle in der Russischen Revolution und in den revolutionären Regierungen der Münchener Räterepublik von 1918/19 eine sichtbare Rolle gespielt hatten, waren

Bolschewismus und Juden in den Augen vieler Kirchenmänner unlösbar miteinander verbunden.

Eine Ansicht, die schon 1937 im offiziösen „Katholischen Handbuch der religiösen Gegenwartsfragen“ vertreten wurde. Unter dem Artikel „Bolschewismus“ war vom Kampf der „völkischen Überlieferung“ gegen die „volksfremden, meist jüdischen Revolutionshetzer“ zu lesen. Der Bolschewismus, so hieß es dort, stehe praktisch im „Dienst einer Gruppe jüdisch geleiteter Terroristen.“[281]

Den Protestanten hatte August Winnig erklärt, dass der Bolschewismus unter der „Fremdherrschaft des Juden“ stehe. Als solcher bedeute dieser eine grundsätzliche Auflehnung des „entarteten Menschen“ gegen Gott. An diesem Krieg, so Winnig, würde das geschichtliche Europa zugrunde gehen. Der letzte Sieger sei der entfesselte „Untermensch“. Winnig ließ keinen Zweifel daran, wen er für diesen „Untermenschen“ hielt. In Russland habe das Volk unter dem Einfluss „des Juden“ seine Seele verloren, werde „zur Masse erniedrigt und vegetiere nur noch auf einer „zoologischen Ebene“, schrieb er. Der Jude habe sich in Russland als „bolschewistischer Brandstifter“ erwiesen. In Anspielung auf die jüdische Herkunft von Karl Marx verwies Winnig auf den „jüdischen Ursprung“ des Bolschewismus.[282]

Wie gut sich theologische Überlegungen in diese Perspektive einfügten, zeigt das Beispiel Hermann Wolfgang Beyers, der in seinen Predigten an der Ostfront die Einheit von „Judentum, Bolschewismus und Seelenlosigkeit“ verkündete. Beyer sah in Gott eine durch und durch „schreckliche Macht“. Für ihn hatte Jesus Christus den Menschen mit diesem Gott versöhnt. Dagegen hätten die Juden zwar die „schreckliche Majestät“ Gottes anerkannt, nicht aber den Erlöser Jesus Christus. Deshalb, so argumentierte er, seien die Juden unerlöst geblieben. Da aber kein Mensch Gott in seiner Furchtbarkeit ertragen könne, habe das Judentum den „Kollektivmenschen“ erfunden, der autonom und ohne Gott handle und folglich seelenlos sei.[283] Damit war aus dem bolschewistischen Menschen – vermittelt durch den Juden – unversehens ein seelenloser Mensch geworden, den man nicht mehr menschlich behandeln musste.

In seiner Argumentation stützte Beyer sich auf einen traditionellen kirchlichen Antijudaismus. Dazu gehörte das Bild von dem zur Gesetzesreligion erstarrten Judentum ebenso wie das Bild des wegen der Ermordung Christi zerstreuten und heimatlosen Judentums. Vor diesem Hintergrund wurden Aussagen aus dem Neuen Testament, wonach die Juden ihre Schuld vor Gott sühnen müssten, weil sie die Bedeutung Christi als Sohn Gottes nicht anerkannten, zum Erklärungsmuster für die antisemitische Politik des NS-Regimes.

Beyer war sich sicher, dass der nationalsozialistische Kampf gegen das Judentum – auch wenn dieser „furchtbar harte Formen angenommen" habe – eine Folge des Fluches Gottes sei, der sich nun „in einer schauerlichen Weise an diesem Volk" erfülle.[284]

Heinz Rahe und der katholische Divisionspfarrer Joseph Eickhoff stimmten darin überein, dass „mancher Jude in Konsequenz seiner Volksschuld" gestorben sei.[285]

Eine Predigtskizze Johannes Opfermanns vom Juli 1942 deutete die Vernichtung der Juden im Licht der christlichen Heilsgeschichte: „Das Wehe über Jerusalem. Die 3 Lk. Stellen. Nicht nur eine historische Angelegenheit. Hindurchleuchten der Heilsgeschichte überhaupt, der Geschichte auch des eigenen Lebens", notierte er in seinem Tagebuch. In den drei in seiner Predigt verwendeten Abschnitten des Lukasevangeliums wird der Untergang der Stadt Jerusalem prophezeit, weil das Volk der Juden Christus nicht als Sohn Gottes anerkannte. Es spricht einiges dafür, diese Predigt als Kommentar zur Ermordung der Juden hinter der Ostfront zu verstehen. An einer der von Opfermann ausgesuchten Stellen des Lukasevangelium heißt es: „Wenn ihr [gemeint sind die Christen] aber sehen werdet Jerusalem belagert mit einem Heer, so merket, daß herbeigekommen ist seine Verwüstung. Alsdann wer in Judäa ist, der fliehe auf das Gebirge, und wer drinnen ist, der weiche heraus, und wer auf dem Lande ist, der komme nicht hinein. Denn das sind die Tage der Rache, daß erfüllet werde alles, was geschrieben ist. Weh aber den Schwangeren und Säugerinnen in jenen Tagen; denn es wird große Not auf Erden sein und ein Zorn über dies Volk. Und sie werden fallen durch des Schwertes Schärfe und gefangen geführt werden unter alle Völker; und Jerusalem wird zertreten werden von den Heiden bis daß der Heiden Zeit erfüllt wird." [LK 21, 20–24]

Noch nach dem Krieg verbreiteten ehemalige Kriegspfarrer die Ansicht, die Juden müssten ihre Schuld vor Gott durch ihre Ermordung sühnen. So berichtete Bernhard Bauerle über seine Einquartierung bei einer jüdischen Familie: „Die beiden Töchter, Abiturientinnen, wurden in unserem Kasino beschäftigt. Eines Tages sassen die beiden Mädels weinend auf der Treppe. ‚Warum geht es uns Jüden so schlecht?' Ich sagte drauf, ob sie einmal das Wort gehört hätten: ‚Sein Blut komme über uns und unsere Kinder!' Sie sahen mich starr an: ‚Wir wissen, was Sie meinen', und haben keine Träne mehr vergossen."[286]

In den Tätigkeits- und Seelsorgeberichten für die militärischen Vorgesetzten wurde der Massenmord an Juden, Zivilbevölkerung und Kriegsgefangenen kaum oder nur sehr indirekt angesprochen.

Ein Thema waren die Massenmorde – wenn überhaupt – nur dann, wenn es um ihre Auswirkung auf die Psyche der eigenen Soldaten ging. Ein katholischer Divisionspfarrer schrieb über die seelische Ermüdung der Soldaten, die durch die „wenig erfreulichen Aufgaben" einer Sicherungsdivision ausgelöst werde, und von der besonderen Aufgabe, die damit für die Seelsorge verbunden sei.[287]

Deutlichere Worte finden sich erst in rückblickenden Aufzeichnungen. Der evangelische Kriegspfarrer Karl-Heinz Becker erinnerte sich an die Soldaten, die in „ihrer hilflosen Gewissensnot" zu ihm gekommen seien und oft „mit Tränen in den Augen die Qual ihres Mitwissens um nicht wiederzugebende Scheußlichkeiten ungeheuerlichsten Ausmaßes" vor ihm ausgebreitet hätten.[288]

Die Tagebuchaufzeichnungen der Geistlichen vermitteln schlaglichtartig Eindrücke über die Art und Weise, wie sie die Verbrechen, deren Zeugen sie wurden, rezipierten. Die größte Vielfalt von Beobachtungen über Verbrechen an der Zivilbevölkerung findet sich in den Tagebüchern des katholischen Wehrmachtpfarrers Josef Wassong, in denen Hunger, Partisanenerschießungen und die Rekrutierungen von Zwangsarbeitern beschrieben werden. Wassong begegnet seinem Leser als genauer, aber distanzierter Beobachter, der sein eigenes Urteil weitgehend zurückhielt.

Im Februar 1942 beschäftigten ihn die Einwohnerzahlen im ukrainischen Artemiwsk [heute Bachmut]. Ihm fiel auf, dass die ansässige Bevölkerung nach dem Einmarsch der Deutschen von 56.000 Einwohnern auf 37.830 geschrumpft war.[289] Über den Verbleib der verschwundenen 18.170 Menschen schrieb er nichts. Kurz nachdem dort gerade 3000 Juden durch SD-Kommandos ermordet worden waren, notierte er sich eine Statistik über die konfessionelle Zusammensetzung der Stadt, in der Orthodoxe, Katholiken, Lutheraner, Mohammedaner und „sonstige" genannt wurden. Die Juden, die bis zum Einmarsch der Deutschen die zweitgrößte Religionsgemeinschaft in Artemiwsk gebildet hatten, fanden keine Erwähnung.

Über den Hintergrund dieser Einträge, die mit einiger Wahrscheinlichkeit unter dem Eindruck der Massenmorde an den Juden von Artemiwsk standen, lässt sich nur spekulieren. Möglicherweise lag für den Geistlichen der Grund des Bevölkerungsschwundes auf der Hand und bedurfte keiner weiteren Erklärung. Vielleicht fehlte ihm aber auch die Sprache für das, was er wusste, und er ließ vor der „Potenzierung des Leidens die Arme sinken", wie es Ernst Jünger in seinen „Kaukasischen Aufzeichnungen" formuliert hatte.[290]

Wiederholt beschäftigte Wassong die katastrophale Ernährungslage der Zivilbevölkerung, die das NS-Regime bewusst einkalkuliert hatte, da die Wehrmacht sich aus den eroberten Gebieten ernähren sollte.[291] Als Wassong seine Hauswirtin weinen sah, vermutete er, dass sie ernste Nahrungssorgen habe. „Manche Menschen sollen nach Aussage eines Zivilarztes dem Verhungern nahe sein", notierte er am 3. April 1942.[292]

Ebenso zeigte er sich über die Entlohnung der Zwangsarbeiterinnen in seiner Division genauestens unterrichtet: „In der Schneiderwerkstatt der Division arbeiten 18 Frauen u. Mädchen, die pro Stunde 17 Pf (!) Lohn erhalten, aber nicht etwa Essen (nicht Brot!) dazu. Dabei kostet 1 L Milch auf dem Markt 2,– M, das Pfd Butter 20,– M, Sonnenblumenöl das L 15,– M." Ab-

Josef Wassong, o. J. (AKMB, SW 900)

schließend stellte er fest: „Ich kann mir nicht vorstellen, wie die Menschen existieren können."[293]

An anderen Stellen finden sich Beschreibungen von Hinrichtungen vermeintlicher Partisanen. Wassong notierte lakonisch: „Auf dem Platz vor dem Atemdenkmal sind zum abschreckenden Beispiel 10 Partisanen aufgehängt worden, die wie es heißt, das Theater in Brand gesteckt haben. Photographieren verboten. Ich bin nicht hingegangen."[294]

An einem Morgen auf dem Weg zur Front zählte Wassong 60 Zivilisten, die von 15 Frauen mit „leidvollen Gesichtern" begleitet wurden. Oder er notierte sich: „Ich sehe 1 Maueranschlag. In 1 Dorfe – ich glaube, es heißt Modawa – wurde ein dtsch. Soldat ermordet, deshalb wurden am 14. 10. 30 Partisanen (?)85 mit ihren Angehörigen (!) erschossen. Der Krieg ist hart."[295] Hier deuten das Fragezeichen hinter dem Wort „Partisanen“ und das Ausrufezeichen hinter dem Wort „Angehörigen“ auf Zweifel und Empörung.

Anfang 1944 berichtete Wassong von fünf Zivilisten, die von der Wehrmacht wegen „eines Sabotageaktes“ erhängt worden waren und sorgte sich um den Eindruck, den dieses Bild auf die Ukrainer machen würde, die auf dem Weg in die orthodoxe Kirche zum Weihnachtsgottesdienst waren. Ein halbes Jahr später schilderte er ausführlich die Zwangsrekrutierung von Kindern, die im Rahmen der Evakuierung von Millionen Einwohnern, die als Zwangsarbeiter in den Westen geschafft wurden, von ihren Müttern getrennt und in eigene Lager gebracht wurden.

„Besuch bei IIa, Ia u. General (102 I. D.) – Ich hörte zum 1. mal Näheres über die ‚Kinderlandverschickung'. So nannte man das, ob es der rechte Name ist, weiß ich nicht. Alle Kinder von 10–14 Jahren, so erzählten mir Offiziere, wd. zwangsweise den Eltern genommen, damit sie im Geiste der „weißruthen. Regierung“ erzogen wd. Die Aktion, die erst begonnen hat, setzt jeweils in den Orten plötzlich ein u. soll überall durchgeführt wd. Kürzlich hatte man so den Eltern in Petrkoff jäh die Kinder genommen. Es soll furchtbar gewesen sein. Am erschütterndsten, so sagte mir ein Offz., sei es für ihn gewesen, als er gesehen, wie ein alter Mann, der 2 Kinder (Enkel?) betreute, plötzlich in sich zusammengesunken sei. Frauen hb. gesagt, sie würden, wenn noch einmal eine solche Aktion käme, lieber ihre Kinder erschlagen, als sie den Deutschen überlassen. Die jungen „Hiwi Anwärter“ kommen in Lager, bekommen Uniformen usw., dürfen ab u. zu von den Eltern besucht wd, die aber wie man behauptet die Kinder nicht zurückbekommen. Ein Pfr. schrieb mir nach der Rückkehr, daß man die Kinder in s. Ort genommen, es sei viel ‚ploratus et ululatus' gewesen. – ‚Zada' (Zivilarbeitsdienstabteilungen) ist auch ein neues Wort, von dem ich Näheres erfuhr. Alle arbeitsfähigen Menschen wd. zwangsweise kaserniert, auch z. T. Mütter von ihren Kindern genommen, z. B. wenn 1 Mu 1 Kind über 2 Jahre hat oder 2 Kinder zwischen 3 u. 5 Jahren. Kriegsnotwendigkeiten zwingen dazu. eine russ. Frau sagte wörtlich: ‚Bei Stalin hb wir nicht hinter Stacheldraht gesessen, bei unseren Befreiern müssen wir hinter Stacheldraht sitzen.

Ist das deutsche Kultur, daß man Frauen hinter Stacheldraht setzt?' Eine Frau kam wieder, u. alles stand drum herum, auch Kinder, man hat sie dann in einen leeren Raum – ich glaube, es war 1 Scheune – bringen können. – Der Krieg ist hart, sehr hart."[296]

Wassong übernahm zwar indirekt die ihm über einen deutschen Offizier vermittelten Äußerungen des Abscheus, doch die Ursache für das hier beschriebene Unrecht an den russischen Familien sah er in der großen Härte des Krieges. Das „ploratus et ululatus" – das „Klagen und Weinen" war vermutlich auf die Bibelstelle Mt 2,18 bezogen, wo es um den von Herodes veranlassten Kindermord geht. Dort hieß es „Auf dem Gebirge hat man ein Geschrei gehört, viel Klagen und Weinens und Heulens; Rahel beweinte ihre Kinder und wollte sich nicht trösten lassen; denn es war aus mit ihnen."

Einzig in Bezug auf die Euthanasiemorde scheute sich Wassong nicht vor einem unmissverständlichen Urteil. Dabei berichtete er nicht etwa über reale Verbrechen, sondern über den Spielfilm „Ich klage an" von Wolfgang Liebeneiner, der für die „Euthanasie" warb. In seinem Tagebuch notierte er: „Ich schaue mir den bekannten u. schon vor Jahren viel diskutierten Film ‚Ich klage an' im hies. Kino an. Ein Arzt tötet durch Morphium s. unheilb. Frau u. klagt nun die Welt an, die das nicht verstehen will. Weil er sie sehr liebte, hat er sie ‚erlöst'. Der Film ist raffiniert aufgezogen u. wird zum gefährl. Angriff gg. das 5. Gebot. Wo sollen die Grenzen sein, wenn solche Ideen sich Bahn brechen? Quo vadis Germania?"[297]

Wassong konnte sich hier an der bekannten Position der katholischen Kirche orientieren, denn bei seinem Start Ende August 1941 war der Film auf massive Kritik der Bischöfe gestoßen. Zudem hatten von Galen und Preysing öffentlich erklärt, dass die Ermordung von Unschuldigen, die in Deutschland weit um sich gegriffen habe, nicht hinzunehmen sei. Andere Bischöfe waren ihrem Bespiel gefolgt.

Die Kriegspfarrer verurteilten „Euthanasie"-Verbrechen hinter der Ostfront klarer als andere Verbrechen. Besonders schmerzte sie die Beobachtung, dass die Sowjets ihre Behinderten weitaus besser behandelten als die Deutschen. „Russen sehen

Geistesschwache als heilig an. Trotzdem Tötung notwendig", notierte der Chef des Generalstabes Franz Halder am 26. September 1941, als es um die Liquidierung eines „Irrenhauses" durch die Deutschen ging.[298]

Der evangelische Wehrmachtdekan Bernhard Bauerle schilderte in einem vermutlich kurz nach dem Krieg verfassten Bericht über seine Zeit als evangelischer Armeepfarrer im Russlandfeldzug seine Begegnung mit einem russischen Anstaltsleiter: „Beim Vormarsch kam ich in einem grösseren Ort an ein grosses Backsteingebäude, aus dessen Parterrefenstern Kinder herauskrabbelten. Es war ein Heim für verkrüppelte schwachsinnige Kinder. Das Pflegepersonal war geflohen und hatte die Kinder sich selber überlassen. Es sah schrecklich aus. Aber zu denken gab es mir doch, dass hier in Russland ‚lebensunwerte' Kreaturen gepflegt wurden, während man ihnen in der Heimat das Daseinsrecht absprach. Nach ein paar Wochen fand ich am Rand von Novgorod hinter grossen Bäumen ein paar große unversehrte Backsteinhäuser, die offensichtlich nicht Kasernen waren. Es war die Irrenanstalt, unversehrt und voll belegt. Ich verlangte Einlass und sprach im Zimmer des Direktors mit den Ärzten. Ich tat erstaunt, dass jeder Kranke ein eigenes Bett hatte und besser untergebracht war wie die gesunde Bevölkerung. Ich fragte, ob sie den Begriff der ‚Euthanasie' nicht kennten. Sie wussten nicht, was das sein sollte. Ich übersetzte das Wort. Sie waren alle gleichermassen entsetzt über den Gedanken, dass man einen Kranken, auch wenn sein Leben ‚lebensunwert' scheine, mit Hilfe einer Spritze sterben lassen könne. Sie hatten keine Ahnung, wer ich war, da ich auf ihre Frage absichtlich nicht geantwortet hatte. Der Direktor fasste schliesslich unter Zustimmung der anderen in vier Sätzen zusammen, die ich noch heute im Gedächtnis habe: 1.) Wir sind Ärzte und haben das Leben zu erhalten und nicht zu töten. 2.) Wir lernen bei der medikamentösen Behandlung unserer Kranken manches, was auch den Gesunden zugutekommt. 3.) für uns Russen ist ein Geisteskranker ein von Gott Gezeichneter und deshalb absolut tabu. Nicht einmal Stalin würde wagen, einen Geisteskranken umzubringen. 4.) wir sind Christen, und ich selber bin wegen meiner christlichen Überzeugung sechs Jahre in Sibirien gewesen. Wir haben uns entschlossen, unsere Kranken unter keinen Umständen zu verlassen. Wir teilen mit ihnen die letzten Rationen und werden mit ihnen hungern, wenn unsere kleinen Vorräte aufgebraucht sein werden. Sie baten mich, ob ich nicht helfen könnte, dass sie etwas Lebensmittel bekämen. Das ist dann auf meinen Bericht beim Oberbefehlshaber hin über den Armeearzt geschehen. Auch beim Abschied habe ich damals nicht verraten, was für ein ‚deutscher Offizier' ich war und warum ich ihre Anstalt hatte sehen wollen. Aber ich habe mich für uns geschämt vor Christen, die unsere Propaganda als Untermenschen hinzustellen suchte."[299]

Diese Geschichte hatte sich unter den anderen Kriegspfarrern herumgesprochen. Johannes Opfermann notierte am 2. März 1943: „Int[eressantes]. Gespräch von Bauerle mit dem Leiter einer – Heilanstalt – in Nowg[orod]. 1. Ärzte, 2. jedes G[ottes]. K[in]d. ein von Gott Gezeichnetes, 3. Christ."

Positionen, die die Massenverbrechen explizit bejahten, lassen sich für die katholische Wehrmachtseelsorge nicht nachweisen. Dagegen findet sich beim evangelischen Kriegspfarrer Beyer zwar keine Begeisterung, aber eine grundsätzliche Anerkennung der Judenvernichtung hinter der Ostfront, wenn er auch immer wieder deutlich machte, dass er die Wehrmachtsoldaten gern von den Mordaktionen fern gehalten hätte und es ihn außerdem störte, wenn die Morde bei manchen Soldaten Gefühle der Freude auslösten.

Am 29. Juli 1941 notierte er: „Sh/itomir/ ist eine Stadt von etwa 100.000 Einwohnern. [...] Unter den Juden wird jetzt sehr aufgeräumt. Wo irgendein Sabotageakt verübt wird, wird sofort eine größere Anzahl von Juden, oft hundert zugleich, erschossen. In Z[wiahel] hat eine Jüdin, die ihr Haus zugunsten von Ukrainern räumen sollte, dies angezündet und sich erhängt. Daraufhin haben unsere Sicherungstruppen als Vergeltung 5 Juden und 5 Jüdinnen verhaftet, sie zusammen mit der Leiche der Selbstmörderin zu einer Grube geführt, hier erschossen und die 11 Toten gemeinsam begraben. Einer unserer Feldwebel hat sich das angesehen. Als ihn ein Offizier fragt, wie das denn gewesen sei, antwortet er: ‚O, sehr nett!' Die Ostjuden sind ekelhafte Kerle. Aber daß ein deutscher Soldat zu solcher Antwort fähig ist, entsetzt mich doch."[300]

Beyer machte aus seiner eigenen emotionalen Abneigung gegen das „Ostjudentum", das er in den rassistischen Termini der Nationalsozialisten beschrieb, kein Hehl. Dennoch legte er Wert auf die Unterdrückung allzu positiver Emotionen im Angesicht der Morde. Eine ähnliche Schilderung findet sich im Tagebuch des katholischen Kriegspfarrers Alfons Satzger. Auch ihn empörte das zustimmende Lachen deutscher Soldaten, als der SD Juden unter Schlägen und Schimpfworten zwang, ihr eigenes Grab zu schaufeln.[301]

Problematisch wurde für Beyer der Mord an 400 Insassen einer „Irrenanstalt" durch Soldaten der deutschen Wehrmacht. Nüchtern schilderte er den Vorgang: „Dann hatte ich um 15 Uhr Feldgottesdienst beim III. Bataillon. Leider fehlte eine Kompanie. Sie hat einen scheußlichen Auftrag. In der Nähe befindet sich eine Irrenanstalt mit 400 Insassen. Die russischen Ärzte haben erklärt, daß sie nichts mehr zu essen für die Kranken hätten. Sie müßten sie laufen lassen. Das könnte natürlich zu allerlei üblen Zwischenfällen führen. So hat der General kurzerhand befohlen, die sämtlichen Geisteskranken zu erschießen. Das ist aber doch nicht so einfach ausgeführt, wie es aussieht. Die armen Kerle werden an Fliegerdeckungsgräben geführt, dort einzeln abgeschossen und dann in die Gräben geworfen. Schon das ist recht unerfreulich. Nun gibt es aber auch Kranke, die garnicht aufstehen können. Sie müssen in ihren Betten erschossen werden. Zum Glück führen unsere Leute den Auftrag mit dem größten Widerwillen aus, ja manchem bereitet es offenbare Gewissensnot. Ich muß auch mit dem General darüber reden."[302]

Beyer äußerte Mitleid mit den Opfern, aber auch Verständnis für die Täter und deren Behauptung, die Behinderten mit der Erschießung vor einem weitaus schlimmeren Tod bewahren zu wollen: „Ich sehe ein, daß die armen Kerle getötet werden müssen. Frei herumlaufen lassen kann man sie nicht. Sie würden natürlich dabei zugrunde gehen. Und sie Hungers sterben zu lassen wäre gewiß die grausamste Form der Hinrichtung."[303]

Offensichtlich wollte Beyer noch an einen rationalen Sinn der Morde glauben, gleichzeitig aber zweifelte er an der Fähigkeit der Soldaten, moralisch und emotional mit dem Mord an wehrlosen Kranken umzugehen und kritisierte die militärische Füh-

Kriegspfarrer Prof. Dr. Johannes Stelzenberger, o. J. (AKMB, SW 837).

rung, die solche Aufträge erteilte: „Der Zwang des Tötenmüssens im Kampf wird schon manchen unserer Männer nicht leicht. Aber man verwirrt ihnen alle sittlichen Begriffe, wenn man die Grenze zwischen dem Kampf mit einem sich wehrenden Feind und das Abschlachten von kranken Menschen verwischt. Entweder macht das unseren Kerlen Spaß. Dann weckt man eine rohe Mordlust in ihnen, die man vielleicht nachher nicht wieder bändigen kann. Oder aber – und das ist zum Glück bei der Mehrheit der Fall – bekommen die Leute eine solche Abscheu vor dem Tötenmüssen, daß ihnen das gute Gewissen zum Gebrauch der Waffe überhaupt erschüttert wird. Und das ist auch wieder verhängnisvoll."[304]

Die Verwirrung der „sittlichen Begriffe" – so scheint es – bedrohte nicht nur die Soldaten, sondern auch ihn selbst.

Eine Ausnahme unter den Kriegspfarrern bildeten die Kommentare des katholischen Divisionspfarrers Johannes Stelzenberger, der sich in seinem Tagebuch offen über die Unchristlichkeit und Unmenschlichkeit der deutschen Besatzer beklagte.

Die Passagen seines Tagebuches, in denen er seinen Unmut über die Verbrechen an Kriegsgefangenen, Juden und anderen Zivilisten äußerte, sind in Gabelsberger Kurzschrift abgefasst, während das restliche Tagebuch in lateinischer Schrift vorliegt. Offensichtlich fürchtete Stelzenberger, seine Aufzeichnungen könnten in die falschen Hände geraten.

Am 18. Oktober 1941 notierte er: „In Witebsk wurden 5000 bis 6000 Juden erschossen. Gefangene, die einen anderen Russen beerdigen sollten, zogen ihm die Kleider aus, und schnitten sich ein Stück von ihm ab, zerkleinerten es, kochten und assen [sic!] es! Welche Rache wird daraus entstehen!“[305]

Am 26. Oktober 1941 hieß es: „Überall arbeiten jüdische Frauen und Mädchen auf der Strasse. Sie sind zu Baukolonnen zusammen gefasst. Eine furchtbare Kulturschande! Ueberall werden Russen erschossen. Unser Hausverwalter in Molodeschno berichtete: Er sollte ein deutsches Soldatenheim übernehmen. Dazu hatte er 300 Arbeiter, meist Juden. Heute morgen seien diese nicht gekommen. Auf seine Frage erhält er Bescheid, dass man 90 davon, meist Handwerker, erschossen hätte. Grund: in Minsk sei angeblich ein Betriebsstofflager angesteckt worden. Sicherlich wurden im ganzen Gebiete Juden ums Leben gebracht.“[306]

Am 27. Oktober 1941 schrieb er in Wilna: „Hier wurden jeden Tag Tausende von Juden erschossen. Von 40.000 Juden in Wilna sollen nur noch 6000 am Leben bleiben! Wie furchtbar ist das. Man schämt sich für solches Tun deutscher Menschen. Das Essen will nicht mehr schmecken. Die Juden werden jeweils im Ghetto abgeholt: Männer, Frauen und Kinder. Sie werden von litauischer Miliz unter deutscher Polizeiaufsicht rausgeführt, müssen sich die Gräber schaufeln, werden wütend geschlagen und dann erschossen. Die nächste Reihe muss erst die Toten in die Löcher legen und zuschaufeln, dann werden sie selbst umgebracht! Blut, Blut!“.[307]

Über die sowjetischen Kriegsgefangenen hieß es nur wenige Tage zuvor am 19. Oktober 1941: „Welche Schicksale spielen sich aber mit den vielen Tausenden von Gefangenen ab: Sie fallen erschöpft auf der Strasse um. Man hört das Schreien und Schiessen. Und wenn einer auf der Strasse liegt, dann raufen sich die Umstehenden um seine Schuhe und Kleider! Der Mensch wird zum Tier. Auf der Autobahn werden 30.000 Gefangene vorbei geführt. Es ist ein Zug des Elends. Viele können nicht mehr marschieren. Sie behaupten, seit 6 Tagen nichts mehr gegessen zu haben. Sie schreien. Wer die Reihe verlässt, wird erschossen. Durch die Nacht klingt das unheimliche Marschieren, Jammern und Schiessen. Es ist eine Nacht des Grauens."[308]

Einen Tag später notierte er: „Bilder des Grauens auf der Strasse Wjasma – Smolensk: Ca. 50 m weit liegt auf der Strasse oder daneben (?) ein toter Russe, der im Gefangenen-Zug zusammen gebrochen war (an Erschöpfung) oder erschossen wurde! Der Leichnam liegt im tiefen Schmutz, die Autoräder gehen darüber. Die Mitgefangenen haben ihm alle Kleider und die Schuhe ausgezogen! Ein entsetzliches Elend!"[309]

Am 25. Oktober schrieb er: „Immer wieder begegnen einem lange Züge von Gefangenen. Man kann die Elendsbilder bald nicht mehr ansehen: verhungert, entkräftet, traurig, müde. Und immer wieder viele Tote am Strassenrand säumen den Weg der Jammerkolonnen. Ich wäre froh, aus Russland raus zu kommen, um diese Bilder nicht immer wieder neu ins Gedächtnis gemeisselt zu bekommen."[310]

Doch trotz allem blieb die Wehrmacht für Stelzenberger über jeden moralischen Zweifel erhaben. Sie war ebenso unantastbar wie Heimat und Vaterland: „Wir werden unseren Fahneneid an der Front halten und wenn der Krieg noch 10 Jahre dauert, weil wir uns als Schützer der Heimat wissen. Weil wir die Ehre der deutschen Wehrmacht zu vertreten haben. Weil wir einen Eid geschworen haben. Weil wir damit religiös gebunden sind".[311]

Nur ein Fall wurde aktenkundig, in dem Kriegspfarrer eine Initiative zum Schutz der Opfer von Massenverbrechen ergriffen, die bis in die Armeeführung bekannt wurde. Beteiligt waren die vier Kriegspfarrer der 295. Infanteriedivision der 6. Armee: der katholische Divisionspfarrer Josef Maria Reuss, sein evangelischer Kollege Wilhelm Kornmann, der katholische Kriegspfarrer Ernst Tewes vom Kriegslazarett 4/607 und dessen evangelischer Kollege Gerhard Wilczek. Diese vier Kriegspfarrer hatten etwa 90 verwahrloste jüdische Kinder in einem Haus gefunden, das in unmittelbarer Nachbarschaft zu den Soldatenquartieren nahe des Ortes Bjelaja Zerkow stand. Die Kinder zwischen zwei und vier Jahren lagen auf dem Boden, der von ihren Ausscheidungen bedeckt war. Sie kratzten und aßen vor Hunger den Mörtel von der Wand. Ihre Mütter waren kurz zuvor vom Sonderkommando 4 a erschossen worden, nun drohten auch die Kinder ermordet zu werden.

Nach den desaströsen Eindrücken ihres Besuches informierten die Divisionspfarrer den 1. Generalstabsoffizier der 295. ID Helmut Groscurth, der beim AOK 6 einen Aufschub der Mordaktion erreichte.

Der Fall hätte zu einem sichtbaren Protest von Christen werden können, die im Namen der Nächstenliebe gegen die Massenverbrechen hinter der Ostfront aufstanden. Doch er wurde es nur bedingt, denn in den Berichten der Kriegspfarrer für ihre militärische Führung, spielten christliche Werte kaum eine Rolle. Vielmehr machten sie geltend, dass die Disziplin der Soldaten, die „Manneszucht", durch die geplante Mordaktion bedroht sei und es dem öffentlichen Ansehen der Wehrmacht schade, wenn dergleichen in der Heimat bekannt würde. Die Kriegspfarrer fürchteten, ihre Soldaten könnten aufhören, an die moralische Überlegenheit der Deutschen gegenüber dem kommunistischen Feind zu glauben. Noch 1963 erinnerte sich Gerhard Wilczek an die Äußerung eines Leutnants über die Kinder von Bjalaja Zerkow: „Das stellt ja den Bolschewismus in den Schatten."[312]

Rückblickend betonten die Pfarrer allerdings, ihre Argumentation von 1941 habe vor allem dem Zweck gedient, die vorgesetzten Dienststellen zu überzeugen. Das Motiv, warum man für die Opfer eingetreten sei, sei in erster Linie ein christliches und menschliches gewesen.[313]

Auch hätte der Fall zu einer Machtprobe zwischen SS und Wehrmacht werden können. SS-Standartenführer Paul Blobel drohte, die ungebührliche Einmischung der Offiziere an Himmler zu melden. Doch der Konflikt wurde vermieden. Walter von Reichenau, der Oberbefehlshaber der 6. Armee, stellte sich auf

Massengrab in einem Kriegsgefangenlager für sowjetische Soldaten, Nähe Kritschew, 19. 2. 1942 (AKMB NL Perau, 2/431, D11). Perau kommentierte: „Täglich kippen L. K.-Wagen mehrere hundert Leichen hinein. Im ganzen seien es schon 19000, sagte mir der Posten. Er ließ mich näher herantreten, und ich sah am offenen Rand dieses Grabes in vielen Schichten übereinander die verzerrten Leichen mit weit aufgerissenen Augen und verkrampften Händen – eine furchtbare Anklage." (Josef Perau: Priester im Heere Hitlers. Erinnerungen 1940–1945. Essen 1962, 53).

die Seite der SS, wies die Kritik Groscurths, der sich in einem offenen Schreiben an ihn gewandt hatte, zurück und ordnete an, die Kinder zu erschießen.[314]

Ein systematischer Vergleich evangelischer und katholischer Wehrmachtseelsorger in ihrer Haltung zu Massenverbrechen, deren Zeugen sie wurden, kann aufgrund der wenig repräsentativen Überlieferung privater Zeugnisse kaum geleistet werden. Bei den katholischen Wehrmachtpfarrern Opfermann und Wassong offenbaren die Tagebuchnotizen trotz teilweise akribischer Beschreibungen eine auffällige Distanz, die als „schockiertes Schweigen" ausgelegt werden kann.[315] Begleitet wurde diese Haltung vom Hinweis auf die neutestamentarische Unheilsgeschichte der Juden oder auf die harten militärischen Notwendigkeiten. Zu einer klaren moralischen Verurteilung kam es einzig im Fall der „Euthanasie", die von der katholischen Kirche ohnehin öffentlich gegeißelt wurde.

Bemerkenswert sind die Tagebuchaufzeichnungen des katholischen Kriegspfarrers Johannes Stelzenberger, der seine Empörung über die Verbrechen an Kriegsgefangenen und Zivilbevölkerung klar zum Ausdruck brachte. Allerdings ist nicht bekannt, ob sein Protest über die private Aufzeichnung hinausging oder ob er im Sinne der Opfer tätig wurde. Zudem nahm Stelzenberger die Wehrmacht ausdrücklich von der Verantwortung für die Verbrechen aus. Vielmehr machte er die Zivilverwaltung der Reichskommissariate, die mit zuverlässigen Parteileuten besetzt worden waren, verantwortlich, obgleich über die Hälfte des eroberten Territoriums bis zum Kriegsende der Militärverwaltung unterstand.

Im Fall der „Kinder von Bjelaja Zerkow" gingen zwei Kriegspfarrerpaare mit ihrer Intervention für die Opfer der SS das Risiko eines Konfliktes mit der Armeeführung ein. Auch wenn ihre spätere Versicherung, christliche Motive hätten den Impuls für ihr Handeln gegeben, glaubhaft erscheint, argumentierten sie gegenüber der militärischen Führung mit dem möglichen Ansehensverlust der Wehrmacht in der Heimat. Zudem warnten sie vor der schwindenden Kampfdisziplin der Soldaten, die durch den Verlust des moralischen Überlegenheitsgefühls über den atheistischen Feind drohte.

Um „Ehre“ und das „gute Gewissen“ ging es auch dem evangelischen Kriegspfarrer Karl-Heinz Becker, der bereits vor 1933 nachdrücklich vor dem Nationalsozialismus gewarnt hatte. Seit 1941 ließ er verschiedene wissenschaftliche Abhandlungen verbreiten, in denen er die Rechtsentwicklung in Deutschland sowie die religiöse Überhöhung des NS-Regimes durch das Christentum kritisierte. Nachdem er zum Zeugen von Vernichtungsaktionen im Ostkrieg geworden war, problematisierte er in einem „seelsorgerlichen Wort“ die Maßnahmen der SS gegen „gewisse Teile der unbewaffneten Zivilbevölkerung vorübergehend militärisch besetzter außerdeutscher Gebiete“ und forderte die öffentliche Wiederherstellung des guten Gewissens der deutschen Nation.[316]

13. Das Ende der Hoffnung

Legitimationsprobleme

Die Kriegspfarrer beider Konfessionen hatten gerade den Ostfeldzug Hitlers unter christlichen Gesichtspunkten rechtfertigen können. Der angebliche Präventivkrieg gegen einen atheistischen Staat, der das christliche Europa bedrohte und die Befreiung der sowjetischen Bevölkerung von den Bolschewisten, die mit der Möglichkeit ihrer Rechristianisierung einher ging, wurden als eigene Ziele begriffen, die sich mit denen des NS-Regimes zu decken schienen.

Doch die Kirchenpolitik des NS-Regimes gab vielfältigen Anlass, am Sinn dieses Feldzuges zu zweifeln und sich von der Politik des NS-Regimes zu distanzieren. Die scharfen Predigten des Münsteraner Bischofs Clemens von Galen im Sommer 1941, in denen dieser den sogenannten Klostersturm, d. h. die Aufhebung und Requirierung von etwa 300 katholischen Klöstern und kirchlichen Einrichtungen für staatliche Zwecke, anprangerte und sich gegen die „Euthanasie“-Verbrechen der Nationalsozialisten wandte, hatten unter den Soldaten an der Ostfront allgemeine Verbreitung gefunden.[317]

Immer häufiger wurde die vermeintlich christliche Zielsetzung des Ostkrieges ins Feld geführt, wenn man sich von der kirchenfeindlichen Politik des NS-Regimes distanzieren wollte. So begrüßte von Galen in seinem Hirtenbrief vom 14. September 1941 die Befreiung des russischen Volkes von der „Pest des Bolschewismus“ durch die deutsche Wehrmacht, während er gleichzeitig vor der Gefahr einer „Bolschewisierung“ Deutschlands durch die religionsfeindliche Politik der Nationalsozialisten warnte.

Der katholische Kriegspfarrer Georg Lipp schrieb Ende 1941 an seinen Bischof Faulhaber: „Die Entwicklung der kirchl. Lage in der Heimat wird von uns mit Ernst verfolgt. Seien Sie dessen gewiß, daß für die Vorkommnisse der letzten Zeit der Frontsoldat nur ein bedenkliches Kopfschütteln hat, die Maßnahmen scharf verurteilt. Ich habe noch keinen Offizier, Mann getroffen der solches billigen würde."[318]

Am 31. März 1942 notierte Josef Wassong: „Von 1 Uffz werde ich einmal in Gegenwart von anderen Kameraden unvermittelt gefragt: ‚Herr Pfarrer, wie weit ist es mit der Kirchenverfolgung in Deutschland?' Als ich ihn erstaunt ansehe, sagt er: ‚Ja, anders kann man das doch nicht nennen, was in der Heimat vor sich geht.'"[319]

An der Ostfront fanden die Geistlichen reichlich Anschauungsmaterial über die Zukunft ihrer eigenen Kirchen in Deutschland nach einem siegreichen Krieg des Nationalsozialismus. „In den Ortschaften drängen sich Vergleiche auf: Der Kommissar, das Parteihaus, die Bilder", notierte Wehrmachtpfarrer Johannes Opfermann beim Anblick des ukrainischen Ortes Sudowa Wyschnja.[320]

Als in Bayern die Kreuze aus den Schulen entfernt wurden, schrieb ein Kriegspfarrer aus der Erzdiözese München und Freising an seinen Bischof: „Was sollen wir, die wir fürs Vaterland das Schwert führen, überhaupt denken, wenn wir einerseits den riesigen Chaos [sic!] und die schrecklichen Verstümmelungen als Folgen der sowjetischen Herrschaft auf Schritt und Tritt sehen, die nicht zuletzt auf die Ausrottung des Christuskreuzes zurückzuführen sind und andererseits von dem erbärmlichen antichristlichen Schachzug der Partei hören müssen? Wir empfinden dieses Vorgehen als eine Vergewaltigung und geistige Sabotage der Heimat."[321]

Auch Johannes Stelzenberger verglich das nationalsozialistische Deutschland mit dem Sowjetregime und empörte sich: „Religiöse Menschen tragen dazu noch besonders schwere Sorgen um die Zukunft. Früher war man so verständig, während eines Krieges Burgfrieden zu halten. Heute hetzt man in der Heimat gegen die Religion in frivolster Weise. Man bekämpft aussen den Bolschewismus und innen wächst er und wird gepflegt."[322]

Nach der Niederlage der 6. Armee in Stalingrad war er sich sicher, dass die Deutschen immer schon zu radikal waren: „Das war in der Reformation und das ist im National-Sozialismus. Russland liegt zu nah bei Deutschland. Wir grenzen an Asien."[323]

Der Priestersoldat Josef Zimmerl, der 1943 für seine Tätigkeit als Sanitäter bei der SS-Polizei-Division mit dem EK I ausgezeichnet worden war, brachte es auf den Punkt: Auch er habe am Anfang den Krieg gegen die Sowjetunion für den sympathischsten Feldzug Hitlers gehalten. Erst viel später, als ihn Nachrichten aus der Heimat erreicht hätten, die von den Schikanen des N. S.- Regimes gegen die Kirche berichteten, da sei ihm bewusst geworden, dass man den Teufel nicht mit dem Teufel austreiben könne.[324]

Georg Werthmann sah in der Kirchenverfolgung den Grund für eine „zunehmend passive Resistenz der Kriegspfarrerschaft". Vor diesem Hintergrund habe sich ein großer Teil der Kriegspfarrer herausgelöst aus der Betonung vaterländischer Motive und sich auf die Verkündigung der Glaubenswahrheiten beschränkt, notierte er kurz nach dem Krieg.[325]

Die christliche Legitimation des Ostkrieges als Krieg gegen den unchristlichen Bolschewismus sorgte auch unter evangelischen Geistlichen für einen kritischen Blick auf die Entwicklungen im eigenen Land. Gerade NS-nahe Kriegspfarrer zeigten sich bitter enttäuscht, als sie von den kirchenfeindlichen Aktionen in Deutschland erfuhren.

Gerhard Knapp notierte kurz nach Beginn des Ostfeldzuges, Nachrichten wie die, dass die Kirche im Warthegau zum Verein erklärt worden sei, machten ihm das Herz im Gedanken an die Zeit nach dem Krieg manchmal schwer.[326]

Divisionspfarrer Beyer notierte Anfang 1942: „Wenn aber immer wieder aus der Heimat Nachrichten zu uns kommen, die berichten, daß der offene und der heimliche Kampf gegen das Christentum selbst im Kriege weitergeht, daß es einflußreiche Menschen gibt, die solchen Glauben den Herzen verwehren wollen, so kann ich nur sagen: Sie wissen nicht was sie tun. Aber es wird mir schwer, für sie um Vergebung zu bitten. Ich möchte wohl, daß ab und an einer von den Männern statt in Volksversammlungen daheim aufzutreten oder vom kalten Schreibtisch seine knebelnden Verordnungen gegen die Lebensäußerungen des Christentums zu erlassen, einmal eine Woche lang jeden meiner Gänge ins Lazarett und zu den Gräbern mit mir gehen, jeden Brief mit mir schreiben oder lesen müßte."[327]

1942 erklärte der evangelische Kriegspfarrer Herbert Krimm in einer Kasernenstunde über den „Weltanschauungskrieg im Osten", von einem geschichtsmächtigen Volk könne nur dann die Rede sein, wenn das Christentum – so wie in Deutschland – das geistige Zentrum dieses Volkes bilde. Da dies in der Sowjetunion fehle, handele es sich bei den dort Lebenden nicht um Völker, sondern um „wimmelnde Ameisenhaufen". Doch damit begnügte er sich nicht. Mit Blick auf Deutschland warnte er, dass der, der sich von der Kirche abwandte, zum Tier, zur Bestie und zum Massenmenschen werde.[328]

Der NSFO

Der Versuch, die Wehrmachtseelsorge durch Einstellungsstopp personell auszutrocknen, hatte deren Fortbestand zunächst nicht gefährden können. Doch Anfang des Jahres 1944 sah sich die Wehrmachtseelsorge mit einer weiteren Gefahr konfrontiert. Am 22. Dezember 1943 wurde auf Befehl Hitlers die NS-Führungsorganisation im OKW und allen drei Teilen der Wehrmacht eingeführt. In der zunehmend aussichtslosen Kriegslage sollte die Partei die weltanschauliche Führung der Wehrmacht übernehmen. Die weltanschauliche Fanatisierung der Wehrmacht war für Hitler der Garant für den Endsieg. In den „Richtlinien für die national-sozialistische Führung im Heere", die der Chef des NS-Führungsstabes im OKH, Ferdinand Schörner, am 28. März 1944 herausgab, hieß es: „Kriege von diesem Ausmaß werden weder durch zahlenmäßige noch durch materielle Überlegenheit entschieden. Entscheidend sind allein die höchsten Werte eines Volkes, Tapferkeit, eiserne Disziplin, Ehre und das Bewußtsein, Träger und Kämpfer einer hohen Idee zu sein. Gerade in Weltanschauungskämpfen ist die kämpferische Idee die entscheidende Waffe."[329]

Der neu eingeführte NS-Führungsoffizier sollte so etwas wie ein von Hitler ausgesandter Prediger sein, der den Glauben an den Führer und den „Endsieg" verkündete. Dabei konkurrierte er auf nahezu allen Ebenen mit dem Kriegspfarrer um die Deutungshoheit des Kriegsgeschehens, die Zahl der Zuhörer unter den Soldaten oder die materielle Ausstattung seines Amtes.

Wie der Kriegspfarrer war der NSFO beim Divisionsstab angesiedelt, zunächst dem Ic (Feindaufklärung) unterstellt, seit dem 20. April 1944 als selbständiger Teil der Kommandobehörden (Ia). Er unterstand lediglich dem Chef des Generalstabes bzw. dem Divisionskommandeur. Als dessen Sachbearbeiter war er für die weltanschauliche Ausrichtung und die politische Erziehung der Truppe zuständig. Wie dem Kriegspfarrer standen ihm Auto, Schreibmaschine und ein Papierkontingent zu.

Die Wehrmachtseelsorger registrierten das mit Unbehagen: „Alle werden was", klagte Hans Kähler, „nur wir Pfarrer nicht – wir werden höchstens abgebaut. Man erkennt immer deutlicher, daß die N. S. F. O. s dazu berufen sind, uns eines Tages abzulösen."[330] Ende des Jahres 1944 war sich Kähler sicher, er und sein katholischer Kollege würden bald „die Schar der arbeitslosen Pfarrer bereichern", da jeder, der einen Pfarrer anfordere, in der Wehrmacht um seine Karriere fürchten müsse. Er glaubte, die Wehrmachtseelsorge werde das Jahr 1945 nicht überdauern.

Von katholischer Seite wurde diese Ansicht geteilt. Werthmann notierte rückblickend: „Es war offensichtlich, dass der NSFO langsam die Aufgabe des Seelsorgers zu übernehmen und – wenn auch nicht direkt so doch indirekt – den Auftrag hatte, den Kriegspfarrer zu ersetzen bezw. auszuschalten."[331]

Der NSFO verfügte über den Erziehungsauftrag, den die Wehrmacht den Kriegspfarrern 1942 entzogen hatte. Doch seine Aufgaben gingen über die des Kriegspfarrers hinaus. Während der Kriegspfarrer die Soldaten seelisch auf den bevorstehenden Kampf vorzubereiten und die militärische Kampfkraft der Truppe zu stärken hatte, war es die Aufgabe des NSFO, den Soldaten zum fanatischen Kämpfer für den Nationalsozialismus zu erziehen. Die „Richtlinien für die national-sozialistische Führung im Heere" verkündeten: „Dieser feste Glaube an die Überlegenheit der Idee und an die Gerechtigkeit seiner Sache sind die schärfsten Waffen gegen den Feind und dessen fadenscheinige Moral. Eine deutsche Truppe dieser Art ist unbedingt überlegen und überwindet jede Krise, selbst wenn einmal der Nachschub an Waffen und Munition nicht klappt."[332]

Die Leitlinien dieser vermeintlich unüberwindlichen Moral fanden sich in dem Buch „Wofür kämpfen wir?", das 1944 vom Personalamt des Heeres herausgegebenen wurde und vom Offizier nicht nur eine loyale Einstellung zum Nationalsozialismus verlangte, sondern ein fanatisches Bekenntnis. Kriegspfarrer verglichen den NSFO mit dem sowjetischen Politkommissar.

Der evangelische Wehrmachtoberpfarrer Hotzel notierte: „Allenthalben sind bei der Truppe sogenannte nationalsozialistische Führungsoffiziere (NSFO), d.h. fanatische Parteimitglieder, eingesetzt worden, die eine nicht zu bestreitende Ähnlichkeit mit den politischen Kommissaren der Roten Armee, den Politruks, haben. Ihre Aufgabe besteht darin, die Kommandeure bei der Erziehung der Truppe im nationalsozialistischen Sinne zu ‚beraten' oder vielmehr zu überwachen."[333]

Im Unterschied zum sowjetischen Kommissar verfügte der NSFO nicht über unabhängige Kontroll- und Besichtigungsbefugnisse gegenüber den Wehrmachtstellen. Doch seine begrenzte Macht wurde wegdefiniert durch den Verweis auf das angeblich bestehende unbedingte Vertrauen zwischen NSFO und Truppenführung, das einen Interessenkonflikt a priori ausschloss.

Konkurrenz durch den NSFO drohte dem Kriegspfarrer auch im Verhältnis zu den Soldaten. Hatte bislang der Kriegspfarrer die Rolle einer Symbolfigur der soldatischen Kameradschaft eingenommen, wurde ihm diese jetzt vom NSFO streitig gemacht. Doch im Unterschied zum Kriegspfarrer blieb dem NSFO die mühevolle Anpassung an den Habitus des Soldaten erspart, denn er musste sich – bevor er NSFO wurde – bereits als Frontsoldat bewährt haben.

Wie der Kriegspfarrer wurde der NSFO zur Tarnung seiner Absichten angehalten. Die Einflussnahme auf seine Umgebung sollte am besten indirekt, gleichsam nebenbei „im Vorbeigehen" und in zwanglosen Unterhaltungen, etwa beim Waffenreinigen oder bei den gemeinsamen Mahlzeiten, ausgeübt werden. Die wichtigste Zielgruppe für den NSFO waren – wie für den Kriegspfarrer – die Soldaten der „kämpfenden Front". Auch für den NSFO galt: wer sich in die Bunkerstellungen an der Front traute, gewann das Vertrauen der Soldaten eher als der, der im Quartier blieb.

Am nachhaltigsten wirke das gesprochene Wort, hieß es in einem Tätigkeitsbericht der NS-Führung Ende 1944. Der NSFO sollte nicht in erster Linie Vorträge halten oder Unterricht erteilen, sondern das Vertrauen der Männer gewinnen, indem er von Schützenloch zu Schützenloch ging, sich unterhielt oder Ratschläge taktischer Art gab.

Obgleich die Aufgaben des NSFO den „Richtlinien" nach ganz auf die ideologische Arbeit festgelegt waren und sogar betont wurde, dieser habe sich nicht um materielle Fürsorge oder – wie der Kriegspfarrer – um seelsorgerische Aufgaben zu kümmern, passte sich die Tätigkeit des NSFO den Bedürfnissen der Soldaten an. Kleine materielle Wohltaten und ein offenes Ohr für die täglichen Sorgen erschienen dem NSFO bald unabdingbar für die erfolgreiche politisch-weltanschauliche Führung der Truppe. „Keine grosse weltanschauliche Schulung. Alle kleinen Sorgen besprechen", hieß es in einem Erfahrungsbericht über eine NSFO-Tagung im April 1944.[334]

Um sich bei den Soldaten beliebt zu machen, verteilten die NSFO Filme, Rasierklingen, Fußpuder oder Kartenspiele ebenso wie NS-Schulungsmaterial, Führerbilder und Musikinstrumente. Wie die Kriegspfarrer hielten sie in den Lazaretten Feldpostkarten und Briefpapier für die verwundeten Soldaten bereit. Von hier aus schien es nur noch ein kleiner Schritt, bis der NSFO auch das Schreiben für die Verwundeten übernahm.

Während es den Kriegspfarrern an all den kleinen Dingen, mit denen sie bislang im Rahmen ihrer Seelsorge die Soldaten versorgt hatten, gefehlt habe, seien dem NSFO „ganze Berge" von Drucksachen und Marketenderwaren kostenlos überlassen worden, um die Soldaten besser beeinflussen zu können, schrieb Anton Ullrich in einer Denkschrift vom August 1945. Die Soldaten seien zum Besuch der Vorträge des NSFO verpflichtet worden und bei Beförderungen habe das Urteil des NSFO gezählt. Faktisch habe dieser alle Offiziere bis hin zu den Generälen und den Geistlichen überwacht. „Wenn niemand Benzin bekam", so Ullrich, „dem NSFO. mußten Sprit und Wagen stets zur Verfügung stehen. Allüberall in den Stäben wurde abgebaut, wurden Leute für die Front freigemacht. Der Laden des NSFO tat sich immer mächtiger auf".[335]

Neben politischen Vorträgen vor Offizieren und Soldaten bei Lehrgängen oder in Erholungsheimen, die den Kriegspfarrern seit 1942 untersagt waren, hielt der NSFO „Morgenfeiern“ für die militärische Führung, die als Vorlage an die Divisionen weitergegeben wurden. Ziel dieser „NS-Feierstunden“ war es, dem Soldaten zu innerer Sammlung und Besinnung zu verhelfen, ihn innerlich „anzupacken“ und zu erschüttern, ihm neue seelische Kraft zu vermitteln, damit er weiterhin gewillt war, sein Leben für die „Größe und Werte“ seines Volkes einzusetzen.[336]

Formal ähnelten solche Feierstunden einem Gottesdienst, der durch Regelmäßigkeit, festliche Raumgestaltung, Gemeinschaftsgesang und durch eine geregelte Abfolge von Lesungen und Reden gekennzeichnet war. Die christlichen Inhalte wurden ersetzt durch „deutsches Kulturgut“, d.h. durch das Vorlesen von Gedichten, Reden oder das Zeigen von Bildern, die den Soldaten für die „inneren Werte“ des deutschen Volkstums einnehmen sollten.

Wehrmachtoberpfarrer Hotzel notierte: „Auf Veranlassung unseres NSFO finden jetzt an den Sonntagvormittagen nationalsozialistische Morgenfeiern“ statt, von denen sich niemand ausschließen darf. Sie sind, abgesehen von der musikalischen Umrahmung, dürftig und ohne Niveau, sollen aber wohl eine Konkurrenz zum Gottesdienst oder gar ein Ersatz sein. Da sie in der Gottesdienstzeit liegen, nehmen wir beiden Pfarrer nicht daran teil; auch hat uns noch niemand zu nötigen versucht.“[337]

Selbst vor den Beerdigungen machte der NSFO keinen Halt. Hans Kähler befürchtete sogar, dass der NSFO demnächst alle Trauerfeiern abhalten würde.

Eine unmittelbare Bedrohung für die Kriegspfarrer war der NSFO durch seine Spitzeltätigkeit. Albrecht Schübel berichtete rückblickend von einem NSFO, der einen Divisionspfarrer beim Oberbefehlshaber wegen der Verbreitung einer Schrift von Martin Niemöller angezeigt habe. Hans Kähler beschrieb, wie sich die Kommunikation mit den Soldaten durch die Anwesenheit eines NSFOs veränderte. Nach einem Gottesdienst notierte er: „Die Aussprache ist eine ziemlich einseitige Angelegenheit. Man merkt den Einfluß des N. S. F. O. und Ortsgruppenleiters Lt. [...].“[338]

An anderer Stelle berichtete Kähler: „Ich muß hier vorsichtig sein mit meinen Äußerungen, denn der NSFO Lt. [...] horcht alle aus, was ich gesagt habe und meldet das alles nach oben weiter, wo es Major [...] abfängt.“[339]

Doch die Zeit reichte nicht aus, um ein Ende der Wehrmachtseelsorge durch den NSFO herbeizuführen. Die Kriegsniederlage setzte dem Plan der NS-Führung, die Wehrmacht vollständig unter die ideologische Kontrolle der NSDAP zu bringen, ein vorzeitiges Ende.

Pessimismus

Schon bald nach Beginn des Ostfeldzuges stellte sich bei vielen Kriegspfarrern Ungeduld und Missmut über die Länge des Krieges ein, dessen schnelles und siegreiches Ende Hitler und die militärische Führung in völliger Fehleinschätzung des Gegners noch vor dem Einbruch des Winters vorhergesagt hatten.

Bereits im August 1941 lautete die bange Frage Josef Wassongs „Wie lange noch?" An Weihnachten desselben Jahres schrieb er enttäuscht: „Das Ende des Jahres ist leider nicht das Ende des Kriegs im Osten. [...] Das Jahr der Entscheidungen 1941, ist vorüber. Ob die Entscheidung 1942 kommt?"[340] Zu dieser Zeit hatte sich bei seinem Kollegen Johannes Opfermann schon tiefe Frustration eingestellt: „Wie wird's am nächsten Weihnachten aussehen? Viele Glocken daheim werden zum letzten Mal geläutet haben. Alles ist so voll von Freudlosigkeit!"[341]

Die beiden Geistlichen waren nicht allein mit ihrem Wunsch, „dem Osten" so rasch wie möglich den Rücken zu kehren. Sie teilten ihre Haltung mit der großen Mehrheit von Mannschaften und Offizieren an der Ostfront. Die Härte der Kämpfe, die in die Höhe schnellenden Verluste an Menschenleben – im März 1942 war bereits ein Drittel der Soldaten des Ostheeres gefallen, verwundet oder vermisst – die Witterungsbedingungen, der Mangel an warmer Kleidung, der Hunger – all dies zermürbte Körper und Geist und führte zu einem „kollektiven Burnout", wie der Historiker Christian Hartmann festgestellt hat.[342]

Wassong war betroffen vom Sterben seiner Soldaten und Bekannten: „In letzter Zeit bedrückt mich doch manchmal sehr all das Elend, das ich sehe. Die Verluste sind sehr hoch", notierte er im September 1942. Die Hoffnung auf einen deutschen Sieg hatten er und seine Umgebung zu diesem Zeitpunkt längst verloren:

„Für die gewalts. Verluste ist kennzeichnend die gestern gehörte Frage: Welches ist der Unterschied zw. der Sonne u. der 9. Div.?' Antwort: ‚Die Sonne geht im Osten auf, die 9. Div. geht im Osten unter'."[343]

Im Verlauf der folgenden Monate nahmen die kritischen Töne in seinen Aufzeichnungen zu. Er begann sich für die Ursachen der wachsenden Zahl von Partisanen in seinem Aufsichtsgebiet zu interessieren: „Wir h[a]b[en] es leider nicht verstanden, uns die Menschen der besetzten Gebiete zu Freunden u. für Deutschland begeisterten Anhängern zu machen. Überall, wo die Rede auf die Partisanen kommt, sagt man, wir seien selber am Partisanenwesen schuld, aber nicht das Militär, sond[ern]. die Zivilverwaltung."[344]

Zwei Monate zuvor hatte der katholische Episkopat in seinem sogenannten Dekalog-Hirtenbrief sehr allgemein, aber für die Zeitgenossen unmissverständlich, die „Massenmorde an unschuldigen Nichtkämpfern, an Kindern, Greisen und Kranken" gegeißelt. Auch im Krieg und auch für die öffentliche Gewalt – so hieß es dort – gebe es ein Gewissen und eine Verantwortung vor Gott und der Geschichte. „Unrecht bleibt Unrecht auch im Kriege, auch gegenüber dem Gegner, vor allem gegenüber dem wehrlosen Gegner. Das 5. und 7. Gebot Gottes, die Leben und Eigentum schützen, bleiben auch im Kriege in Kraft und binden jedes Gewissen und jede Gewalt."[345]

Während des Rückzuges seiner Armee im Jahr 1944 distanzierte sich Wassong klar von der militärischen und politischen Führung. Bei der Armee habe man sich reichlich spät zur Flucht entschlossen, kritisierte er. Man müsse immer mehr den Eindruck gewinnen, die Führung habe die Übersicht verloren. Auch der Vergleich zur Niederlage Napoleons in Russland 1812/13 fehlte nicht. Schließlich wünschte sich der Geistliche sogar selbst politische Macht, als er sah wie wenig hilfsbereit sich die einstigen Besatzer gegenüber ihren Schutzbefohlenen, den sogenannten Volksdeutschen, verhielten:

„Es ist 1 Schmach, daß niemand von der Partei Hilfe leistete. [...] Ich sah Tisch, Stühle, sogar Strohsäcke auf einzelnen Wagen, u. für die armen Landsleute war kein Platz. Da hätte ich mir die nötige Macht gewünscht. Was nützen schöne Reden, wenn man den bedrängten Menschen in der Not nicht hilft? In 1 Auto (so sah ein anderer) saß ein gr. Hund auf 1 Sitzplatz, u. an den Menschen fährt man vorbei."[346]

Kurze Zeit später schrieb er über die „tiefe Trauer", die die Nachricht in ihm ausgelöst habe, dass Zivilisten von den Wagen der Wehrmacht herunterzuholen seien. „O unsere armen Deutschen", schrieb er und: „Es ist wirklich tragisch." Von der Führerrede, die er am 30. Januar 1945 im Radio hörte, war er enttäuscht.[347]

Wassong fürchtete den Einbruch der Roten Armee in Deutschland. Das ungewisse Schicksal seiner Heimatgemeinde Uedelhoven bedrückte ihn. Immer wieder fragte er sich: „Wie werde ich alles vorfinden?" „Ob Üdelh[oven]. verschont bleibt? Gott möge es geben! Tag u. Nacht denke ich an die Heimat u. an die Lieben". „Ob dort jetzt wohl Kampfgebiet ist? Es ist nicht auszudenken." Sein Tagebuch schloss er mit den Worten. „Das bittere Trauerspiel ist zu Ende."[348]

Düster blickte auch Johannes Stelzenberger in die Zukunft. Im März 1942 war seine Lageeinschätzung niederschmetternd: „Wir werden den Krieg nicht gewinnen und was wird dann werden? Das ist eine sehr bange Frage." Bei den Soldaten bemerkte er, wie sehr sie die Aussichtslosigkeit und die Dauer des Ostfeldzuges bedrückte. Die Zahl derer, die sehr schwarz in die Zukunft sähen, werde immer größer. Viele zweifelten, „ob wir Russland noch massgebend vernichten können."[349]

Nach der Niederlage der 6. Armee in Stalingrad bemerkte er bei den Offizieren einen negativen Stimmungswechsel. Vor Stalingrad, so hieß es, habe man keinen Zweifel an den „Feldherrn-Talenten" des „Führers" äußern können, ohne von den Offizieren „ganz scharf" angeguckt zu werden. Jetzt spreche jeder Leutnant frei über den militärischen Unsinn, der gemacht würde. Stalingrad habe eine ungeheure Wendung in den Gemütern des deutschen Volkes gebracht.[350]

Ein ähnliches Bild zeigte sich bei den evangelischen Kriegspfarrern. Wilhelm Lechner schrieb an seinen Bischof Hans Meiser:

„Dagegen gibt es viele, die von dem endzeitlichen Charakter unserer Zeit völlig überzeugt sind. Es sind die, die hinter und neben allen Kämpfen das Gemeine, das Satanische sehen und erkennen. Ich komme oft mit Kriegspfarrern und Soldaten, die im Zivilberuf Pfarrer sind, auch Theologiestudenten zusammen, aus allen Gauen Deutschlands. Es ist kaum einer darunter, der einen großen Optimismus zeigt, wenn man auf den Ernst der Zeit zu sprechen kommt."[351]

Die Klagen des evangelischen Pfarrersoldaten Gerhard Knapp begannen im August 1942: „Mir wollte das schon damals nicht zusagen. Nun ist aus dem Polenfeldzug ein Weltkrieg im wahrsten Sinn des Wortes geworden – und noch ist kein Ende abzusehen."[352] Nach der Niederlage der 6. Armee im Kessel von Stalingrad glaubte auch er nicht mehr an einen siegreichen Ausgang des Krieges.

Hans Kähler sah sich nach dem Desaster der 6. Armee in Stalingrad zu der Bemerkung veranlasst, man sei im Glauben an das „Feldherrngenie des Führers" restlos erschüttert. Besonders die unchristlichen Berliner würden schnell kriegsmüde und äußerten häufig die Hoffnung, dass der „Schwindel bald vorüber" gehe. Er selbst war aber nicht weniger pessimistisch: „O, wo bleibt unser Hochmut?!" klagte er angesichts der Verlustmeldungen des Wehrmachtberichts. Im August 1943 war er sicher, dass die Deutschen ihren Anspruch auf russisches Gebiet aufgegeben hatten: „Orel fiel gestern schon, alles ist so düster!" „Kameradschaft und Volksgemeinschaft" waren zu diesem Zeitpunkt längst hohle Phrasen für ihn. Nur der kalte Egoismus stehe riesengroß vor einem, notierte er.[353]

Anfang 1944 hatte Kähler endgültig resigniert. In seinem Bericht über einen weinseligen Abend mit einem Kriegsverwaltungsrat hieß es: „Wir schwelgen in Erinnerungen, als der Krieg noch Spaß machte." Im Mai 1944 berichtete er über Depressionen im Angesicht der Kriegslage. Im August rechnete er nur noch mit einer vierwöchigen Kriegsdauer und fragte sich, wann „der Russe" ihn wohl „schnappen" würde. An eine glückliche Heimkehr glaubte er nicht mehr.

Trotz seiner zunehmend negativen Sicht auf den Krieg, stand er dem Umsturzversuch vom 20. Juli 1944 ablehnend gegenüber. „Man schaudert bei dem Gedanken: was wäre geworden, wenn der Anschlag geglückt wäre! Da könnte man nur sagen: armes Deutschland!" Ein Gelingen des Attentats hätte in seinen Augen nur einen Bürgerkrieg ausgelöst. Nun fürchtete er drastische „Auswirkungen nach innen und außen". Sein Pessimismus wurde allerdings durch die Ereignisse des 20. Juli 1944 bestärkt. „Wie pessimistisch müssen diese Generäle unsere Lage beurteilen!" Vier Tage später beschwerte er sich über die „Auswirkungen" des misslungenen Attentats": „Am Abend gibt's dann noch eine neue Überraschung: ‚Einführung des Deutschen Grußes bei der Wehrmacht!' Der 1. Schritt, bzw. wieder ein Schritt auf dem Weg zur SS. Und dazu Himmler noch Chef des Ersatzheeres. Lange ringe ich in der Stille mit mir, was ich tun soll, ob ich mich aus Gründen der Klugheit beugen soll. Aus tiefstem Herzen wünschte ich, ich lebte in einem Land, in dem ich leben und grüßen könnte, wie ich wollte. Nein, ich bin nicht danach geschaffen, unter der Diktatur leben zu können! Mein ganzes Trachten ist: so schnell wie möglich raus aus Deutschland, in dem einen sogar der Gruß vorgeschrieben wird – vgl. den Geßler-Hut!"[354]

In den vorliegenden Aufzeichnungen katholischer Kriegspfarrer fehlte jede moralische Empörung über das Attentat vom 20. Juli 1944. Johannes Opfermann beschränkte sich auf die Notiz: „Attentat auf den Führer." Josef Wassong notierte lediglich: „Am Do., den 20. Juli wurde ein Attentat auf Hitler verübt. In Verbindung damit wurde ab gestern im ganzen Heere der deutsche Gruß eingeführt."[355]

In der zweiten Kriegshälfte herrschte unter den Kriegspfarrern ein Zustand physischer und psychischer Erschöpfung. Viele fühlten sich geistig ausgebrannt. Im vierten Kriegsjahr, so klagte ein katholischer Kriegspfarrer, mache sich allmählich eine gewisse Ermüdungserscheinung bemerkbar. Er habe nun so oft bei Gottesdiensten und Beerdigungen gesprochen, dass er, zumal er doch recht wenig Möglichkeiten habe, neues zu schöpfen, langsam leer geworden sei. Die von der katholischen Kriegshilfe in Freiburg versandten Predigtanregungen seien alles weniger denn begeisternd und an neuere theologische Literatur komme er nicht heran. „Und wie gerne würde er einmal in den langen Winterabenden nach einem anregenden Buche greifen, um dann wieder Mittler dieser Gedanken an seine Männer zu sein."[356]

Noch größer waren die Probleme bei katholischen Priestersoldaten, deren militärische Lebensweise während des Krieges in krassem Gegensatz zu ihrem gewohnten kontemplativen Leben stand. Die Lage der Priestersoldaten sei die einer großen Unsicherheit, schrieb ein katholischer Wehrmachtdekan in seinem Tagungsbericht über eine Kriegspfarrertagung vom Juni 1943. Ihnen fehlten die Sicherungen und Bindungen des geordneten Berufslebens, die dem Zölibat so förderliche Distanz zu anderen Menschen, ihr sittliches Bewusstsein werde aufgeweicht, das „primum vivere" trete hervor. Zudem müssten sich die Priester mit lauter Dingen beschäftigen, die mit dem Priestertum nichts zu tun hätten.[357]

Für viele Geistliche barg das Militärleben mit seinem Drill und Zwang einerseits und seiner Freizügigkeit und Geistlosigkeit andererseits Gefahren in sich, denen sie „nur allzuleicht" zu erliegen drohten, wie ein Priestersoldat an Faulhaber schrieb.[358]

Manch ein Kriegspfarrer wurde unter diesen Umständen zum Alkoholiker. Eine blumige Umschreibung Werthmanns unmittelbar nach dem Krieg wies auf dieses Problem hin: „Grenzenloser Raum, grenzenloses Licht, grenzenlose Nacht und grenzenloser Schnee. Grenzenloses Marschieren und grenzenlose Strapazen. Die fast unendliche Weite des Ostens führt den Menschen über den nahen Horizont dieser Welt hinaus in die Selbstverständlichkeit des Transzendenten, in die Nachbarschaft der Uebernatur, in die Erschlossenheit für das Unendliche. Diese Weite kann aber auch lähmen und der unbegrenzten Hoffnungslosigkeit Raum geben. Sie führt dann zu dumpfem Brüten und zu stumpfer Niedergeschlagenheit. So kann es kommen, dass der Alkohol sich als Freund und Helfer anbietet – und zu Exzessen verleitet, die wie eine Entfesselung wildester Dämonie anmuten."

Werthmann sprach von „schweren Delikten auf dem Gebiete der widernatürlichen Unzucht" und „Äußerungen defätistischer Art" bei manchen seiner Mitbrüder. Schuld daran sei der Alkoholkonsum, der ihnen die Selbstgewalt genommen habe und sie in einen Zustand versetzt habe, in welchem sie nicht mehr Herr ihrer Sinne gewesen seien.[359]

Dieses Problem war keine katholische Besonderheit. Der evangelische Divisionspfarrer Hans Kähler beschwerte sich, man halte ihn und seinen katholischen Kollegen permanent zum Alkoholkonsum an. „Hinterher sitzen wir noch eine ganze Zeit mit

Hpt. [...] zusammen, der z.Zt. das Batl. führt. Und natürlich wird Schnaps getrunken, schrecklich, schon am Vorm[ittag].!" Bereits zum Mittagessen würden Cognac, Likör und Bier gereicht.[360]

Nur selten gelang es dem Kriegspfarrerpaar, seinen trinkfreudigen Gastgebern zu entkommen. Der Alkoholkonsum in diesem ereignislosen Abschnitt der Ostfront war so ausgeprägt, dass Kähler sich zunehmend abgestoßen fühlte. Es sei ganz so, als gäbe es keinen Krieg, empörte er sich Ende Dezember 1942, „als kämpften und stürben nicht auch an diesem Abend Ungezählte irgendwo im weiten Rußland."[361]

An Weihnachten 1943 mokierte er sich: „Der Stab scheint mächtig gefeiert zu haben, bis 5:00 früh, alles ist noch besoffen. So feiert man den Heiligabend in einer unheimlich ernsten Zeit!" Und: „Herren wie Oblt. [...] u. O[ber]zahlm[eister].[...] prahlen, daß sie ‚restlos am Boden zerstört' gewesen seien. Das Schwein wälzt sich im eigenen Kot!"[362]

Kähler tat sich schwer damit, die Soldaten im Unklaren über die eigenen Ansichten zur Kriegslage zu lassen: „Überlege immer wieder, ob und wie man aus diesem verdammten Land wohl rauskommt. Und man darf den Soldaten nichts sagen. So spreche ich Hiob 5,18, spreche so ernst und eindringlich wie ich nur kann."[363] Die gewählte Bibelstelle aus dem Alten Testament handelt von der „Zucht des Allmächtigen" und der Aufforderung, sich ihr nicht zu widersetzen.

Die Kluft zwischen persönlicher Lageeinschätzung und der Aufgabe, falsche Siegeszuversicht bei den Soldaten zu stärken, wurde immer größer. Wer aber über Mutlosigkeit und Enttäuschung predigte, wie der katholische Kriegspfarrer Josef Wildmann am Ostermontag 1944, hatte für die Wehrmachtseelsorge versagt und verlor sein Amt als Wehrmachtpfarrer. Werthmann verzeichnete diesen Kriegspfarrer in der Rubrik „Schwache Brüder". Für Werthmann lag die Aufgabe der Wehrmachtseelsorge darin, den Pessimismus, den er für eine Krankheitserscheinung im katholischen Denken hielt, zu bekämpfen. Der Kriegspfarrer hatte unter allen Umständen etwas Frohes und Beglückendes zu sagen. Als Christ – so Werthmann – sei der Geistliche herausgehoben aus dieser Welt und hineingehoben in eine Region des Lichts.[364]

Um die Soldaten vom positiven Sinn ihres Kampfes zu überzeugen, bedurfte es der eigenen Überzeugung. Doch bald fiel es selbst den Anhängern des NS-Regimes schwer, den Glauben an einen positiven Kriegsverlauf aufrechtzuerhalten, wie die Reflexionen von Hermann Wolfgang Beyer vom 29. November 1942 eindrücklich belegen:

„Als ich heut Morgen in der Finsternis still vor mich hinsann, wollte eine richtige Mutlosigkeit über mich kommen. Es ist doch ein Hundeleben, das wir hier draußen führen. Die unaufhörliche Unrast, die elenden Unterkünfte, das Entbehren alles dessen, was uns früher das Leben reich machte, das alles legte sich wie eine Last auf mich. Zum dritten Male gehe ich nun in diesem Kriege fern der Heimat in den Advent im Feindesland. Und noch ist kein Ende des unheimlichen Kampfes abzusehen. Die Vorgänge in Nordafrika, die noch immer ungebrochene Angriffskraft der Russen, die schwindenden eigenen Mittel und Kräfte, die unaufhörlichen Verluste zeigen den Ernst des Krieges. Es hat mich tief erschüttert, daß es gerade unser tapferster Regimentskommandeur, der Erste, der sich in unseren Reihen das Ritterkreuz geholt, war, der mich neulich fragte: ‚Wir wollen einmal als Männer miteinander reden, Professor, können Sie sich vorstellen, daß wir den Krieg verlieren?' Ich entgegnete sofort, daß ich diesen Gedanken auch nicht von ferne an mich heranlassen dürfte; denn es gehörte ja zu meinem Amt, unsere Männer stark zu machen gegen jede innere Schwäche. Aber die Frage, die hier zum ersten Male aufklang, stand unheimlich in dem kleinen Raum inmitten der unendlichen Weite dieses Krieges. Nein, sie darf nicht an uns heran! Wir müssen, wir müssen siegen!"[365]

14. Der Sieg des Christentums

Ernüchterung

Nach dem Krieg behaupteten ehemalige Wehrmachtseelsorger, Deutschland habe den Krieg verloren, weil das Christentum von der politischen Führung bekämpft worden sei. Gott – so hieß es – habe sich letztlich gegen die Deutschen gestellt, weil Deutschland vom Christentum abgefallen sei. Damit einher ging die Ansicht, die mangelnde Förderung der Wehrmachtseelsorge durch die NS-Machthaber habe zum Verlust des Kampfgeistes der Soldaten und damit zur Kriegsniederlage beigetragen. Ein Blick auf die Zahlen von Militärpfarrern in den angelsächsischen Armeen schien dieser Ansicht Recht zu geben. Allein die Briten verfügten über 3692 Military Chaplains und überboten damit die deutsche Wehrmachtseelsorge um mehr als das Dreifache.

Umso deprimierender war es für die ehemaligen Wehrmachtseelsorger, als sie auch nach dem Krieg keine Anerkennung fanden. Im Gegenteil: Plötzlich nahm man sie als Teil jener militärischen Elite wahr, die man mitverantwortlich für die Niederlage Deutschlands machte. Man warf ihnen vor, nicht von Anfang an gegen den Krieg gewesen zu sein, sondern „im Solde derer, die uns zur Schlachtbank" führten, gestanden zu haben.[366]

Entsprechend schlecht war die Stimmung unter den einstigen Wehrmachtseelsorgern. Hinzu kam, dass ihre Wiedereingliederung in die zivilen Kirchen schwierig war. Diese standen den ehemaligen Wehrmachtbeamten, die vollständig in den militärischen Apparat integriert gewesen waren, fremd gegenüber und nicht selten empfanden die einstigen Wehrmachtpfarrer ihre neue Situation als demütigend.

Es sei kein Vergnügen, völlig ausgeschaltet zu sein, in den Diözesen als unbequemer Fremdkörper empfunden und von manchen Zivilgeistlichen als unliebsame Konkurrenz angesehen zu werden, beklagte sich der ehemalige katholische Wehrmachtdekan Stefan Gmeiner, der in der Wehrmacht den Rang eines Obersten bekleidet hatte. Er musste sich nach 1945 mit der Stellung eines Hilfsgeistlichen begnügen, was ihn – wie er meinte – zum „Gespött der Diözese“ machte.[367]

Die Schuld an seiner „Degradierung“ gab er den Priestersoldaten, d.h. jenen Geistlichen, die im Krieg als einfache Mannschaftssoldaten, meist bei der Sanität, gedient hatten. Sie hätten die Wehrmachtpfarrer in „völliger Unkenntnis der Feldseelsorge“ und in „übermäßig betontem Besserwissen“ bei den Kirchenleitungen denunziert.

Der von Gmeiner beschriebene Konflikt zwischen ziviler Kirche und entlassenen Militärpfarrern fand sich auch in der evangelischen Kirche. Dies zeigen die Beschwerdeschreiben des ehemaligen protestantischen Feldbischofs Franz Dohrmann an die Kirchenkanzlei in den ersten Jahren nach dem Krieg, in denen Dohrmann die mangelnde Unterstützung für die entlassenen Wehrmachtpfarrer beklagte.

Der ehemalige evangelische Wehrmachtpfarrer Karl Krüger erklärte noch 1982, die Landeskirchen hätten schon vor dem Krieg nicht nur eine gewisse Zurückhaltung, sondern Gleichgültigkeit gegenüber der Wehrmachtseelsorge gezeigt.

Wie eine Umfrage der Stader Landessuperintendentur unter ihren Geistlichen aus dem Jahr 1947 zeigte, herrschte nach dem Krieg eine tiefe Entfremdung zwischen den früheren Wehrmachtbeamten und den Pfarrern, die als Mannschaftssoldaten in der Wehrmachthierarchie weit unter diesen gestanden hatten. Letztere blickten mit wenig Wohlwollen auf ihre einstigen Kriegspfarrer. Superintendent Günter Tidow sprach den Wehrmachtpfarrern rundweg ab, im Krieg viel über ihre Mitmenschen in anderen sozialen Milieus gelernt zu haben. Die Wehrmachtpfarrer seien als „halbe Offiziere“ wahrgenommen worden, denen die Soldaten Ehrenbezeugungen schuldeten und mit „Jawoll“ zu antworten hatten. Ein Verhältnis auf Augenhöhe habe es nicht gegeben.[368]

Die einstigen Pfarrersoldaten meinten, sie selbst hätten in sehr viel höherem Maße die Lebenswelten der Soldaten geteilt. Man habe „unverhüllt und ehrlich“ ein primitives Leben gelebt, „fern von Familie und Heimat“, wie ein „verwehtes Sandkorn.“[369]

Auch die Rolle des Kriegspfarrers als „wehrpsychologischer Assistent“ des Truppenführers, der in seinen Predigten die Soldaten auf Kampf und Tod für das Vaterland einschwor, wurde infrage gestellt. An den Kriegspfarrern – so hieß es – habe man erkennen müssen, dass die Kirche keine nationale Aufgabe mehr habe „wie einst unsere Generation meinte“, hieß es kritisch aus den Reihen der Stader Pfarrer.[370]

Georg Werthmann versuchte der fühlbaren Entfremdung zwischen den einstigen Wehrmachtbeamten und der kirchlichen Welt entgegenzusteuern. Dabei ging es ihm weniger um soziale Anerkennung als um Trauma-Bewältigung der Kriegsheimkehrer. Werthmann bat die bischöflichen Ordinariate um Verständnis, Anerkennung, ja um Förderung der aus der Wehrmacht entlassenen Geistlichen und schlug ihnen vor, eine zwei- bis vierwöchige religiöse Einkehr für heimkehrende Kriegspfarrer und Priestersoldaten anzubieten, um deren Wiedereingliederung in den kirchlichen Dienst zu erleichtern.

Den Geistlichen sollte ermöglicht werden, innerhalb eines kirchlichen Schutzraumes ihr „Kriegserlebnis“, d. h. ihre traumatischen Gewalterfahrungen, über die in der Öffentlichkeit kaum oder gar nicht gesprochen wurde, gleichsam therapeutisch zu verarbeiten.[371]

Vor dem Hintergrund dieser schlechten Stimmung unmittelbar nach dem Ende des Krieges veränderten sich die Urteile ehemaliger Wehrmachtpfarrer über die eigene Arbeit im Krieg. Insbesondere der Erfolg der Soldatenmission wurde massiv infrage gestellt. „Das Milieu, in welchem diese Mitbrüder standen, war – menschlich gesprochen – hoffnungslos“, schrieb Georg Werthmann kurz nach Kriegsende.[372] Die protestantischen Geistlichen, die am Krieg teilgenommen hatten, teilten diese Einschätzung. Gefahr und Todesnähe hätten gerade nicht die Hinwendung der jungen Männer zum Christentum gefördert, wie es die Kirchen gehofft und die Wehrmachtseelsorge im Krieg so gern behauptet hatte.

Selbst die Arbeit im Lazarett verlor nach dem Krieg ihren Glanz, den sie insbesondere bei katholischen Geistlichen gehabt hatte. Die moribundi seien sich über den Ernst ihrer Lage völlig im unklaren gewesen und hätten mit aller Leidenschaft am Leben gehangen, notierte sich Werthmann. Ähnlich sah dies der evangelische Wehrmachtdekan Ernst Schubring, der schrieb:

„Am schwersten war hier die Arbeit an den Sterbenden. Sie lagen meistens in Euphorie u. merkten nur in den letzten Augenblicken, wie es um sie stand."[373]

Das für Deutschland vernichtende Ende des Krieges gegen die Sowjetunion veranlasste Werthmann sogar zu massiver Selbstkritik: „Nun ist es uns deutlich gemacht worden, daß die wahre Überwindung des Bolschewismus gebunden bleibt an die accusatio sui, vor dem allerhöchsten Richter, dem allein das Recht zugebilligt werden kann, ein Urteil zu fällen. Wir haben alle Deutungen der allein Gott zustehenden Hoheit des Gerichts an uns zu reißen versucht und gingen in vermessener Selbstgerechtigkeit an die äußere Vernichtung des Bolschewismus. Mit den Waffen wollten wir ein Gericht abhalten über die Macht im Osten und haben dabei alle bolschewistischen Methoden bejaht, dadurch – was noch schlimmer ist – alle antibolschewistischen Glaubensinhalte – Christentum, Volk, Persönlichkeit, Freiheit – den Dämonien des bolschewistischen Weltempfindens ausgeliefert und eben damit den Bolschewismus noch in jener Höhenlage bejaht, von der aus er allein wirksam bekämpft werden kann."[374]

Werthmann war zu der Erkenntnis gelangt, dass die Nazis selbst gottlose Bolschewisten gewesen seien, in deren Dienst sich die Wehrmachtseelsorge kritiklos gestellt hatte. Die Wehrmachtsoldaten aber wurden von jeder Schuld freigesprochen:

„Ihr wißt, daß jene von der anderen Seite auch Seelen waren, Kameraden und Brüder. Die Woge des Weltgeschehens schleuderte euch gegen die und ihr fühltet euch mit ihnen verbunden und verbündet wider das gemeinsame Schicksal; was konnte der Mann drüben dafür, daß er gegen dich kämpfen mußte? Was konntest du dafür, daß du ihm gegenüber standest?"[375]

Plötzlich hatte der ehemalige Kriegsgegner wieder eine Seele, die ihm während des Krieges in zahllosen Predigten gegen den „gottlosen Bolschewismus" und seine „seelenlosen Bestien" abgesprochen worden war.

Doch die Phase der Zerknirschung und Selbstkritik blieb ohne Konsequenzen. Werthmann schüttelte sie ab wie einen schlechten Traum, denn er war Pragmatiker. Für ihn ging es darum, die Militärseelsorge in die neue Zeit hinüber zu retten. Man habe wieder einmal die falschen Götter verehrt, notierte er keine zwei Monate nach Kriegsende. Was man erlebt habe, sei eine gewaltige Götterdämmerung gewesen. Doch jetzt sei die Zeit der Ideale vorbei, man sei in der Wirklichkeit angekommen.[376]

Kontinuitäten

Der ehemalige katholische Kriegspfarrer Bernhard Schmidt erinnerte sich 1981 daran, von Beginn an das Gefühl gehabt haben, etwas Unrechtes zu tun und sich damit schuldig zu machen.[377] 1995 schrieb Ernst Tewes, der spätere Münchner Weihbischof über den Ostkrieg: „Es war nicht unser Krieg". Man habe den Krieg als das große Unrecht reflektiert, das von Deutschland ausging, und darunter gelitten.[378] Doch weder die Briefe und Tagebücher der Kriegspfarrer aus der Zeit des Krieges, noch deren seit den 1950er Jahren publizierten Erinnerungen können diese Haltung belegen.

Das Gros der ehemaligen Kriegspfarrer schilderte vielmehr den brutalen und verlustreichen Krieg im Osten als einzigartiges Bewährungsfeld für den christlichen Glauben, der gerade dort, wo das Leid am größten war, am hellsten geleuchtet habe.

In ihren Publikationen nach dem Krieg waren die Kriegspfarrer meist Inseln christlicher Sinnstiftung inmitten eines sinnlosen Krieges und hatten sich als Träger von Menschlichkeit in einer menschenfeindlichen Umgebung bewährt. Dafür – so der Tenor – seien sie mit einer dankbaren Soldatengemeinde belohnt worden.

Glaubt man den Nachkriegspublikationen von Tagebüchern, Erinnerungen und Briefen ehemaliger Kriegspfarrer, war der Ostkrieg für sie persönlich besonders erfüllend. Hier habe das Priestertum seinen tiefen Sinn erfahren, schrieb etwa der ehemalige katholische Kriegspfarrer Johann Anton Hamm 1959.[379] Der während des Krieges stets hervorgehobene Zusammenhang zwischen dem Leid der Soldaten an der Ostfront und deren Bedürfnis nach religiösem Trost wurde nun – gegen alle Einsicht, die sich unmittelbar nach der Niederlage eingestellt hatte – erneut hervorgehoben.

Im verklärenden Blick auf die jüngste Geschichte war die „Hochzeit des Todes" auch die „Hochzeit der Militärseelsorge." Der ehemalige katholische Kriegspfarrer Anton Vögtle – nach dem Krieg Professor für neutestamentliche Theologie und Exegese an der Universität Freiburg – idealisierte in einer Gedenkrede zum Volkstrauertag 1957 vor dem Deutschen Bundestag den Massentod der Soldaten an der Ostfront mit den Worten:

„Deshalb wurde für sie, für die meisten, die letzte Stunde nicht nur die schwerste, sondern in einem wahren Sinne die größte Stunde ihres Lebens, nicht nur die letzte Not, ein letztes Erleiden, sondern ein letztes Wort zum Leben, die bewusste Hingabe eines zusammengefassten Lebens! So mancher starb anders, besser, leichter, als es Außenstehende ahnten und wahrhaben wollten."[380]

Johann Anton Hamm, der einen Delinquenten noch kurz vor dessen Hinrichtung getauft hatte, erinnerte sich nach dem Krieg: „Welch ein schönes Sterben! Manch einen habe ich fast darum beneidet. Oh, wenn doch alle Menschen die Gnade hätten, so gut gerüstet – ja im Stande der Taufgnade – zu sterben."[381]

Auch die Zeit der Kriegsgefangenschaft wurde verklärt. Hier schienen sich rückblickend die Wirkungsmöglichkeiten der ehemaligen Kriegspfarrer potenziert zu haben. In der Gefangenschaft hätten die Kriegspfarrer ihre Arbeit „erweitert und vertieft", schrieb der katholische Kriegspfarrer Josef Kayser.[382] Es entstand der Eindruck, als hätten sich die Kriegspfarrer erst in der Gefangenschaft ganz auf die geistlich-seelsorgerliche Seite ihres Berufes konzentrieren können. Hier – so behauptete man rückblickend – konnte das Vakuum, das die NS-Ideologie in den Köpfen der Soldaten hinterlassen hatte, leicht von den Kriegspfarrern mit christlichen Glaubensinhalten gefüllt werden.

Für Johannes Stelzenberger hatte der Zusammenbruch des nationalsozialistischen Koordinatensystems ein Bedürfnis nach „menschlich gültiger Ordnung" bei den Soldaten ausgelöst. In den Kriegsgefangenenlagern der Sowjetunion – so schrieb er – sei geradezu ein „sakraler Frühling" ausgebrochen. Die Theologie habe größte Anerkennung genossen. Die Gottesdienste hätten – sofern geduldet – Massenbesuch verzeichnet.[383]

Außerdem seien die Gegensätze beider Konfessionen im Angesicht des Sowjetkommunismus zurückgetreten und hätten einer hohen Aufgeschlossenheit für die Eigenart der anderen Konfession Platz gemacht. Die Kriegsgefangenschaft habe die einmalige Gelegenheit eröffnet, einander theologisch näher kennenzulernen. Gerettete Ausgaben des Neuen Testaments oder das katholische Messbuch „Schott" seien von Hand zu Hand gewandert und hätten die Grundlage für gemeinsame Lesungen und Gespräche gebildet. Man habe sich die Vorträge von Pfarrern der anderen Konfession angehört, deren Gottesdienste besucht und alles vermieden, was von der anderen Seite als unangenehm empfunden werden konnte. Jahrhundertealte Vorurteile zwischen den Konfessionen seien so gemildert oder sogar beseitigt worden.[384]

Die publizierten Erinnerungen von Kriegspfarrern erwecken den Eindruck, als sei das Christentum in der Kriegsgefangenschaft gehütet worden wie ein kostbarer Schatz, den man gegen die Angriffe des gottlosen Kommunismus gerettet hatte. Charakteristisch für diese Sicht sind die Erinnerungen des katholischen Priestersoldaten Josef Zimmerl, der beschrieb, wie er seinen Messkoffer durch die gesamte Zeit der Kriegsgefangenschaft in wechselnden Lagern mit listiger Umsicht vor den Kommunisten in Sicherheit brachte.

Doch diese rückblickend konstruierten Bilder halten der historischen Überprüfung nicht stand. Ein praktiziertes „lebendiges Christentum" in den Kriegsgefangenenlagern der Sowjetunion hat es – wenn überhaupt – nur in Ausnahmefällen gegeben. Der ehemalige evangelische Pfarrersoldat Helmut Gollwitzer berichtete, die deutschen Gefangenen in den sowjetischen Lagern seien taub für die christliche Verkündigung gewesen. Ihre Weltanschauung habe aus Trägheit, Vulgärrationalismus und einer negativen Metaphysik bestanden.[385] Gestützt wird diese Sicht durch neuere Studien, die belegen, dass die Kriegsgefangenschaft in der Sowjetunion keinerlei erhöhtes Interesse an christlicher Neuorientierung bei den Gefangenen auslöste.[386]

Das antikommunistische Menschenbild erfreute sich bei ehemaligen Kriegspfarrern weiterhin größter Beliebtheit. Wieder wurde von der „Gottlosigkeit" des Sowjetmenschen auf dessen

„Seelenlosigkeit“ und Unmenschlichkeit geschlossen. Die Ansicht, der Kommunismus hätte die Menschen in der Sowjetunion „vertiert“, findet sich in den Erinnerungen von Kriegspfarrern bis in die 1990er Jahre.

Wie leicht sich christliche Argumente, die schon den Krieg gegen die Sowjetunion legitimiert hatten, erneut im Kalten Krieg einsetzen ließen, zeigte das 1950 erschienene Pamphlet Egon Walters, alias Wilhelm Uhl, über seine Zeit der Kriegsgefangenschaft als Priestersoldat in der Sowjetunion. Für ihn ging es um den Kampf zweier „Geistesgiganten“, die sich als Höllenfürst (Sowjetunion) und Fels Petri (Katholische Kirche) in einer heilsgeschichtlichen Auseinandersetzung gegenüberstanden. Walter machte keinen Unterschied zwischen Opferbereitschaft im militärischen und Opferbereitschaft im christlichen „Geisteskampf“ gegen die Sowjetunion. Die Deutschen, so meinte er, müssten nur mehr beten und opfern, um am Ende doch noch Gottes Beistand für den Sieg über den Bolschewismus zu erlangen. Auf diesem Wege würde sich das Christentum in Deutschland zu einer Geistesmacht entwickeln, die bereit sei, „alles zu geben, alles zu opfern, alles, auch das Leben.“[387]

Sogar der Topos vom „jüdischen Bolschewismus“ wurde reaktualisiert. Erneut verwiesen ehemalige Kriegspfarrer auf die Verbindung von Juden mit der kommunistischen Partei.[388] Gleichzeitig hatte sich der Glaube gehalten, das einfache Volk in der Sowjetunion sei im Grunde seines Herzens christlich geblieben. Das Ziel, die Bevölkerung in der Sowjetunion von der Herrschaft des Kommunismus zu befreien, erschien auch im Rückblick lohnend. Hier gingen die Perspektiven der Kriegszeit bruchlos in die Narrative der Bundesrepublik über. Mit Stolz blickte Werthmann bereits im Mai 1945 auf diese vermeintlich gute Kriegserfahrung zurück: „Mit gläubiger Verehrung blickten diese Menschen des Ostens zum deutschen Soldaten auf und sahen in ihm den Bannerträger neuen religiösen Lebens nach all der vorausgegangenen religiösen Unterdrückung.“[389]

Die Erinnerungsliteratur von Kriegspfarrern fokussierte sich auf den Binnenraum ihres Tätigkeitsfeldes und hielt damit an einer Perspektive fest, die schon im Krieg bestimmend gewesen war. Die Opfer, die die eigene Truppe im Krieg gebracht hatte, standen im Zentrum der Erinnerung. Der Tod der deutschen Soldaten bekam dadurch etwas Erratisches. Die Soldaten – so schien es – waren gleichsam ohne menschliches Zutun gestorben, ohne kausalen Zusammenhang mit der Politik der NS-Führung. Rückblickend sah es so aus, als habe die Wehrmacht einer Naturgewalt gegenübergestanden. Der einzelne Soldat war nicht im brutalen Angriffskampf gestorben, sondern einer höheren Gewalt erlegen, während er aus Liebe zu seinen Kameraden und zu seinem Volk sein Bestes im Kampf gegeben hatte.

Die politische Verantwortung für den Vernichtungskrieg gegen die Sowjetunion wurde vollständig ausgeblendet, so dass der Massentod deutscher Soldaten wie ein „gigantischer Prozess der Selbstvernichtung" wahrgenommen wurde.[390] Das Sterben der Soldaten konnte so immer noch heldenhaft erscheinen, war es doch ein gleichsam freiwilliger Liebesdienst an den Kameraden. Der Soldat starb aus „Nächstenliebe" und „Verantwortungsbewusstsein", hieß es in einer Ansprache des ehemaligen evangelischen Divisionspfarrers Erich Kühn am 4. Mai 1953.[391] Dies war der Grund, warum Kriegspfarrer nach dem Krieg ihr „gutes Gewissen" behielten. Schließlich hatten sie „ihren Soldaten", die sich selbstlos für ihre Kameraden opferten, nur beigestanden.

Der Blick auf die Opfer der Massenverbrechen von Wehrmacht und Einsatzgruppen fehlte nahezu vollständig. Fanden die Opfer der Deutschen Erwähnung, entschuldigte man ihre Mörder mit dem Hinweis auf die Gewaltandrohung der NS-Diktatur oder die „harte Logik" des Krieges. Erich Kühn erklärte 1946: „Wir sind doch alle stumme Hunde gewesen, sonst wären wir – was man uns als Anklage oft sagt – ich sage das als Erkenntnis vor Gott und nicht vor Menschen – sonst wären wir alle in den Konzentrationslagern zugrunde gegangen."[392]

Eine Ausnahme bildeten die posthum publizierten Aufzeichnungen des evangelischen Kriegspfarrers Hans Leonhard, in dem ohne Beschönigung der Mord eines Wehrmachtarztes an einem russischen Kriegsgefangenen geschildert wird: „Ein Russe wurde eingeliefert, den Kiefer zertrümmert. Der Kieferchirurg gibt eine Spritze und sagt dann fast lachend: ‚Ein Deutscher wäre daran sofort gestorben.' Eine zweite Spritze tut dann die beabsichtigte Wirkung."[393]

Nur vereinzelt blickten die ehemaligen Kriegspfarrer in ihren Erinnerungen über ihr einstiges Wirkungsfeld innerhalb der Truppe hinaus. So heißt es bei Johann Anton Hamm: „Stellen Sie sich mal vor, unsere deutschen Mütter würden so dahergejagt durch Wälder und Felder mit der letzten kleinen Habe, barfuß – nicht wissend, wo sie die Nacht verbringen, wo sie etwas zu essen bekommen oder einen Schluck trinkbaren Wassers!“[394]

Ähnliche Überlegungen finden sich bei Rudolf Peifer, der ganz allgemein die Parteilichkeit im Krieg bedauerte:

„Ich glaubte, ein überzeugter Christ zu sein und ein halbwegs ordentlicher Priester und freute mich doch über den Erfolg der eigenen Soldaten. Sicher, menschlich verständlich: Lieber sollen doch die anderen ‚dran' sein und nicht wir! Hinterher erst stellte sich dann der Kater ein: Wiegen der Schmerz und die Trauer der anderen Mütter, Frauen und Kinder weniger als die der unseren? Wie irrsinnig ist so ein Krieg!“[395]

Strategien der Verteidigung

Im Juni 1945 hatte der ehemalige Wehrmachtdekan Ernst Schieber einen Bericht für seine Kirchenleitung mit dem Titel „Beitrag zur Erörterung der ‚Schuldfrage' nach den Erfahrungen eines Heeresgruppen- und Wehrkreispfarrers“ verfasst. Darin war er zu dem Ergebnis gekommen, die Wehrmacht habe sich „insgesamt und grundsätzlich“ frei von Kriegsverbrechen gehalten. Die alleinige Schuld an den Massenmorden im Ostkrieg gab er der SS und den ausländischen Hilfstruppen.[396] Eine Sicht, die sein Amtsbruder Bernhard Bauerle teilte, wenn er davon sprach, dass es Litauer und Letten gewesen seien, die sich mit den Judenliquidationen für das gerächt hätten, was ihnen zuvor von den Juden angetan worden sei. Die Wehrmacht, so meinte Bauerle, sei an den Verfolgungen der Juden nicht beteiligt gewesen.[397] Sogar Kriegspfarrer, die wie Johann Anton Hamm mit dem NS-Regime in Konflikt geraten waren, verteidigten die deutsche Kriegführung bis hin zu der absurden Behauptung, die Wehrmacht habe die russischen Kriegsgefangenen in hohem Maße menschlich behandelt.[398]

Die Argumente der Kriegspfarrer fügten sich ein in die lautstark betriebene Rehabilitierung von Generälen und Wehrmachtsoldaten bis hin zu den Kriegsverbrechern in der frühen Bundesrepublik. Die Ehrenerklärung Konrad Adenauers für die deutschen Soldaten am 3. Dezember 1952 vor dem deutschen Bundestag verlieh dieser Exkulpation einen gleichsam regierungsamtlichen Status. Hinzu kamen die Memoiren deutscher Wehrmachtgeneräle, die seit Beginn der 1950er Jahre im Zeichen des Kalten Krieges auf den Markt drängten und das Bild von der „sauberen Wehrmacht" in der Bundesrepublik befestigten.

Die „saubere Wehrmacht" ermöglichte den Kriegspfarrern rückblickend einen problemfreien Umgang mit dem Krieg gegen die Sowjetunion. Zwar erwähnten sie zuweilen die Verstrickung von Wehrmachtangehörigen in Verbrechen, was jedoch ihr gutes Bild von der Wehrmacht nicht ernsthaft beeinträchtigte. Vielmehr lobten sie die gute Kameradschaft, die sie mit christlichen Generälen, Stabsoffizieren und Soldaten gepflegt hatten.

Erst im Klima der gesellschaftlichen und politischen Umbrüche der 1960er Jahre geriet diese Sicht auf die Rolle der Wehrmacht im Ostkrieg ins Wanken. Nun wurden selbst in katholischen Kreisen Zweifel an allzu positiven Darstellungen der Wehrmacht laut. 1961 lehnte der katholische „Echter-Verlag" – gestützt auf ein Gutachten des Theologen Friedrich Wulf SJ – das Manuskript des ehemaligen katholischen Kriegspfarrers Josef Perau „Priester im Heere Hitlers" ab, weil die Paradoxie „Priester und Soldat" hier nicht zum Ausdruck komme und die Einstellung zum „Kommiß" sowie zum Dritten Reich nicht ablehnend genug dargestellt werde. Eine allgemeine Distanzierung von Nationalsozialismus und Militarismus war das mindeste, was man von einem Mann der Kirche erwartete.[399]

Herbert Krimm, der frühere evangelische Kriegspfarrer, wurde von seiner Vergangenheit eingeholt, als er sich in seiner Funktion als Dekan der Theologischen Fakultät der Universität Heidelberg gegen die Forderung linker Studentenverbände nach Mitbestimmung stellte. Daraufhin veröffentlichte die „SDS-Projektgruppe Theologie" Zitate aus einem Aufsatz Krimms von 1940, die diesen als „rechten Reaktionär" entlarven sollten.

Krimm, so hieß es, habe den Krieg verherrlicht und den Sieg der deutschen Waffen als zukunftsträchtig gefeiert. Dieser musste sich fragen lassen, welche theologischen Gründe ihn zu seiner Fehleinschätzung des nationalsozialistischen Eroberungskrieges geführt hatten. Eine Antwort Krimms ist nicht dokumentiert.[400]

Seitdem ist der Vorwurf einer zu großen Nähe der Wehrmachtseelsorge zum NS-Regime nicht mehr verstummt. 1988 schrieb der katholische Generalvikar Ernst Niermann an den ehemaligen Kriegspfarrer Anton Vögtle: „Die Haltung der Kirchen während des Dritten Reiches wird ja allenthalben diskutiert, und mit zunehmendem zeitlichem Abstand gerät auch die katholische Feldseelsorge allzu leicht in die Nähe einer Komplizenschaft zu den Nationalsozialisten. Dagegen ist mit apologetischen Stellungnahmen wenig auszurichten; hilfreich ist allein die nüchterne Schilderung der Chancen und Möglichkeiten freilich auch der Schwierigkeiten dieses besonderen priesterlichen Dienstes und das Zeugnis der Zeitgenossen."[401]

Die ehemaligen Wehrmachtseelsorger verteidigten sich, indem sie auf ihren kirchlichen Auftrag im Krieg verwiesen. Sie hätten einzig das Evangelium verkündet und damit nur dem Menschen gedient, hieß es. Folgerichtig war der Bericht des evangelischen Wehrmachtdekans Ernst Schieber über die Jahre zwischen 1933 und 1945 mit dem Titel „pfarramtliche Tätigkeit" versehen. Schieber wollte bewusst nichts anderes über den Krieg berichten als das, was „nach den Worten unseres Konfirmandenbüchleins die Königsherrschaft Jesu Christi" bezeuge. Die einzige Anweisung des Feldbischofs in dieser Zeit habe darin bestanden, möglichst viele für Christus zu gewinnen.[402]

Doch das hier gezeichnete Bild einer unpolitischen Wehrmachtseelsorge war nur die halbe Wahrheit, blendete es doch den politischen Auftrag, den die Wehrmachtseelsorge bis 1942 wahrnahm und der sie ins Zentrum der Soldatenerziehung gestellt hatte, vollständig aus. Dennoch wurde das Bild von der unpolitischen Seelsorge an den Soldaten sowohl von katholischer als auch von evangelischer Seite verbreitet.

Selbst die Anhänger der Bekennenden Kirche, die nach 1945 den Ton in der evangelischen Kirche angaben, stellten die Wehrmachtseelsorge in dieses Licht, obgleich sie sich mehr als andere des moralischen Dilemmas bewusst waren, als Christen einem menschenverachtenden Regime gedient zu haben. Der ehemalige Kriegspfarrer und Schriftsteller Albrecht Goes beschrieb in seiner Novelle „Unruhige Nacht“ wie er einerseits dafür zu sorgen hatte, dass der Delinquent seine Hinrichtung akzeptierte, gleichzeitig aber als Christ voller Mitleid auf der Seite des Todeskandidaten stand. Die Bemerkung, bei den Hinrichtungen habe der Pfarrer zu einer anderen Welt, der Welt des Evangeliums, gehört, wirkt wie der hilflose Versuch, die Verstrickung in die brutale Militärjustiz des Nationalsozialismus durch eine Flucht in die Transzendenz zu überwinden.[403]

Der ehemalige katholische Kriegspfarrer Bernhard Schmidt begann seine 1981 publizierten Erinnerungen mit der Richtigstellung: „Geist und Sendung empfängt die Feldseelsorge bei der kämpfenden Truppe nicht von den irdischen Machthabern, sondern von Ihm, dem ‚alle Macht im Himmel und auf Erden gegeben ist.‘“[404] Dies war keine beliebige Einleitung, sondern der Versuch, den staatlichen Auftrag, mit dem Schmidt in den Krieg gezogen war, nachträglich unsichtbar zu machen.

Auch der ehemalige katholische Kriegspfarrer Johann Schmutz war bemüht sein Berufsverständnis, mit dem er im Krieg bei den Soldaten gewirkt hatte, nachträglich umzuschreiben. 1990 erklärte er einem Journalisten: „Wir haben unseren Auftrag nie gesehen, dass wir jetzt die Truppe moralisch aufrüsten müssen für den Kampf, sondern dass wir bei ihnen sind, um ihnen zu helfen, und ihnen beizustehen“.[405] Zum Abschied schenkte Schmutz seinem Gesprächspartner einen Vortrag, den er im Jahr 1942 gehalten hatte. Dieser nahm sich allerdings wie blanker Hohn auf seine vorangehende Erläuterung aus. Die Wehrmachtseelsorge – so hieß es dort – bedeute eine Vertiefung und Erhöhung der natürlichen Ethik, die sich aus dem Gesetz des Blutes herleite. Die Ethik des Kriegspfarrers heiße „Mannesehre, Truppenehre, Fahnenehre, Mannesmut, Kampfeslust“. Der Tod auf dem Felde sei die „höchste Ehre und Vollendung des Lebens“.[406]

Die Behauptung, nur dem Evangelium und damit dem Trost und dem Seelenheil der Soldaten gedient zu haben, schützte die Kriegspfarrer noch Jahrzehnte nach dem Krieg vor jeder tiefer gehenden Selbstkritik. Eine politische oder gar theologische Verbindung zum Nationalsozialismus wurde schlicht geleugnet. Man versteckte sich hinter einer gottgesetzten staatlichen Obrigkeit, für deren politisches Wollen und Tun man keinerlei Verantwortung zu übernehmen bereit war.

Wenn die Anbiederungsversuche der Wehrmachtseelsorge an den Nationalsozialismus sich auch rückblickend nicht leugnen ließen, versuchte man den Schaden gering zu halten. So schob Werthmann nach dem Krieg jegliche allzu sichtbare NS-Nähe der katholischen Wehrmachtseelsorge seinem Feldbischof Rarkowksi zu. Der gab einen geradezu idealen Sündenbock ab, zum einen weil er bereits 1950 gestorben war, zum anderen weil er ohnehin als kirchlicher Außenseiter galt.

Die NS-nahen Rundbriefe an die katholischen Soldaten und Wehrmachtpfarrer, an denen Werthmann vermutlich nicht ganz unbeteiligt war, lastete er Rarkowski an. Dies ermöglichte ihm, den Aufbau der katholischen Militärseelsorge nach 1945 unbelastet von der Vergangenheit voranzutreiben und sich sogar selbst der Opposition zum Nationalsozialismus zuzuordnen.

Werthmanns Strategie war erfolgreich. Auch andere ehemalige katholische Wehrmachtseelsorger zeigten auf Rarkowski, wenn es um die Nähe zum NS-Regime ging. So hieß es bei Rudolf Peifer: „Er stand, ‚treu zu Führer und Reich'. Seine – Gott sei Dank! – seltenen Hirtenbriefe an die Soldaten gaben davon Zeugnis. Weihnachten 1942 z. B., also wenige Wochen vor dem Fall von Stalingrad, schrieb er einen solchen. Ich bekam im Kaukasus ein großes Paket mit vielen Exemplaren zum Verteilen an die Truppe. Ich gestehe es offen: Nachdem ich ihn gelesen hatte, ging das ganze Paket sofort in den Ofen. Kein Exemplar wurde verteilt. Der Brief war uns nicht zuzumuten. Denn er pries den Führer und seinen Krieg."[407]

Die vermeintliche Distanz der Wehrmachtseelsorge zum NS-Regime erschien offensichtlich. Schließlich hatten die Gegner des Christentums aus Staat und Partei den Einfluss der Wehrmachtseelsorge im Heer bekämpft. In den Augen ehemaliger Wehrmachtseelsorger hatte das NS-Regime seine ganze Inhumanität schon dadurch bewiesen, dass es die Beseitigung der Wehrmachtseelsorge auf längere Sicht angestrebt habe.

„Die Menschen müssen heute noch erfahren, wie unmenschlich sie behandelt worden sind durch die Knebelung der Wehrmachtsseelsorge", erklärte der spätere evangelische Militärbischof Hermann Kunst 1951, der im Ostfeldzug als evangelischer Kriegspfarrer gedient hatte.[408] Daraus folgte für ihn mit großer Selbstverständlichkeit die Zugehörigkeit der Wehrmachtseelsorge zum Widerstand gegen das NS-Regime.

Tatsächlich ist es zu aktivem Widerstand von Wehrmachtseelsorgern gegen das NS-Regime nicht gekommen. Dennoch zeigten einzelne Kriegspfarrer wie Karl-Heinz Becker, die katholischen und evangelischen Divisions- und Lazarettpfarrer, Josef Maria Reuss, Wilhelm Kornmann, Ernst Tewes und Gerhard Wilczek oppositionelles Verhalten, das durch die Behandlung der jüdischen Zivilbevölkerung durch Wehrmacht und SS ausgelöst wurde.

Weitaus konsequenter opponierten die Kriegspfarrer dort, wo es um eigene Ziele wie die Rechristianisierung der Sowjetunion ging. Hier verstießen sie wiederholt und bewusst gegen die Richtlinien der NS-Führung: Sie tauften Einheimische, hielten Gottesdienste für diese und beteiligten sich am Wiederaufbau zerstörter Kirchen. Dieses Verhalten, das vielfach von der militärischen Führung gedeckt wurde, zog in der Regel keine Bestrafungen nach sich, auch wenn einzelne Geistliche wie Johann Anton Hamm das nachträglich behaupteten.[409]

Die Umdeutung der Niederlage in einen Sieg

Mit der militärischen Niederlage Deutschlands war auch die Weltanschauungsdiktatur des Nationalsozialismus erledigt. Die Kirchen hingegen hatten den Krieg überdauert und galten bei den westlichen Alliierten, insbesondere den Briten und Amerikanern, als unbelastet. Nun bekamen sie im Rahmen der Reeducation die Möglichkeit, das geistig-moralische Vakuum, das der Nationalsozialismus hinterlassen hatte, neu mit christlichen Inhalten zu füllen und selbst die geistig-moralische Führerschaft zu übernehmen. In diesem Bewusstsein traten die Kirchen nach Jahren der Zurücksetzung wieder ins Zentrum von Gesellschaft und Kultur.[410] In der Zeit von Existenznot und fehlenden staatlichen Institutionen übernahmen sie sowohl sozialpolitische Aufgaben als auch die Rolle von Volksvertretern, die sich zum Fürsprecher der Forderungen und Klagen der deutschen Bevölkerung gegenüber den westlichen Besatzungsmächten machten.

Damit einhergehend dominierte ein christlich geprägter Blick auf die jüngste Vergangenheit, der sich über viele Jahre hinweg behaupten sollte. Nicht zuletzt die Vertreter der ehemaligen Wehrmachtseelsorge haben in ihren Erinnerungen einen signifikanten Beitrag dazu geleistet. Gestützt auf ein Netzwerk, das sie bereits während des Krieges durch die Korrespondenz mit den Verwandten gestorbener Soldaten geknüpft hatten, nahmen sie gewissermaßen eine Mittlerfunktion zwischen den Toten des Krieges und den Lebenden der Nachkriegszeit ein. Wie nach dem Ersten Weltkrieg versuchten sie auch jetzt das millionenfache Sterben deutscher Soldaten nachträglich mit Sinn zu versehen.

Dafür bedienten sie sich des klassischen Märtyrernarrativs, das in der physischen Vernichtung von Individuen die Voraussetzung für den Sieg des Christentums sah.[411] Je hoffnungsloser das Kriegsgeschehen, desto eher passte es in dieses Muster. So wurde aus dem Massensterben deutscher Soldaten vor Stalingrad, der von der NS-Führung nach ihrer Einkesselung die Kapitulation verweigert worden war, ein Siegessymbol für das Christentum. In den rückblickenden Schilderungen von Kriegspfarrern hatte sich die 6. Armee gleichsam freiwillig für den Sieg des Christentums im Kampf gegen den Antichristen geopfert.

Noch 1960 schrieb Josef Kayser: „Das Kreuz von Stalingrad. Seine Geschichte wird nicht von Menschenhand geschrieben werden. Es ragt auf unzähligen Gräbern, Hände umkrampften es im letzten Kampf, Augen blickten zu ihm auf, Herzen öffneten sich ihm! Das Kreuz Christi strahlte Trost und Gnade hernieder in ungezählten Seelen, denen Menschenzunge in diesem Inferno nichts mehr sagen konnte. [...] Alles brach zusammen, nur eines blieb stehen: Das Kreuz!“[412]

Die neutestamentarische Figur von Tod und Auferstehung Christi war ein allgegenwärtiges Deutungsmuster im Krieg, mit dem die Wehrmachtseelsorge den Tod der Soldaten verklärte.

Nach dem Krieg blieb dieses Bild als Deutungsmuster für die jüngste deutsche Geschichte präsent. Befreit von seiner einstigen Verbindung mit den Kräften des Nationalsozialismus half es den Deutschen, den Kriegstod von Vätern, Söhnen und Ehemännern in eine christliche Erzählung zu verwandeln.

In dem auflagestarken und einflussreichen Roman Heinrich Gerlachs „Die verratene Armee“ von 1957 verkündete der evangelische Kriegspfarrer Peters: „Gott ist vor Stalingrad gestorben, tausendmal. Mit jedem einzelnen unserer Toten ist er mitgestorben – Und vor Stalingrad wird er auferstehen“.[413] Gerlachs Figur des evangelischen Kriegspfarrers orientierte sich am realen Vorbild des katholischen Kriegspfarrers Josef Kayser und zeigt, dass sich das Bild vom Christusopfer der Soldaten als überkonfessionelles Deutungsmuster durchgesetzt hatte.

Im Jahr 1977 verfasste Josef Kayser ein „Stalingrad Requiem“, in dem es hieß: „Wir sind vom Opfer erfüllt, das unsere Kameraden Dir gebracht haben: das Opfer ihres Lebens. [...] Du hast das Opfer Deines Sohnes angenommen und mit ihm hast Du alle geheiligt, denen der Tod zum Schicksal geworden ist: die großen Heere der Geschlagenen und Besiegten, der Gefangenen und Verjagten, der Geplünderten, der Geschändeten und Erniedrigten. [....] Segne sie, Herr, wer sollte denn sonst bestehen vor Dir als sie!“[414]

Vor dem Horizont des Kalten Krieges lag es nah, den moralischen Sieg des Christentums über die atheistische Sowjetunion zu wünschen und mit Blick auf den verlorenen Krieg gleichsam theologisch herbeizupostulieren. „Wir werden als Gefangene Rußland bekehren, erobern“, hatte Josef Kayser prophezeit, „Christus siegt in seiner Machtlosigkeit. Als Machtlose werden wir stärker sein denn mit Waffen.“[415]

In das heilsgeschichtliche Licht der Passion Christi wurde auch die Kriegsgefangenschaft in der Sowjetunion getaucht. Hier trotzten Kriegspfarrer und Soldaten dem „Abgrund der Hölle“, wie der evangelische Pfarrer Walter Becker in einem Vortrag 1950 darlegte.[416] Der gleichen Deutung folgte die Wanderausstellung des Verbandes der Heimkehrer „Kriegsgefangene reden“, die in den Jahren 1951 bis 1962 in 150 Städten der Bundesrepublik und auch im Ausland mit großem Erfolg gezeigt wurde.

Im Zentrum der Ausstellung standen Kreuz und Dornenkrone, die das Schicksal der deutschen Kriegsgefangenen in der Sowjetunion veranschaulichen sollten.[417]

In diesem Kontext verwandelten sich sogar kriegsgefangene SS-Leute in Märtyrer, drangsaliert von einer Bande „vertierter Menschenjäger", wie es Egon Walter, alias Wilhelm Uhl, in seinen „Erinnerungen" an die Zeit als katholischer Priestersoldat in sowjetischer Kriegsgefangenschaft wortreich zu schildern wusste.[418]

Eine Ausnahme bildete das fiktive Kriegstagebuch des ehemaligen Kriegspfarrers Hans Steffens „Priester, Soldaten, Uniformen" von 1956, dessen Hauptfigur, ein katholischer Priestersoldat, zum stellvertretenden Sühneopfer für die Massenverbrechen der Deutschen wurde.[419]

Es lässt sich festhalten, dass die christliche Deutung des Krieges, die das Opfer in den Mittelpunkt stellte, nach dem Krieg extrem populär war, denn sie fügte sich ein in den allgemeinen Trend zur Selbstviktimisierung der Deutschen. Sie erlaubte es, zum einen die Kriegsniederlage und den Tod der Angehörigen zu akzeptieren, zum anderen die eigene schuldhafte Verstrickung großzügig zu übersehen. Damit hatte sich eine Kriegsdeutung durchgesetzt, die bereits während des Krieges massiv von den Funktionsträgern der Wehrmachtseelsorge beider Konfessionen gegenüber den Soldaten vertreten worden war.

15. Schluss

Die anfangs gestellte Frage, warum die Kriegspfarrer selbst ihre Teilnahme am verbrecherischen Ostkrieg nicht als Schuld, sondern als moralische Leistung empfanden, lässt sich auf verschiedenen Ebenen beantworten.

Zunächst ist festzuhalten, dass die Kriegspfarrer den Charakter des Ostkrieges nicht falsch einschätzten. Schon zu Beginn des Ostfeldzuges wussten sie, dass dies kein „Normalkrieg" werden würde, wie Deutschland ihn zuvor im Westen Europas geführt hatte. Sie kannten die „verbrecherischen Befehle" und wurden im Zuge des Vormarsches ihrer Armeen Zeugen des Rasse- und Vernichtungskrieges.

Trotzdem erlebten die Kriegspfarrer den Ostfeldzug im Gefühl der moralischen Integrität und bestätigten dies auch noch nach dem Krieg. Dies verdankte sich dem Bewusstsein, in der atheistischen Sowjetunion dem ureigenen Feind gegenüber gestanden zu haben. Aus Sicht der Geistlichen lag dieser Krieg im eigenen Interesse, denn er bedeutete die Verteidigung der christlichen Heimat vor einer vermeintlichen bolschewistischen Bedrohung. Gleichzeitig hatten sie das in ihren Augen legitime Ziel verfolgt, die christliche Bevölkerung der Sowjetunion vom Bolschewismus zu befreien und das Land zu rechristianisieren.

Zum Programm der Rechristianisierung gehörte auch die Missionierung der eigenen Soldaten, die überwiegend nur noch auf dem Papier einer christlichen Kirche angehörten. Hier schien der Ostkrieg den Geistlichen geradezu unbegrenzte Möglichkeiten zu bieten. Die seelische Not zahlloser kranker und sterbender Soldaten, die sich in ihrer Verzweiflung auf das christliche Hilfsangebot besannen, weckte die Hoffnung auf Missionserfolge sowie die Rehabilitation der Kirchen im Nationalsozialismus. Mit dem Verweis auf die physische und psychische Not der eigenen Truppe ließ sich zudem die seelsorgerliche Arbeit gegenüber den Machthabern, deren Ziel es war, Macht und Einfluss des Christentums zu zerstören, besser legitimieren.

Rückblickend führte dies zu der Aussage, die Hochzeit von Leid und Tod der deutschen Soldaten im Krieg sei zugleich die Hochzeit der Wehrmachtseelsorge und des Christentums gewesen – eine Ansicht, die durch das Bemühen eigene Erfolge herauszustellen, vermutlich stark übertrieben war. Tatsächlich wurde dieser Standpunkt bereits unmittelbar nach dem Krieg von führenden Militärgeistlichen selbst infrage gestellt.

Zu Beginn des Krieges war es die Hauptaufgabe der Kriegspfarrer die Kampfkraft der deutschen Soldaten zu stärken. Dazu gehörte es, den Soldaten das Gefühl von moralischer Integrität zu vermitteln. Dies gelang den Kriegspfarrern in der Regel durch die Rolle, die sie in der Truppe spielten. Denn hier fungierten sie nicht nur als Erzieher, sondern als Integrationsfiguren, „gute Kameraden" oder Repräsentanten der Menschlichkeit. Was auch immer die deutschen Soldaten den Rotarmisten oder der Zivilbevölkerung antaten, der Kriegspfarrer war – obgleich Nichtkombattant – einer von ihnen, der das Gefühl vermittelte, einer christlichen Gemeinschaft anzugehören. Mit dieser mentalen Unterstützung im Hintergrund war es leichter, mit gutem Gewissen einen menschenverachtenden Angriffskrieg durchzustehen.

Die von den Kriegspfarrern beider Konfessionen vertretene Opfertheologie stellte nicht das Töten des Feindes in den Mittelpunkt, sondern war ganz auf das „Sich-Umbringen-lassen" fokussiert. Sie interpretierte den Tod der eigenen Soldaten als Märtyrertod im Licht der Passion Christi. Hier finden wir den tieferen theologischen Grund, der es der Wehrmachtseelsorge ermöglichte, gerade nicht auf die Opfer oder die Kriegsverbrechen der Deutschen zu schauen. Wer selbst zu einer Gruppe von Märtyrern gehörte, hatte nicht das Bedürfnis, sich um das Wohlergehen des Kriegsgegners kümmern.

Das christlich konnotierte Bild von der Opfergemeinschaft, das während des Krieges zum wichtigsten theologischen Deutungsmuster für die Leiden der deutschen Soldaten wurde, ermöglichte es schließlich der deutschen Nachkriegsgesellschaft, sich einer Opfergemeinschaft zugehörig zu fühlen. Und auch hier galt: Eine Gesellschaft, die sich selbst primär als Opfer begriff, konnte sich kaum gleichzeitig für die Verbrechen, die in ihrem Namen geschehen waren, verantwortlich fühlen.

Dabei gab es durchaus Kriegspfarrer wie Johannes Stelzenberger, die den verbrecherischen Charakter des Krieges gegen die Sowjetunion erkannten und verurteilten, wenn auch nur in der Privatheit ihres Tagebuches. Als Zeuge von Verbrechen an der Zivilbevölkerung und den Kriegsgefangenen schämte sich Stelzenberger für das „Tun deutscher Menschen". Andere Kriegspfarrer wie die beiden Divisionspfarrer Josef Maria Reuss, Wilhelm Kornmann sowie die Lazarettpfarrer Ernst Tewes und Gerhard Wilczek scheuten sich nicht, bei den vorgesetzten militärischen Stellen zu protestieren, als sie von den Mordplänen der SS an jüdischen Kindern erfuhren. Sie wiesen darauf hin, dass es abträglich für das sittliche Empfinden und „gute Gewissen" der Wehrmachtsoldaten sei, wenn diese Zivilisten ermorden müssten oder mit den Morden der SS-Einsatzgruppen allzu direkt konfrontiert würden.

Doch solche Proteste blieben die Ausnahme. Das Gros der Kriegspfarrer reagierte mit einer Mischung von Schweigen und theologischen Erklärungsversuchen, insbesondere für den Mord an den Juden.

Schließlich trugen die Kriegspfarrer sogar selbst nicht unerheblich zur Dehumanisierung des Ostkrieges bei. Denn die Sowjetunion war ein Gegner, den die christlichen Kirchen in Deutschland seit vielen Jahren leidenschaftlich bekämpften. Die heilsgeschichtliche Deutung des Bolschewismus als „filius iniquitatis", als „Sohn des Bösen," der die christliche Welt bedrohte, ermöglichte es den Kriegspfarrern sehr überzeugend „gegen den Bolschewismus zu predigen" und ihre Soldaten auf den menschenverachtenden Ostkrieg einzustimmen. In ihren Predigten beschrieben sie den Sowjetmenschen als „seelenlos" und deshalb unmenschlich, weil er nicht an Gott glaubte, und stützten damit die vom NS-Regime betriebene Dehumanisierung des Kriegsgegners an der Ostfront.

Doch selbst das veranlasste die Kriegspfarrer nicht, ihre Rolle nach dem Krieg infrage zu stellen. Rückblickend fühlten sie sich durch die Angriffe der NSDAP auf die Wehrmachtseelsorge vielmehr darin bestätigt, das Christentum gegen den Nationalsozialismus verteidigt zu haben. Schließlich hatten sie für die Rechristianisierung der Sowjetunion regelmäßig Konflikte mit dem

NS-Regime riskiert, wenn sie z. B. zerstörte Kirchen in den eroberten Territorien aufbauten oder Taufen an Zivilisten vornahmen.

Die Gemeinsamkeiten von katholischer und evangelischer Wehrmachtseelsorge waren größer, als man zunächst vermuten konnte. Dies ließ sich auf nahezu allen Aktionsfeldern der Wehrmachtseelsorge zeigen. Trotz gegensätzlicher Traditionen von Protestanten und Katholiken im Verhältnis zum deutschen Nationalstaat und zur NSDAP stellte keine der beiden Kirchen bei Kriegsausbruch ihre Loyalität zur Nation und zur Wehrmacht infrage. Der Krieg wurde als Sache der weltlichen Obrigkeit angesehen – auch wenn diese Obrigkeit nationalsozialistisch war. Die Lehre vom „Gerechten Krieg" wurde nicht als Argument gegen den Krieg angeführt, selbst wenn Geistliche wie der Berliner Bischof Preysing persönlich den Krieg für ungerecht hielten. Wer in der Wehrmachtseelsorge von einem „gerechten Krieg" sprach, tat dies in der Absicht, den Krieg Hitlers als einen „Verteidigungskrieg" zu legitimieren.

Das Zusammenrücken beider Konfessionen in der Wehrmachtseelsorge wurde durch ihre gleich strukturierte und gleichberechtigte Stellung innerhalb des militärischen Organisationsgefüges befördert. Bis 1942 galt der Maßstab strenger Überkonfessionalität. Im Vordergrund stand der militärische Gemeinschaftsgottesdienst, durch den der Gedanke der „Volksgemeinschaft" innerhalb der Wehrmacht gestärkt werden sollte.

Selbst die Motive junger Geistlicher, sich als Kriegspfarrer zu bewerben, waren in beiden Konfessionen ähnlich. Wer bei seinem Eintritt in die Wehrmacht nicht über militärische Erfahrung verfügte, hatte kaum Chancen über einen einfachen Mannschaftsgrad hinauszukommen. Ein einwöchiger Kriegspfarrerlehrgang beim OKH änderte diese Situation grundlegend. Er katapultierte selbst den militärfernsten Geistlichen in den Offiziersstand und sicherte ihm ein ansonsten unerreichbares Einkommen, das mit einem hohen Sozialprestige einherging.

Zu Beginn des Krieges war die Empfehlung eines Geistlichen für den Dienst in der Wehrmachtseelsorge für beide Kirchen ein Weg, sich unbequemer Pfarrer zu entledigen. Dies konnten Geistliche sein, die mit dem Regime in Konflikt geraten waren und so ihrer Kirche zu schaden drohten, aber auch allzu überzeugte Nationalsozialisten, deren ideologischer Eifer für das kirchliche Umfeld gefährlich werden konnte. Umgekehrt suchten Geistliche durch eine Bewerbung bei der Wehrmachtseelsorge Konflikten mit ihrer Kirchenleitung aus dem Weg zu gehen. So bewarben sich Pfarrer, die wie Erich Arndt der Bekennenden Kirche angehörten, als Kriegspfarrer, wenn ihre Landeskirchen von Deutschen Christen beherrscht waren.[420]

Der Kriegsalltag im Lazarett oder im Divisionsstab war für katholische und evangelische Geistliche nicht nur von denselben Pflichten und Aufgaben beherrscht, sondern musste zu einem großen Teil gemeinsam bewältigt werden. Die meisten Kriegspfarrer dürften zum ersten Mal in ihrem Leben in engeren Kontakt mit der anderen Konfession gekommen sein. Diese erzwungene Gemeinschaft weckte ein Verständnis füreinander, in dem man sich zwar der konfessionellen Unterschiede bewusst blieb, vielfach aber auch erkannte, wie sehr der Blick auf die andere Konfession von eigenen Vorurteilen geprägt war.

Die Kriegspfarrer beider Konfessionen standen unter hohem Anpassungsdruck an ihre militärische Umgebung und konkurrierten um Anerkennung bei der Truppe. Zuweilen war ihre Mimesis an die militärische Welt so vollkommen, dass sie die Rolle des Nichtkombattanten gegen die des Kombattanten eintauschten. Wer es als Kriegspfarrer zu hohen militärischen Auszeichnungen brachte, erfreute sich in der Truppe großer Beliebtheit.

Die theologischen Angebote zur Krisenbewältigung von katholischen und evangelischen Kriegspfarrern trafen sich im Bild des Christusopfers. Dadurch wurde die Forderung des Staates nach aktiver Selbstopferung der Soldaten unterstützt. Darüber hinaus wurde das Leiden und Sterben der Soldaten christlich verklärt.

Der Blick evangelischer und katholischer Kriegspfarrer auf Land und Leute in den eroberten Gebieten war ebenfalls vergleichbar. Kriegspfarrer erlebten das Land aus der Perspektive von Touristen auf der Suche nach Sehenswürdigkeiten und Bildungserlebnissen. Hier verbanden sich kunstsinnige Betrachtungen wie beiläufig mit Beobachtungen von Zerstörungen und Hinweisen auf Massenmorde. Sie schrieben über Verfall,

Schmutz, Gestank, Armut, Primitivität oder die Hungerkatastrophe in der Ukraine und kamen zu dem Schluss, dass die Berichte, die sie aus der deutschen Propaganda kannten, „wahrlich nicht übertrieben" gewesen seien.

Den stärksten Eindruck aber hinterließen die zerstörten und zweckentfremdeten Kirchen, die den Pfarrern zum Symbol für die geschändete christliche Kultur des kommunistischen Landes wurden. Mit großem Eifer suchten sie nach den Spuren des Christentums bei der Bevölkerung. Sie fanden versteckte Ikonen, Bibeln oder den Wunsch nach Gottesdiensten und Taufen.

Das enge Zusammenleben mit den Zivilisten in der Sowjetunion bestärkte die Kriegspfarrer in der Annahme, die christliche Kultur habe sich wie ein Schatz in den Herzen dieser Menschen gehalten, der nur darauf wartete, von ihnen gehoben zu werden. In den Predigten wurden die Hinweise auf die zerstörten Kirchen und die in den Untergrund gedrängten Christen der Sowjetunion als anschauliche Belege für die kulturelle Überlegenheit der Deutschen herangezogen.

Die Tagebücher der Kriegspfarrer zeigen, dass sich ihre Stimmung im Verlauf des Ostkrieges zusehends verschlechterte. Der Krieg, der vor dem Einbruch des Winters 1941/42 siegreich hätte beendet sein sollen, wurde als unverhältnismäßig lang empfunden. Bereits im ersten Kriegswinter stellten sich Zweifel am Sieg der Wehrmacht ein. Viele Kriegspfarrer litten an körperlicher Erschöpfung. Hinzu kamen psychische Belastungen, ausgelöst durch die hohen Verluste ihrer Divisionen oder die Sorge um Angehörige in den von Bombardierungen betroffenen Städten.

Vor allem die Nachrichten von kirchenfeindlichen Aktionen des NS-Regimes innerhalb Deutschlands gaben den Geistlichen zu denken. Am Schicksal der Kirchen in der Sowjetunion glaubten sie zu sehen, wie es mit den Kirchen in Deutschland nach einem siegreichen Ausgang des Krieges weitergehen würde. Gerade Kriegspfarrer, die dem Nationalsozialismus grundsätzlich positiv gegenüberstanden, zeigten sich enttäuscht über die kirchenfeindliche Politik in Deutschland.

Die Kriegsniederlage änderte zunächst nichts am Pessimismus dieser Geistlichen. Die Integration ehemaliger Kriegspfarrer in das zivile Leben gestaltete sich schwierig, galten sie doch nun als Relikte des Militarismus. Aber schon kurze Zeit später dominierten wieder die idealisierenden Darstellungen der eigenen Tätigkeit. Gerade hier im Krieg gegen die Sowjetunion, wo die Not der Soldaten am größten war – so las man in ihren Erinnerungen – habe die Wehrmachtseelsorge ihre größten Erfolge gefeiert. Die Rolle des Kriegspfarrers als „guter Kamerad" und Insel der Menschlichkeit inmitten einer von Feinden umgebenen Welt bestimmte auch jetzt den Blick auf das eigene Wirken in der Wehrmacht und wurde rückblickend auf die Zeit der Kriegsgefangenschaft in der Sowjetunion ausgedehnt.

In der Kriegsgefangenschaft – so hieß es – hätten die Geistlichen zusammen mit ihren Mitgefangenen in einer gemeinsamen christlichen Abwehrfront gegen die Kommunisten gestanden. Das fügte sich in das vom Antikommunismus des Kalten Krieges bestimmte Klima der Bundesrepublik. Im Kontext des Kalten Krieges ließ sich abermals vom Atheismus der Bolschewisten auf deren Seelenlosigkeit und „Vertierung" schließen. Ebenso wurde das Kriegsziel der Rechristianisierung der Sowjetunion reaktualisiert.

Ehemalige Kriegspfarrer verteidigten die „saubere Wehrmacht" als eine vom Nationalsozialismus und seinen Verbrechen unberührte Institution. Auch das ermöglichte einen unkritischen Umgang mit der eigenen Rolle im Krieg.

Erst in den 1960er Jahren verschärfte sich die Kritik an der Wehrmachtseelsorge. Linke und pazifistische Kreise stellten die einstigen Kriegspfarrer in eine Reihe mit Nazi-Funktionären und drängten diese in eine Position der Defensive, aus der sie nicht mehr herausfinden sollten. In beiden Konfessionen reagierte man mit dem Verweis auf die angeblich unpolitische Rolle der Wehrmachtseelsorge im Krieg. Danach hätten sich die Kriegspfarrer ausschließlich um die rein menschliche Aufgabe der Seelsorge an den Soldaten gekümmert. Der staatliche Auftrag, der die Wehrmachtseelsorge bis 1942 ins Zentrum der Soldatenerziehung gestellt hatte, fand in diesem Kontext keine Erwähnung.

Die für den Krieg so typische Fokussierung der Wehrmachtseelsorge auf die eigene Mannschaft bestimmte auch deren Rückblick auf den Vernichtungskrieg. Man schaute nicht auf das, was man anderen angetan hatte, sondern auf die eigenen Soldaten, die im Krieg gestorben waren. Ihr Tod wurde in den Kontext der Passion Christi gestellt und nun sogar auf das Schicksal aller Deutschen übertragen. So wie Christus erst gestorben und dann auferstanden war, sollte Deutschland seine Niederlage überwinden und – als christlich geläuterte Nation – „wiederauferstehen". Dieses Narrativ erlaubte es den Hinterbliebenen, den Tod ihrer Väter, Brüder und Ehemänner mit Sinn zu versehen – die Reflexion der eigenen schuldhaften Verstrickung in den Nationalsozialismus und seine Verbrechen blieb dabei auf der Strecke.

Dies war möglich, weil die christlichen Kirchen sich und das Gros der Deutschen als Opfer und Gegner des Nationalsozialismus verstanden und weil sie nach dem Krieg – gefördert von der kirchenfreundlichen Politik der Alliierten – die Deutung der jüngsten deutschen Geschichte dominierten.

Manch einer glaubte, Deutschland hätte den Krieg gewonnen, wenn das Christentum von der politischen Führung des „Dritten Reiches" gefördert statt bekämpft worden wäre. Als „Beweis" genügte ein Blick auf die Militärseelsorge in der britischen Armee, wo eine ganze Reihe ziviler christlicher Organisationen sich um das Wohl der Soldaten gekümmert hatte. Die Kirchen waren in weitem Umfang für die medizinische Versorgung der Armee zuständig gewesen und christliche Organisationen hatten im großen Stil Kantinen, Clubs oder Unterhaltungsstätten für Soldaten betrieben. In Großbritannien gab es mehr als dreimal so viele Militärseelsorger als in der Wehrmacht. Hier hatte man offensichtlich bis zum Schluss an den Zusammenhang von christlichem Glauben und militärischer Leistungskraft geglaubt – ein Glaube, der 1939 auch das „Merkblatt für Feldseelsorge" getragen hatte – aber seit 1941 im Zuge der Entkofessionalisierung der deutschen Wehrmacht kontinuierlich abgebaut worden war.

Es ist bemerkenswert, dass britische Historiker bis heute den Zusammenhang von Kampfkraft und christlichem Zuspruch stark machen und ein militantes Christentum als wirksame ideologische Waffe im Krieg gegen den Nationalsozialismus beschreiben. Danach hat die christliche Moral in der britischen Armee den Siegeswillen der Soldaten gestärkt und den militärischen Wert des religiösen Glaubens bewiesen.[421] Aus deutscher

Sicht kann eine solche These nur skeptisch beurteilt werden. Was wäre gewesen, wenn Hitler die Wehrmachtseelsorge durchgehend unterstützt und gefördert hätte? Hätte der Krieg dann länger gedauert? Oder wäre er gar gewonnen worden? Selbst wenn das Bewusstsein, als Christen gegen ein unchristliches Deutschland zu kämpfen, manche Briten im Kampf beflügelt haben mag, so war der Kriegsausgang wohl kaum das Ergebnis größerer christlicher Glaubensstärke, sondern der überlegenen militärischen Kräfte der westlichen Alliierten und der Sowjetunion.

Die Wehrmachtseelsorge hätte auch mit einer besseren Ausstattung kaum den Sieg der Wehrmacht herbeiführen können. Selbst der „moralische Sieg“ gegen die Sowjetunion, den Kriegspfarrer im und nach dem Krieg so gerne beschworen, musste ausbleiben, da dieser „Sieg“ mit einem Krieg verbunden war, der die Menschenrechte vor aller Augen mit Füßen getreten hatte.

Abkürzungen

AA	Archiv der Abtei Maria Laach
AAK	Archiv der Akademie der Künste Berlin
ADCV	Archiv des Caritas Verbandes Freiburg i. Br.
AEK	Archiv des Erzbistums Köln
a. K.	auf Kriegszeit
AKMB	Archiv des Katholischen Militärbischofs Berlin
AOK/A. O. K.	Armeeoberkommando
BA-MA	Bundesarchiv-Militärarchiv Freiburg i. Br.
BArch	Bundesarchiv
BayHStA	Bayerisches Hauptstaatsarchiv München
BDC	Berlin Document Center
BDO	Bund Deutscher Offiziere
BK	Bekennende Kirche
Batl.	Bataillon
BVP	Bayerische Volkspartei
CA	Central-Ausschuss
DAB	Diözesanarchiv Berlin
DC	Deutsche Christen
Div.	Division
d. R.	der Reserve
EA	Erzbischöfliches Archiv Freiburg i. Br.
EAM	Erzbischöfliches Archiv München
EK	Eisernes Kreuz
EZA	Evangelisches Zentralarchiv in Berlin
GDC	Glaubensbewegung Deutsche Christen
Gestapo	Geheime Staatspolizei
HDv	Heeres-Dienstvorschrift
HQ EUCOM	Headquarter of European Command
ID/I. D.	Infanteriedivision
i. H.	im Hauptamt
IM	Innere Mission
i. N.	im Nebenamt
IR	Infanterie Regiment
i. R.	im Ruhestand/in Ruhe
KG	Kirchengeschichte
KNA	Katholische Nachrichtenagentur
KVK	Kriegsverdienstkreuz

LAELKB	Landeskirchliches Archiv der Ev.-Lutherischen Kirche in Bayern
LKA	Landeskirchliches Archiv/Landeskirchenarchiv
LKAK	Landeskirchliches Archiv der Ev.-Lutherischen Kirche in Norddeutschland Kiel
LKR	Landeskirchenrat
Lt./Oblt.	Leutnant/Oberleutnant
mot.	motorisiert
NL	Nachlass
NSDAP	Nationalsozialistische Deutsche Arbeiterpartei
NSFO/N. S. F. O.	Nationalsozialistischer Führungsoffizier
NKFD	Nationalkomitee Freies Deutschland
NS/N. S.	nationalsozialistisch/er/e
NT	Neues Testament
OB	Oberbefehlshaber
Offiz.	Offizier
o. D./o. J.	ohne Datum/ohne Jahr
OK	Oberkommando
OKH	Oberkommando des Heeres
OKW	Oberkommando der Wehrmacht
Pfr.	Pfarrer
Prof./ao Prof.	Professor/außerordentlicher Prof.
PD	Privatdozent
PW	Priesterweihe
PT	Praktische Theologie
R	Regiment
RM	Reichsmark
RSHH	Reichssicherheits-Hauptamt
SD	Sicherheitsdienst (des Reichsführers SS)
SDS	Sozialistischer Deutscher Studentenbund
Sg	Sammlung
SJ	Societas Jesu
SS	Schutzstaffel
SW	Sammlung Werthmann
TB	Tagebuch
UA	Universitätsarchiv
Uffz.	Unteroffizier
WKdo	Wehrkreiskommando
ZAEKHN	Zentralarchiv der Ev. Kirche in Hessen und Nassau
z. B. V.	zur besonderen Verwendung

Ausgewählte Literatur

Beese, Dieter: Seelsorger in Uniform. Evangelische Militärseelsorge im Zweiten Weltkrieg. Aufgabe – Leitung – Predigt. Hannover 1995.

Behrenbeck, Sabine: Der Kult um die toten Helden. Nationalsozialistische Mythen, Riten und Symbole. 1923 bis 1945 (Kölner Beiträge zur Nationsforschung 2). Vierow bei Greifswald 1996.

Faulkner Rossi, Lauren: Wehrmacht Priests. Catholicism and the Nazi War of Annihilation. Cambridge, Massachusetts, London 2015.

Garbe, Irmfried: Theologe zwischen den Weltkriegen: Hermann Wolfgang Beyer (1898–1942). Zwischen den Zeiten, Konservative Revolution, Wehrmachtseelsorge (Greifswalder theologische Forschungen 9). Frankfurt a. M. 2004.

Gross, Raphael: Gott und Religion in der Ethik des Nationalsozialismus. In: Treml, Martin / Weidner, Daniel (Hg.): Nachleben der Religionen. Kulturwissenschaftliche Untersuchungen zur Dialektik der Säkularisierung (Trajekte). München 2007, 177–189.

Grüttner, Michael: Brandstifter und Biedermänner. Deutschland 1933–1939. Stuttgart 2015.

Hartmann, Christian: Wehrmacht im Ostkrieg. Front und militärisches Hinterland 1941/ 42 (Quellen und Darstellungen zur Zeitgeschichte 75). München [2]2010.

Kühne, Thomas: Kameradschaft. Die Soldaten des nationalsozialistischen Krieges und das 20. Jahrhundert (Kritische Studien zur Geschichtswissenschaft 173). Göttingen 2006.

Leugers, Antonia: Jesuiten in Hitlers Wehrmacht. Kriegslegitimationen und Kriegserfahrung (Krieg in der Geschichte 53). Paderborn u. a. 2009.

Mazower, Mark: Hitlers Imperium. Europa unter der Herrschaft des Nationalsozialismus. München 2009.

Meier, Kurt: Der evangelische Kirchenkampf. Bd. 3: Im Zeichen des Zweiten Weltkrieges. Halle a. d. Saale 1984.

Messerschmidt, Manfred: Die Wehrmachtjustiz 1933–1945. Paderborn u. a. [2]2008.

–, Zur Militärseelsorgepolitik im Zweiten Weltkrieg. In: Militärgeschichtliche Mitteilungen 3 (1969), 37–67.

–, Die Wehrmacht im NS-Staat. Zeit der Indoktrination (Truppe und Verwaltung 16). Hamburg 1969.

Missalla, Heinrich: Wie der Krieg zur Schule Gottes wurde. Hitlers Feldbischof Rarkowski. Eine notwenige Erinnerung. Oberursel 1997.

–, Für Volk und Vaterland. Die Kirchliche Kriegshilfe im Zweiten Weltkrieg. Königstein i. Ts 1978.

Neitzel, Sönke / Welzer, Harald: Soldaten. Protokolle vom Kämpfen, Töten und Sterben. Frankfurt a. M. 2011.

Röw, Martin: Militärseelsorge unter dem Hakenkreuz. Die katholische Feldpastoral 1939–1945 (Krieg in der Geschichte 83). Paderborn u. a. 2014.

Sabrow, Martin: Held und Opfer. Zum Subjektwandel deutscher Vergangenheitsverständigung im 20. Jahrhundert. In: Frölich, Margrit / Jureit, Ulrike / Schneider, Christian (Hg.): Das Unbehagen an der Erinnerung – Wandlungsprozesse im Gedenken an den Holocaust. Frankfurt a. M. 2012, 37–54.

Smid, Marikje: Protestantismus und Antisemitismus 1930–1933. In: Kaiser, Jochen-Christoph / Greschat, Martin (Hg.): Der Holocaust und die Protestanten. Analysen einer Verstrickung (Konfession und Gesellschaft 1). Frankfurt a. M. 1988, 40–66.

Snape, Michael: The Royal Army Chaplains' Department 1796–1953. Clergy under Fire. Woodbridge 2008.

–, God and the British Soldier. Religion and the British Army in the First and Second World Wars. Christianity and Society in the Modern World. New York 2005.

Biogramme

Aix, Guido Xaver Jakob 94

geb. 18.9.1911 Düsseldorf, gest. 29.9.1995 Köln, 1935 PW, Kaplan Knapsack, 1940 Kriegspfr. a.K. und Divisionspfr. der 251. ID, Divisionspfr. der 416. ID, Lazarettpfr. der Kriegslazarettabteilung 581, 1941 Lazarettpfr. bei der Kriegslazarettabteilung 603, 1943 Divisionspfr. der 46. ID, 1946 Subsidiar Düsseldorf-Benrath, 1947 Religionslehrer Düsseldorf, Leiter des Religionsunterrichts für Berufs- und Berufsfachschulen ebd., 1955 Päpstlicher Geheimkämmerer, Monsignore, 1956 Leiter der religions-pädagogischen Arbeitsgemeinschaft für Laienkatechten Düsseldorf, 1959 Berufsschulpfr., Visitator für katholischen Religionsunterricht an berufsbildenden Schulen, 1963 Pfr. Düsseldorf, 1964 Rektoratsverweser ebd.

Arndt, Erich 47, 52, 203

geb. 11.10.1912 Parchim, gest. 11.5.2012 Rostock, 1933 Eintritt in die NSDAP, seit 1935 Mitglied der BK, seit 1941 ev. Kriegspfr. a.K., 1943 Angehöriger des NKFD, 1975–1990 Landeskirchlicher Beauftragter für die Gefängnisseelsorge in den Strafanstalten Bützow, Neustrelitz und Warnemünde, Mitglied des Bezirkstags Schwerin mit dem Mandat des Kulturbundes der DDR, Mitglied der Christlichen Friedenskonferenz.

Bader, Andreas 150

geb. 13.11.1896 Hausen, gest. 19.6.1974 Neuburg/Donau, Teilnahme am Ersten Weltkrieg, zuletzt Leutnant, 1924 PW, Stadtkaplan Lindau, Studienpräfekt Neuburg, Donau, 1930 Pfr. Pobenhausen, 1935 Pfr. Oberschondorf, 1940 Kriegspfr. a.K., Lazarettpfr. der Kriegslazarettabteilung 694 (mot.), Divisionspfr. der 545. ID (Sicherungsdivision), 1942/43 Erkrankung, 1944–1948 Kriegsgefangenschaft Sowjetunion, 1948 Pfr. Oberschondorf, 1953 Pfr. Augsburg, Geistlicher Rat.

Bartsch, Erich 74, 116

geb. 24.3.1890 Berlin, gest. 5.8.1954 Amelsbüren, 1913 PW, Aushilfspriester u. Hausgeistlicher Berlin, Kaplan Naumburg, Queis, 1914 Kaplan Neuzelle, 1917 Kaplan Reichenbach (Niederschlesien), 1919 Schlosskaplan Pförten (ebd.), 1920 Religionslehrer Beuthen, 1923 Subregens am Priesterseminar Breslau, 1927 Pfr. Naumburg, Queis, Erzpriester ebd., 1938 kommissarischer Heerespfr. Frankfurt/Oder, Wehrmachtpfr., 1939 Divisionspfr. der 3. (mot.) ID, später 3. Panzergrenadierdivision, Stellv. Wehrkreispfr. VI Münster, 1941 Wehrmachtoberpfr., Wehrkreispfr. III Berlin, Stellv. Feldgeneralvikar, Armeepfr. beim AOK der 15. Armee, 1943 beim AOK der 20. Gebirgsarmee Lappland, Dienstaufsichtführender Kriegspfr. beim AOK Norwegen Lillehammer, 1946 britische Kriegsgefangenschaft, 1947 Hausgeistlicher Rhede, Kreis Borken, 1948 Hilfsgeistlicher Kevelaer, 1950 Rektor des St. Franziskus-Hospitals Münster.

BAUER, Paul, Dr. phil. 95
geb. 5.1.1905 Arlesheim (Schweiz), gest. 2.11.1994 Heilbronn, 1927/28 Vikariat Münster am Neckar, 1932 ev. Pfr. Ludwigsburg, 1939 Wehrmachtpfr. Stuttgart, 1939–1945 Divisionspfr. in Frankreich und der Sowjetunion, 1945 Kriegsgefangenschaft, beauftragt mit Lagerseelsorge und Seelsorgeaufsicht in vier Lagern, seit 1945 Religionslehrer an höheren Schulen.

BAUERLE, Bernhard Karl Hermann 38, 40, 150, 155f., 190
geb. 26.1.1901 Thening/Linz, gest. 14.6.1987 Ludwigsburg, 1928 ev. Heerespfr., 1929 Pfr. Kocherstetten, 1933 Eintritt in die NSDAP, 1936–1939 Standortpfr. Heilbronn, 1938 Wehrmachtoberpfr., 1939 Wehrmachtoberpfr. an der Garnisonkirche Ludwigsburg, seit Oktober 1939 Divisonspfr. bei der 25. ID, seit November 1939 Armeepfr. beim AOK 16, 1944 Heeresgruppenpfr. Kurland, bis 1949 sowjetische Kriegsgefangenschaft, bis 1970 Pfr. Ludwigsburg.

BECK, Alois, Dr. theol. 93f., 138, 140
geb. 10.3.1913 Baden, Niederösterreich, gest. 12.1.1996 Wien, 1936 PW, Kooperator Laa a. d. Thaya, Religionsprofessor, 1939 Lazarettpfr. bei der Kriegslazarettabteilung 521 (mot.), Kriegspfr. a. K., Standortpfr. Krakau, 1940–1945 Divisionspfr. bei der 297. ID, Gräberoffizier, 1945–1950 Kaplan Penzing, danach im Schuldienst, 1952 Geistlicher Rat, 1959 Obmann der Arbeitsgemeinschaft katholischer Religionsprofessoren, 1960 Päpstlicher Ehrenkämmerer, Monsignore, 1970 Oberstudienrat.

BECKER, Karl-Heinz 150, 164, 195
geb. 19.10.1900 Insterburg, gest. 30.6.1968 Neustadt an der Aisch, 1917 Einberufung zum Militär, 1919/20 Mitglied verschiedener Freicorps, 1919–1922 Studien der Rechtswissenschaften und der Volkswirtschaft, 1925 Ordination, Hilfsgeistlicher Traunstein und Mittelfranken, 1930 Pfr. Ezelheim, Obmann der Pfarrerbruderschaft im bayerischen Kirchenkampf, 1937 Delegierter der BK auf den ökumenischen Konferenzen in Oxford und Edinburgh, 1940 Kriegspfr. a. K., Einsätze in Frankreich, Belgien, Rumänien, Ungarn, Ukraine und Südrussland, 1945 zwei Monate in amerikanischer Kriegsgefangenschaft, 1945 Pfr. Ezelheim, 1949 Solnhofen, 1956 Oberammergau, 1959 Stübach.

BERGER, Franz Xaver 37f., 133
geb. 15.1.1911 Innerthann b. Bad Aibling, gest. 4.5.1983 Altötting, 1938 PW, 1938–1940 Kaplan Bad Reichenhall, 1940 Einberufung in die Wehrmacht als Sanitätssoldat, Sanitätsobergefreiter, seit 1941 Kriegspfr. a. K., Lazarettpfr. der Kriegslazarettabteilung 571 Bohansaack b. Danzig, Divisionspfr. der Panzergruppe 4 Allenstein, im Ostfeldzug Betreuung der Feldlazarette, Divisionspfr. beim Generalkommando des L. Armeekorps, 1942 Divisionspfr. der 227. ID, zugleich Seelsorger bei einer Strafgefangenenabteilung u. einem Bewährungsbataillon sowie außerordentlicher Lazarettseelsorger der SS-Totenkopfdivision u. einer SS-Polizeidivision, 1945 amerikanische Kriegsgefangenschaft, danach Kaplan Bad Reichen-

hall, 1946 Religionslehrer ebd., 1947 Studienrat ebd., Hausgeistlicher im Erholungsheim der Franziskanerinnen von Dillingen, 1960 Studienprof., 1965 Oberstudienrat.

BEYER, Hermann Wolfgang, Prof. Dr. phil., lic. theol. 8, 11, 21, 32, 37, 44, 61f., 65, 87, 98, 104, 110, 112, 124, 131, 135, 142, 146–149, 156f., 167, 180

12.9.1898 Annarode Kreis Mansfeld, gest. 25.12.1942 Don-Gebiet (Sowjetunion), Teilnahme am Ersten Weltkrieg, 1926 PD Göttingen, o. Prof. Greifswald (KG und Christliche Archäologie), 1930 Mitglied der „Christlich deutschen Bewegung", 1933 Anhänger der GDC, Mitglied der SA, 1933/34 Geistlicher Minister und Unierter Kirchenminister der Reichskirchenregierung Berlin, 1936 o. Prof. u. Direktor des archäologischen Seminars Leipzig, 1937 Mitgliedschaft in der NSDAP beantragt, aber nicht bewilligt, 1940–1942 ev. Divisionspfr. bei der 294. ID der 6. Armee, während der Belagerung von Stalingrad von Rotarmisten erschossen.

BÖRNER, Richard 102, 139

geb. 28.5.1906 Großweigelsdorf (Schlesien), gest. 24.11.1990 Hannover, 1930 Lehrvikar Gremsdorf, 1932 Ordination, 1933/34 Hilfsdienst Hochweiler, Ohlau, Herrnstadt, 1934 Pfarrvikar Greiffenberg, 1934–1941 Pfr. Lindenkranz, 1941–1945 Stiftspfr. am Samariterordensstift Kraschnitz, Leiter der 1. Schlesischen Diakonenanstalt, 1942 Einberufung in die Wehrmacht, u.a. tätig als Gräberoffizier, 1949 Entlassung aus sowjetischer Kriegsgefangenschaft, 1949–1976 Vereinspfr. an der Bibelschule der Frauenmission Malche e.V. Zweigstelle Wendlinghausen/Lippe bzw. Barkhausen a. d. Porta.

BRINZ, Arnold 65f., 123, 137

geb. 19.6.1901 München, während des Zweiten Weltkrieges Feldwebel und Anwalt beim Kompanie- und Kriegsgericht der 132. ID im Einsatz gegen die Sowjetunion.

BURGER, Ewald, Dr. theol. 40

geb. 18.5.1905 Stuttgart, gest. 30.6.1942, 1928–1930 Stadtvikar Heidenheim an der Brenz, Stadtpfarrverweser Stuttgart, Pfarrverweser Reichenbach a.d. Fils. 1930–1933 Repetent am Ev. Stift Tübingen und Lehre ebd., 1934 Studentenpfr. Tübingen, 1938 2. Stadtpfr. Schwäbisch Gmünd, seit 1939 bei der Kriegslazarettabteilung 551, 1940 Kriegspfr. a.K., beim Wehrkreis XIII, 1941 Divisionspfr. bei der 113. ID.

BUSSE, Alfred Heinrich 39

geb. 10.5.1909 Bromberg (Posen), gest. 29.4.1990 Stralsund, 1939 Ordination, Pfr. Kölpin, Kirchenkreis Neustettin, Einberufung zur Wehrmacht, Soldat beim Infanterieersatzbataillon Neustettin, danach kommissarischer Kriegspfr. beim Korps Kaupisch, 1940 Kriegspfr. a.K. bei der 399. ID, 1940/41, Standortpfr. Paris, seit August 1941 Kriegspfr. Riga, dann Divisionspfr. der 123. ID, 1941 Versetzung zur 122. ID, 1945–1949 sowjetische Kriegsgefangenschaft, 1950–1974 Pfr. Pütte, Kirchenkreis Franzburg, 1974–1990 Beschäftigungsauftrag als Pfr. Pütte.

DÄHN, Bernhard 84

geb. 16.1.1903 Berlin, gest. 5.2.1978 Olpe, 1928 PW, Kaplan Berlin-Lankwitz, 1932 Hausgeistlicher am St. Antonius-Krankenhaus Berlin-Karlshorst, 1934 Studienreferendar, 1935 Studienassessor Berlin-Charlottenburg, Sagan, Kreuzburg (Oberschlesien), 1939 Divisionspfr. der 239. ID, Bezirksstandortpfr. Berlin-Spandau, 1941 Wehrkreispfr. III Berlin, Divisionspfr. der 239. ID, Wehrmachtpfr., 1942 Divisionspfr. der 121. ID, Verwundung, 1944–1949 sowjetische Kriegsgefangenschaft, 1950 Studienassessor Olpe, 1951 Studienrat ebd., 1958 Inkardinierung in das Erzbistum Paderborn, 1965 Oberstudienrat.

DOHRMANN, Franz, D., Dr. theol. hc 23, 35, 44, 47, 52, 125, 182

geb. 4.10.1881 Großbübbichow bei Frankfurt/Oder, gest. 19.4.1969 München, 1908 Ordination, 1908–1919 Pfr. und Militärseelsorger Potsdam, Bromberg, Teilnahme am Ersten Weltkrieg, 1920 Wehrkreispfr. und Konsistorialrat Stettin, 1934–1945 Ev. Feldbischof der Wehrmacht, 1946 Pfr. München.

EICKHOFF, Josef 71f., 124, 149

geb. 16.8.1899 Anröchte, gest. 17.10.1950 Gelsenkirchen-Bismarck, Teilnahme am Ersten Weltkrieg, 1927 PW, Vikar Althaldensleben, 1933 Vikar u. Assessor Magdeburg, 1938 Unterrichtsverbot, 1939 Standortpfr. i. N., 1939 Kriegspfr. a. K., Divisionspfr. der 13. Panzerdivision, 1943 Lazarettpfr. bei der Kriegslazarettabteilung 921, 1944 beim Kriegslazarett 3/637, 1945 Pfr. Gelsenkirchen-Bismarck.

ELLNER, Leopold 59

geb. 6.4.1912 Pfaffing b. Wasserburg, gest. 19.12.1975 München, 1936 PW, Kaplan Solln, Präfekt am Knabenseminar Scheyern, 1939 Einberufung als Sanitätssoldat zur Sanitätskompanie 2/238, 1941 Kriegspfr. a. K. und Lazarettpfr. der Kriegslazarettabteilung 571, 1942 Divisionspfr. der 269. ID, 1945–1949 sowjetische Kriegsgefangenschaft, 1950 Kaplan München, 1955 Stadtpfr. München-Harlaching.

GMEINER, Stefan 51f., 181f.

geb. 25.9.1895 Hendenham, gest. 13.9.1952 Bernau, Teilnahme am Ersten Weltkrieg, 1916 Uffz., 1917 Vizefeldwebel, dann Leutnant d. R., 1921 PW, Hilfspriester Solln, 1923 Kooperator Freising, 1927 Stadtvikar ebd., 1934 Standortpfr. i. N., 1935 Standortpfr. i. H. München, 1936 Heerespfr. München, 1938 Divisionspfr. der 7. ID während der Besetzung Österreichs, 1938 Seelsorger im Aufbaustab des Generalkommandos der XVIII. Armeekorps Salzburg, Standortpfr. Regensburg, Wehrmachtoberpfr. beim Stab des I. Armeekorps Königsberg, 1939 Armeepfr. beim AOK 3, danach beim AOK 16, Wehrkreispfr. I Königsberg, Heeresgruppenpfr. für den Grenzabschnitt Nord, 1940 Dienstaufsichtführender Kriegspfr. beim Chef der Militärverwaltung bzw. beim Wehrmachtbefehlshaber in Frankreich Paris, Armeepfr. beim AOK 11, 1941 Wehrmachtdekan, Heeresgruppenpfr. der Heeresgruppe Don, seit 1943 Heeresgruppe Süd, Wehrkreispfr. I. Königsberg, 1945 Lazarettaufenthalt, 1946 Vicarius substitutus Reichersbeuern, Pfarrvikar ebd., Strafanstaltspfr. Bernau, Chiemsee.

GOES, Albrecht 57, 193
geb. 22.3.1908 Langenbeutingen, gest. 23.2.2000 Stuttgart-Rohr, 1930 Ordination, Vikar Echterdingen, 1933 Pfr. Unterbalzheim bei Illertissen, 1938 Gebersheim bei Leonberg, 1940 Kriegsdienst, 1942 Lazarett- und Gefängnispfr., 1945 amerikanische Kriegsgefangenschaft, 1953 Pfr. Hochdorf, 1967 Weiler an der Zaber, freier Schriftsteller.

GRÜNEFELD, Heinrich 147
geb. 16.6.1909 Bottrop, gest. 16.1.1988 Bremen, 1936 PW, 1937 Kaplan Neubrandenburg, Seelsorger für die „Wandernde Kirche", 1939 Divisionspfr. der 60. ID, 1940 Stationierung im Bereich der 18. Armee u. 12. Armee, 1941 Rumänien, Bulgarien, Serbien, 1. Panzer-Armee Schitomyr und Uman, Mariupol, Rostow, 1942/43 Lazarettpfr. bei den Kriegslazarettabteilungen 925 und 905, danach Abkommandierung zur 148. ID, 1943 bei der Armeeabteilung „Ligurien", 1944 Norditalien, 1945 Kriegsgefangenschaft, Vikar Bremen, 1947 Pastor Grafeld, 1958 Anstaltspfr. Lingen.

HAMM, Johann Anton 96, 114, 144, 185f., 190, 195
geb. 27.3.1909 Eschweiler, gest. 15.1.1986 Münstereifel, 1937 PW, Kaplan Richterich u. Breinig b. Aachen, 1940 Einberufung als Sanitätssoldat zur Sanitätsersatzabteilung 6, Sanitätsobersoldat der Sanitätskompanie 1/254, 1941 Lazarettpfr. bei der Kriegslazarettabteilung 609 und 581, Kommandierung zur Sanitätskompanie 500, 1941 Lazarettpfr. der Kriegslazarettabteilung 509, 1943 Lazarettaufenthalt, Verhaftung, Verurteilung wegen Wehrkraftzersetzung zu zwei Jahren Gefängnis, 1944 Aufhebung des Urteils, danach Bestätigung des Urteils in zweiter Instanz, 1945 Haft im KZ Dachau, Kaplan Rheydt, 1949 Pfr. von Berg vor Nideggen, 1951 von Nöthen b. Münstereifel, 1959 Seelsorger im Kreisaltersheim Korschenbroich, 1960 Lektor für Philosophie, Ethik und Pastoralpsychologie in der Trappistenabtei Mariawald, Rektor bei den Barmherzigen Schwestern Münstereifel, Gymnasialpfr. Münstereifel.

HASSELBACH, Ulrich von, Dr. phil. 86
geb. 22.10.1910 Dresden, gest. 21.9.1999 Unna, 1933 Eintritt in die NSDAP, 1937 ev. Hilfsprediger Bremen, 1939–1941 Wehrmachtpfr. und Divisionspfr bei der 221. ID, seit 1941 Sicherungs-Division 221, 1941–1945 Wehrmachtpfr. bei der 22. ID, 1945–1947 jugoslawische Kriegsgefangenschaft, 1948 Pfr. bei der „Freien Protestantischen Vereinigung in der Gemeinde Horn e. v.", 1955–1970 Berufsschullehrer und Studiendirektor Unna/Westf., freier Prediger Duisburg u. Mülheim/Ruhr, 1976–1986 Schriftleiter von „Freies Christentum".

HEIDLAND, Hans-Wolfgang, Prof. Dr. theol. 79f.
geb. 20.7.1912 Koblenz, gest. 11.1.1992 Malsburg-Marzell, 1936 Pfr. Mannheim, 1937 komm. Heerespfr., 1939–1943 Wehrmachtpfr. und Divisionspfr. beim Kdo. der 3. Panzer-Division, 1943–1945 Kriegspfarrerreserve beim OKH Potsdam, 1945 Pfarrkandidat Heidelberg-Wieblingen, 1946 Leiter des Männerwerkes der badischen Landeskirche, 1947 Pfr. Heidelberg, 1949 OKR Karlsruhe, 1960 o. Prof. (PT) Heidelberg, 1964–1980 badischer Landesbischof.

HILDEBRANDT, Karl 177
geb. 9.10.1909 Vienenburg, gest. 6.6.1982 Hannover, 1936 PW, 1937 Kaplan Dinklar, dann Hannoversch-Münden, 1939 Lazarettpfr. der Kriegslazarettabteilung 591, 1940 Divisionspfr. der 129. ID, 1943 Lazarettaufenthalt, 1944 Lazarettpfr. der Kriegslazarettabteilung 521, des Kriegslazaretts 3/677, 1944 Umbenennung in 2/521, des Feldlazaretts 617 und der Kriegslazarettabteilung 605, 1945 Lazarettpfr. der Kriegslazarettabteilung 3/612, 1945 amerikanische Kriegsgefangenschaft, Pfarrvikar Seelze, 1962 Pfr. Seelze.

HOTZEL, Siegfried, Dr. theol. 71, 170, 172
geb. 12.2.1894 Leopoldshall, gest. 4.9.1992 Dornstadt, 1925–1927 Syndikus Weimar, 1931–1934 Pfr. Gloethe, 1934–1936 Pfr. Leopoldshall, 1936 Wehrmachtpfr., Standortpfr. Erfurt, 1938 Wehrmachtoberpfr., 1939 Bezirksstandortpfr. Danzig, 1939 Divisionspfr. der 29. ID, 1940 der 129. ID, danach beim Stab der Kriegslazarettabteilung 591, Juni 1941 beim Militäroberbefehlshaber im Generalgouvernement, 1944 Wehrkreispfr. Wiesbaden, 1945–1960 Pfr. Erfurt, 1961 Übersiedlung in die Bundesrepublik Deutschland.

HUNZINGER, Wilhelm Carl Ulrich Hugo Martin 98f.
geb. 22.4.1891 Roggendorf, gest. 29.5.1975 Hamburg, 1920 Ordination, Pfr. Roggendorf, 1926 Pfr. Schwerin, 1935 Wehrmachtpfr., 1939 beim AOK 10 Oppeln, 1940 Wehrmachtdekan, 1943 beim Stab des OK der Heeresgruppe F, 1943 beim Militärbefehlshaber in Belgien und Nordfrankreich, 1946 Pfr. Hamburg-Eimsbüttel.

KÄHLER, Hans 11, 32, 34, 57, 70, 72, 74, 76f., 89f., 101, 103f., 112f., 123, 169, 172, 176, 178f.
geb. 15.10.1905 Klein Zecher, Kreis Herzogtum Lauenburg, gest. 28.5.1982 Lüchow, 1932 Ordination, Provinzialvikar Brunsbüttel, 1933 Gülzow, Pfr. ebd., Eintritt in die NSDAP, 1933–1938 kommissarischer Standortpfr. Verden, 1939 Wehrmachtpfr. und hauptamtlicher Standortpfr. ebd., 1939–1941 Divisionspfr. der 225. ID, 1941/42 der 81. ID, 1942 der 163. ID, 1945 sowjetische Kriegsgefangenschaft, 1950 Pfr. Wustrow bei Lüchow, 1954 Kurprediger Bad Essen, 1963 Pfr. Neersen, Landkreis Hameln-Pyrmont.

KAYSER, Josef 36, 186, 196f.
geb. 22.11.1895 Schmallenberg, gest. 21.4.1993 Lippetal-Hovestadt, 1931 PW, Vikar Dortmund, Seelsorger beim Freiwilligen Arbeitsdienst

Staumühle, 1933 Kooperator Bönen, Vikar Höxter, 1935 Militärseelsorger i. N. ebd., 1939 Kommissarischer Wehrmachtpfr. Brandenburg a. d. Havel, 1940 Wehrmachtpfr. Brandenburg, 1941 Divisionspfr. der 76. ID, 1943 sowjetische Kriegsgefangenschaft, Mitarbeit im NKFD und BDO, 1945 Rückkehr nach Deutschland, Pfarrvikar Dortmund-Kirchhörde, Pfr. Bosseborn, Kreis Höxter, 1954 Anstaltsgeistlicher Lippstadt-Eickelborn.

KETTERER, Anton 92

geb. 29. 4. 1911 Seelbach, gest. 11. 9. 1972 Freiburg, 1936 PW, Vikar Heidelberg-Rohrbach, Vikar Hechingen, 1939 Vikar Hardheim b. Walldürn, Vikar Mannheim, dann Einberufung als Sanitätssoldat zum Feldlazarett 179 (mot.), 1941 Kriegspfr. a. K. und Lazarettpfr. der Kriegslazarettabteilung 605 und 906, Kommandierung zur Feldkommandantur 589 Orléans, 1944 zur Feldkommandantur 622 Epinal, 1945 Vikar Heidelberg, 1949 Benefiziat Überlingen am Bodensee, 1953 Pfarrverwesen Obrigheim, 1955 Pfr. ebd.

KNAPP, Gerhard 11, 32, 48f., 69, 71, 77, 111, 120, 127, 145, 167, 176

geb. 13. 9. 1904 Sulz, Kreis Calw, gest. 2. 5. 1945 Dampfschiff Ganther auf der Überfahrt nach Dänemark, 1933–1940 Pfr. Laufen a. d. Eyach, 1933 Eintritt in die NSDAP, Vertrauensmann der BK im Dekanat Balingen, 1940 Einberufung zur Wehrmacht, Nachschubkompanie 178, 1./ Sanitätskompanie 178, zeitweise Vertretung des Divisionspfarrers, 1945 Sanitätsoberfeldwebel beim Stab des Generalkommando IX. Armeekorps.

KORNMANN, Wilhelm 160, 195, 201

geb. 11. 2. 1894 Darmstadt, vermisst 1943 Russland, Teilnahme am Ersten Weltkrieg, 1921 Verwalter der Jugendpfarrstelle Offenbach am Main, Verwalter Ulrichstein, seit 1924 Pfr. ebd., 1927 Jugendpfr. Frankfurt a. M., 1928 Pfr. Rodheim a. d. Horloff, 1930 Laubach, 1934 Darmstadt-Markusbezirk, 1939 beurlaubt als Wehrmachtgeistlicher, 1939/40 Wehrmachtpfr. im Wehrbezirk XII Wiesbaden, 1941 bei der 295. ID.

KOSTORZ, Johannes 178

geb. 26. 11. 1891 Merseburg, gest. 8. 12. 1972 Meschede, Teilnahme am Ersten Weltkrieg, 1917 Lt. d. R., 1921 PW, 1921–1926 Kaplan Berlin, 1929 Kuratus Bad Freienwalde (Oder), 1932 Pfr., Kurat Berlin-Staaken-Döberitz, 1932 Standortpfr. i. N. Döberitz, 1935 Standortpfr. i. H. Stettin, 1936 Heerespfr., 1937 Heeresoberpfr., 1938 Wehrkreispfr. XI Hannover, 1940 Armeepfr. beim AOK 2, Stellvertretender Wehrkreispfr. I Königsberg, Wehrmachtoberpfr., 1941 Armeepfr. beim AOK 17, Wehrmachtdekan, 1943 Dienstaufsichtführender Kriegspfr. beim Wehrmachtbefehlshaber Ukraine Rowno, Heeresgruppenpfr. der Heeresgruppe Süd, 1945–1950 sowjetische Kriegsgefangenschaft, 1951 Aushilfspriester Castrop-Rauxel, Pfarrvikar Erlinghausen, 1954 Inkardinierung in das Erzbistum Paderborn.

KRAUS, Johann Evangelist 64
geb. 8.6.1898 Fristingen, gest. 15.1.1972 Augsburg, 1924 PW, Kaplan Pfaffenhausen, 1926 Stadtkaplan Augsburg-Pfersee, 1927 Benefiziat Jettingen, 1929 Pfr. Mattsies, 1940 Kriegspfr. a.K. und Lazarettpfr. der Kriegslazarettabteilung 680, Divisionspfr. der 113. ID, 1942 wegen Krankheit Versetzung zum stellvertretenden Generalkommando XIII München, 1942 Entlassung aus der Wehrmacht, Kammerer des Kapitels Mindelheim, Geistlicher Rat.

KREUTZBERG, Heinrich Joseph 95
geb. 31.12.1898 Hemmerden, gest. 15.4.1968 Brühl, Teilnahme am Ersten Weltkrieg, 1923 PW, Kaplan Düsseldorf, 1930 Kaplan Wuppertal-Barmen, 1939 Kommissarischer Wehrmachtpfr. Eberswalde, 1939 Divisionpfr. beim Grenzabschnittskommando 12, 1939 Stellvertretender Wehrkreispfr. III Berlin, 1940 Wehrmachtpfr., 1940 Divisonspfr. der 62. ID, 1942 krankheitsbedingte Beurlaubung, Versetzung in die OKH-Reserve, danach Stellvertretender Wehrkreispfr. III u. Standortpfr. Berlin, Lazarettaufenthalt Würzburg, 1945 Rektoratspfr. Wuppertal-Barmen, 1949 Pfr. Brühl, 1954 Dechant ebd., 1959 Geistlicher Rat, 1963 Kreisdechant Köln-Land.

KRIMM, Herbert Hugo, Prof., Dr. theol. 80, 167, 191f.
geb. 6.11.1905 Przemysl (Galazien), gest. 22.1.2002 Karlsruhe, 1940/41 Gefreiter beim 4. Infanterieersatzbataillon 456, dann Landschützenbataillon 397, 1941/42 beim AOK Norwegen zunächst als Schütze, dann als Kriegspfr. a.K. bei der Kriegslazarettabteilung 615, 1942–1945 bei der Kriegslazarettabteilung 615 Sofia, danach Kriegslazarettabteilung 605, 1945/46 amerikanische Kriegsgefangenschaft, danach Hauptgeschäftsführer und Leiter Abt. Kirchl. Wiederaufbau im Zentralbüro des Hilfswerks der EKD Stuttgart, 1951 Leiter Zentralbüro, Privatdoz. (PT) Heidelberg, Gründer und Honorarprof. des Diakoniewiss. Instituts der EKD Heidelberg, 1956 Generaldekan des ev. Militärbischofs, 1961–1970 Prof. für Diakoniewissenschaft, Heidelberg, bis 1978 Seelsorger in der Nervenklinik Landeck und Heidelberg.

KRÜGER, Karl 51, 116f., 182
geb. 17.9.1907 Esperenza de Santa Fé (Argentinien), gest. 17.11.1988 Detmold, Hilfsprediger in Gemeinde und Standortgemeinde Stettin-Pommersdorf, 1934 Standortpfr. Frankfurt/Oder, 1935 Standortpfr. Liegnitz, Wehrmachtpfr., Heerespfr., 1939 Divisionspfr. der 18. ID, 1944 Divisionspfr. der 116. Panzerdivision, 1946 seelsorgerlicher Dienst im Internierungslager Hemer, 1946–1972 Pfr. Elsey/Hohenlimburg, Dozent am Katechetischen Seminar Villigst.

KÜHN, Erich 189
geb. 14.12.1902 Hochhausen, gest. 27.5.1979 Mannheim, April 1925 Aufnahme unter die Pfarrkandidaten der Badischen Landeskirche, dann Ordination, Vikar Rheinbischofsheim, Mannheim, 1926 Karlsruhe, 1929 Karlsruhe-Mühlburg, 1930 Pfr. Linx b. Rheinau, 1934 Mannheim-Ne-

ckarau, während des Zweiten Weltkrieges Kriegspfr. a. K. und Divisionspfr. der 5. Jäger Division, nach 1945 Aufbau der Neckarauer Liebeswerke.

KUNST, Hermann 195

geb. 21. 1. 1907 Ottersberg, gest. 6. 11. 1999 Bonn, 1934 ev. Standortpfr. bei der Herforder Garnison, 1939/40 bei der Kriegslazarettabteilung 581, 1940 Kriegspfr. a. K. beim Stab der 8. ID, 1940–1943 Entlassung aus der Wehrmacht zwecks UK-Stellung, 1943 Wiedereinsatz bei der Wehrmacht als Kriegspfr. a. K. beim Stab der Kriegslazarettabteilung 571, Heeresgruppe Nord (später: „Kurland-Armee"), Anfang August 1944 Versetzung an die Westfront zur Kriegslazarettabteilung 677, zuletzt eingesetzt in den Niederlanden, kanadische Kriegsgefangenschaft im ostfriesischen Hage, 1951–1977 Bevollmächtigter der EKD beim Sitz der Bundesregierung in Bonn, 1957–1972 ev. Militärbischof i. N.

LECHNER, Wilhelm Johann 73, 175

geb. 7. 11. 1907 Fürth, gest. 12. 8. 1979, 1939 Ordination, 1939 Pfr.-Vertretung Steinheim, 1939 Einberufung zur Wehrmacht, bei der Fahrkolonne 6/268, 1940 Kriegslazarettabteilung 617, 1941 Kriegspfr. a. K. beim Kriegslazarett 907 und 918, 1943 Kriegslazarettabteilung 605, 1944 Kriegslazarettabteilung 684 und 695, 1944 als ungeeignet entlassen, 1946 Pfr. Neudrossenfeld II., 1961 Floß.

LEONHARD, Hans 91, 100, 189

geb. 22. 3. 1910 Wilchenreuth, gest. 7. 12. 1977 Weiden, 1934 Ordination, 1935 Vikar Erkersreuth, 1938/39 Pfr. Watzendorf bei Coburg, 1939–1945 als Kriegspfr. a. K. bei der Wehrmacht, 1945–1948 Pfr. Watzendorf, 1948–1977 Pfr. Neunkirchen und Mantel, Landkreis Neustadt an der Waldnaab.

LIPP, Georg 39, 51, 165

geb. 15. 4. 1904 Winden b. Haag, gest. 19. 3. 1983 Rosenheim, 1932 PW, Kooperaturverweser Walpertskirchen, 1934 Aushilfspriester Emmering b. Fürstenfeldbruck, 1935 Kaplan Schönberg b. Neumarkt a. d. Rott, 1935 Koadjutor Langenpettenbach, Kaplan Kolbermoor, 1936 Expositus Petersberg i. Inntal, Standortpfr. i. N. ebd., 1938 Kommissarischer Wehrmachtpfr. Rosenheim, 1939 Wehrmachtpfr., Divisionspfr. der 1. Gebirgsdivision, 1942 Lazarettaufenthalt, 1943 Einsatz auf dem Balkan, 1945 Pfarrvikar Hebertshausen, 1946 Katechtenkaplan Rosenheim, Studienrat ebd., 1954 Studienprofessor, 1954–1958 Mitglied des Bayerischen Landtags (CSU), 1962 Oberstudienrat, 1965 Gymnasialprofessor.

LITZENRATH, Heinrich 137

geb. 17. 4. 1907 Krefeld , gest. 31. 5. 1996 Düsseldorf, 1932 PW, Kaplan Düsseldorf, Subsidiar ebd., 1940 Kriegspfr. a. K. und Divisionspfr. der 294. ID, 1941 Erkrankung, 1942 Versetzung in die OKH-Reserve, 1942 Bezirksstandortpfr. des Wehrmachtseelsorgebezirks XXI/5 Litzmannstadt, 1942 Lazarettpfr. der Kriegslazarettabteilung 614, Kommandierung zum Wehrmachtbefehlshaber in den Niederlanden, 1946 Aushilfspriester Düsseldorf, 1946 Seelsorger im Jugendheim Düsseldorf, seit

1947 Religionslehrer ebd., 1956 Visitator des Religionsunterrichts an den Realschulen ebd., 1958–1975 Diözesanbeauftragter für die Realschulen im Erzbistum Köln, 1959 Realschulpfr., 1962 Päpstlicher Geheimkämmerer, Monsignore.

LOEVENICH, Theodor 11, 95f.

geb. 16.7.1907 Frechen, gest. 22.8.1990 Frechen-Königsdorf, 1939 PW, Aushilfspriester Wittlaer, 1940 Köln-Lindenthal, Wuppertal-Barmen, Einberufung als Sanitätssoldat zur Sanitätsersatzabteilung 6 Lüdenscheid, 1941 zum Panzerregiment 202, 1941 Kriegspfr. a.K. und Lazarettpfr. beim Kriegslazarett 680 Paris, Gefängnisseelsorger ebd., Kriegslazarettabteilung 533 und Kriegslazarett 4/533, 1943 Kommandierung zur Standortkommandantur Stalino, Artemiwsk, Winniza, 1944 Reservelazarett I der Sanitätsabteilung Krakau, danach Divisionspfr. der 125. ID, 1945 Lazarettseelsorger Gleiwitz, Rybnik, Ratibor, Böhmisch-Trüban, amerikanische Kriegsgefangenschaft, Aushilfspriester Düsseldorf, 1946 Religionslehrer Köln, Berufschulpfr., Päpstlicher Geheimkämmerer, Monsignore, Oberstudienrat.

LONICER, Heinrich 18, 24

geb. 23.6.1888 Quaritz (Schlesien), gest. 24.1.1981 Diessen/Ammersee, 1920 ev. Pfr. Breslau, 1933 Eintritt in die NSDAP, Mitglied der GDC, Ende 1933 Abkehr von der GDC, 1935 Wehrkreispfr. u. Referent für Militärseelsorge Breslau, 1939 Wehrkreispfr. VIII., 1942 Wehrmachtdekan und ev. Heeresgruppenpfr. beim OK der Heeresgruppe B (Russland) und beim OK der Heeresgruppe Südwest (Italien), 1945–1967 Pfarrer der Protestantischen Vereinigung Mülheim/Ruhr u. der Vereinigung ev. Freiheit Duisburg.

MÖMKES, Hermann 74

geb. 8.6.1902 Köln, gest. 21.1.1945 Kaunas, 1928 PW, Kaplan Morsbach, 1930 Bonn Poppelsdorf, Siegburg, 1939 Divisionspfr. der 163 ID., 1941–1945 Wehrmachtpfr.

MÜHLE, Hans Emil Karl, Dr. jur. 86

geb. 11.4.1897 Meinerdingen, Kreis Fallingbostel, gest. 25.1.1973 Berlin, Teilnahme am Ersten Weltkrieg, zuletzt als Leutnant, 1925 im Justizdienst, Dozent an der Ev. Jugendhochschule Hainstein, 1929 Leiter der ev. Grenzland-Volkshochschule, 1932 Leiter der Volkshochschule Berlin-Ulmenhof, 1933 Dozent am Institut für Sozialethik und Wissenschaft der Inneren Mission an der Universität Berlin, 1937 Predikant ebd., 1938 Ordination, Pfr. ebd., 1939/40 Pfr. Eickel, 1940–1945 Kriegspfr. a.K., u.a. Divisionspfr. bei der 6. Armee, Garnisonpfr. Potsdam, 1945 sowjetische Kriegsgefangenschaft, 1946–1954 Pfr. (Domprediger) Verden (Aller), 1954 Pfr. Hahnenklee-Bockswiese.

MÜLLER, Eberhard Johannes 71

geb. 22.8.1906 Stuttgart, gest. 11.1.1989 Heidelberg, 1931 Ordination, seit 1938 Studentenpfr. Tübingen, 1940 Sanitätsgefreiter beim 4. Straßenbaubataillon 606, 1940–1942 beim 3. Straßenbaubataillon 559, April

1942–1944 Kriegspfr. a.K. bei der Kriegslazarettabteilung 521, 1945 Geschäftsführer Hilfsdienst für Kriegsgefangene und Vermisste, Gründungsdirektor der Ev. Akademie Bad Boll, 1947 Vors. des Leiterkreises der Ev. Akademien, bis 1972 Direktor der Ev. Akademie Bad Boll.

MÜNCHMEYER, Friedrich, Dr. h. c. 42, 116
geb. 14.2.1901 Glasgow (Schottland), gest. 7.1.1988 Kassel, 1925 Ordination, danach Militärpf. Allenstein (Ostpreußen), 1930–1939 Militärkreispfr. Dresden, 1940–1945 Generalfeldvikar beim Ev. Feldbischof der Wehrmacht, seit März 1941 evangelischer Wehrmachtdekan, 1946–1957 Geschäftsführender Direktor des CA für die IM Bethel, 1957–1961 erster Präsident der Hauptgeschäftsstelle des Werkes „Innere Mission und Hilfswerk der EKD" Stuttgart.

OPFERMANN, Johannes 11, 34, 71, 89, 113f., 127, 149, 156, 163, 166, 173, 177
geb. 1.1.1902 Berlin, gest. 27.5.1962 Berlin, 1926 PW, Kaplan Bernau, 1930 Berlin-Lichtenberg, 1935 Standortpfr. i.H. Berlin-Spandau, 1936 Heerespfr., 1939 Wehrmachtoberpfr., Divisionspfr. der 257. ID, seit September 1941 Dienstaufsichtführender Kriegspfr. beim Wehrmachtbefehlshaber Ostland Riga, 1943–1945 Armeepfr. beim AOK 16, Erkrankung, 1945 Standortpfr. Berlin-Spandau, Stellvertretender kath. Wehrkreispfr. beim WKdo III Berlin, 1946 Pfr. Greifswald, Aushilfspriester Berlin-Spandau, 1948 Vicarius substitutus Berlin-Wannsee, 1949 Stellvertretender Hausgeistlicher im St. Hedwigskrankenhaus Berlin-Mitte, Pfr. Berlin-Charlottenburg, 1955 Defensor vinculi am Bischöflichen Offizialat, 1957 Iudex prosynodalis, 1959 Konsistorialrat.

OSTERTAG, Heinrich Georg Christian, Dr. phil. 36, 60, 119
geb. 2.4.1883 Königsbrunn, gest. 3.6.1916, bis 1910 Präfekt am Kgl. Preußischen Alumneum Regensburg, seit 1910 Stadtvikar Würzburg, dann 2. Pfr. bei St. Markus München, 1911 Pfr. Gleißenberg, ev. Feldgeistlicher im Ersten Weltkrieg.

PEIFER, Rudolf Alois 46, 48, 190, 194
geb. 21.6.1906 Bad Godesberg, gest. 16.6.1992 Köln, 1931 PW, Kaplan Euskirchen, wegen Kanzelmissbrauchs u. kirchlicher Jugendarbeit Verwarnung durch die Gestapo, 1938 Verfahren vor dem Sondergericht Köln eingestellt, 1938 Kaplan Essen-Steele, 1940 Einberufung als Sanitätssoldat zur Sanitätsersatzabteilung 1 Tapiau (Ostpreußen), Sanitätsgefreiter bei der Sanitätskompanie 1/161, 1941 Kriegspfr. a.K. und Lazarettpfr. der Kriegslazarettabteilung 541, Kommandierung zu einem Armeefeldlazarett, 1942 Divisionspfr. der 3. Panzergrenadierdivision, 1943–1949 sowjetische Kriegsgefangenschaft, 1950 Kaplan Bad Godesberg-Rüngsdorf, Pfr. Bonn-Dottendorf, 1957 Definitor des Dekanats Bonn-Süd, 1960 Pfr. Neuss, Stadtdechant ebd., 1963–1968 Regens des Priesterseminars Köln, 1963 Prosynodalexaminator, 1966 Päpstlicher Hausprälat, 1970 Domkapitular Köln, Seelsorger für den jungen Klerus.

PERAU, Josef 46, 48, 67, 69, 71, 78, 83–85, 104f., 128, 130, 144, 162, 191
geb. 8.11.1910 Kalkar, gest. 29.7.2004 Kevelaer, 1937 PW, Aushilfspriester Rees, Schlossgeistlicher Moritzburg, 1938 Aushilfspriester Kranenburg, Kaplan Geldern, 1940 Einberufung zur Wehrmacht als Sanitätssoldat zur Sanitätskompanie 306 bei der Sanitätsersatzabteilung 6, 1941 Kriegspfr. a. K., Lazarettpfr. der Kriegslazarettabteilung 521, 1943 Kommandierung zum Feldlazarett 625, 1944 Divisionspfr. der 129. ID, 1945 britische Kriegsgefangenschaft, 1946 Kaplan Duisburg-Hamborn, Religionslehrer ebd., 1948–1954 Kaplan Goch, 1954–1959 Präses am Collegium Augustinianum Gaesdonck, 1957 Vikar ebd., 1959–1984 Pfr. Hülm-Helsum.

PETZINNA, Wilhelm August, Dr. theol. 76
geb. 25.2.1909 Recht, Kreis Malmedy (Belgien), gest. 11.7.1997 Bremen, 1939 beim 2. Wachbataillon 608, 1940 beim Infanterie-Ersatzbataillon 178 Potsdam, 1940/41 bei der 1. Kompanie des Feldzugbataillons 3, 1941 Ordination Berlin, Mai 1941 Kriegspfr. a. K., Divisionspfr. der 123. ID, 1950–1956 Pfr. Berlin, 1956–1975 Pfr. Bremen, 1972–1974 Standortpfr. ebd.

RAHE, Heinz 69, 71f., 77, 118, 124, 133f., 137, 149, 154
geb. 12.1.1912 Cuxhaven, gest. 17.3.1963 Hamburg, Ordination 1938, Hilfsprediger Heiligendorf, 1939–1945 Oberleutnant bei einer Panzerdivision, Kriegsdienst an der Ostfront, zeitweise als Vertreter des Divisionspfarrers tätig, bis 1946 Kriegsgefangenschaft, bis 1957 Pastor Heiligendorf, 1957 Hamburg-Rothenburgsort.

RARKOWSKI, Franz Justus 23, 33, 44, 118, 194
geb. 8.1.1873 Allenstein, gest. 5.2.1950 München, kath. Pfr. Wormditt, Korschen, Lötzen, Arys, Teilnahme am Erstem Weltkrieg u. a. als Divisionspfr., Standortpfr. Koblenz, Wehrkreispfr. Königsberg, Breslau, Berlin, 1936 kommissarischer Feldbischof, 1938 kath. Feldbischof der Wehrmacht, seit Februar 1945 i. R.

REUSS, Josef Maria, Dr. theol., Dr. theol. h. c. 146, 160, 195, 201
geb. 13.12.1906 Limburg, gest. 5.6.1985 Mainz, 1930 PW, 1931 Hausgeistlicher im Krankenhaus der Barmherzigen Brüder Kreckelmoss, Tirol, 1934/35 Kaplan Steinheim, 1936 Worms, 1938 Rektor des Exerzitienhauses Braunshardt, 1939 Rektor der Mainzer Priesteramtskandidaten Fulda, 1940 Kriegspfr. a. K., Divisionspfr. der 295. ID, Einsatz im Bereich der 2. Armee, dann der 9. Armee, 1941 der 17. Armee, 1942 Lazarettaufenthalt und Versetzung zur OKH-Reserve, dann Lazarettpfr. bei der Kriegslazarettabteilung 677, 1944 Lazarettaufenthalt im Kriegslazarett Bad Ems, 1945 Kommissarischer Regens und Lehrbeauftragter für Pastoraltheologie am Priesterseminar Mainz, 1946 Promotor iustitiae und Offizialatsrat Mainz, 1950 Präses des Pactum Marianum, 1954 Titularbischof von Sinope und Weihbischof Mainz, 1955 Wirklicher Geistlicher Rat und Mitglied des Bischöflichen Ordinariates ebd., Synodalexamina-

tor, 1956–1978 Domkapitular, 1958 Cononicus theologus, 1962–1965 Konzilsvater im II. Vatikanum, 1967 Bischofsvikar.

Rother, Johannes (Hans Paul Fritz) 140
geb. 18.6.1904 Berlin, gest. 23.10.1967 Miresdorf-Zeuthen, 1930 Ordination, 1930–1938 Hilfspfr. Senftenberg, seit August 1939 beim Kriegslazarett 531 (mot.), Kriegspfr. a.K., 1943 bei der 454. Sicherungsdivision, 1945 beim Kriegslazarett 910.

Rudolph, Johannes 8, 11, 76f., 91f.
geb. 23.10.1910 Eibenstock, gest. 17.6.1989 Dresden, 1933–1935 ev. Lehrvikariat Lößnitz, 1935 Pfarrvikariat u. Ordination Bockelwitz, 1936 Pfr. Bockelwitz u. Sitten, Anschluss an BK, 1939 Einberufung zur Wehrmacht, Soldat bei der 16. Panzerabwehrkompanie/IR 11 Leipzig, 1939/40 Soldat beim AOK 10, 1940 Gefreiter beim AOK 6, 1941 bei der 14. Infanterie-Panzerjägerersatzkompanie Leipzig, 1941 ev. Kriegspfr. a.K., 1941/42 Lazarettpfr. bei der Kriegslazarettabteilung 541/6 Frankreich u. Südrussland, 1943 Lazarettaufenthalte wegen Krankheit, 1943–1945 Kriegspfr. bei der Kriegslazarettabteilung 680, danach bei der Feldkommandantur 591 Frankreich, 1945 amerikanische Kriegsgefangenschaft, 1945–1949 Pfr. Bockelwitz, 1949–1960 Pfr. Neustadt/Sachsen, 1960–1975 Superintendent von Dresden-Land, Pfr. Dresden-Plauen.

Satzger, Alfons 64–66, 157
geb. 8.11.1899 Unterauerbach b. Mindelheim, gest. 19.3.1978 Steingaden, Teilnahme am Ersten Weltkrieg, 1925 PW, Stadtkaplan Kaufbeuren, 1930 Leiter des Schüler- und Lehrlingsheims ebd., 1935 Diözesanjugendseelsorger, 1939 verschiedene Gerichtsverhandlungen, Ausweisung aus Bayern, Österreich und dem Sudentengau „auf Lebenszeit" durch das RSHH, Aufenthalt in der Benediktinerabtei Neresheim, 1940 Kriegspfr. a.K., Einsatz als Lazarettpfr. bei der Kriegslazarettabteilung 571 Frankreich, Divisionspfr. der 132. ID Jugoslawien, danach Sowjetunion, Verlust eines Arms, Versetzung zur OKH-Reserve, bis 1945 Lazarettbehandlung, 1946 Wallfahrtspriester Steingaden, 1946–1978 Wallfahrtskustos, 1954 Geistlicher Rat, 1964 Päpstlicher Ehrenprälat.

Schäperkötter, Wilhelm 36
geb. 16.7.1891, gest. 1.8.1965 Bielefeld, 1923 Ordination, Pfr. im Landesverband für IM Hamburg und Hamburger Stadtmission, 1928 Pfr. Ringelheim (Harz), 1932 Pfr. Dissen, 1938 kommissarischer Wehrmachtpfr. Hannover, 1939 Wehrmachtpfr., 1941–1945 Wehrmachtoberpfr., seit 1946 Pfr. der hannoverschen Landeskirche und Geschäftsführer der IM Osnabrück e.V.

Schieber, Ernst 39, 87, 92, 95, 190, 192
geb. 12.5.1889 Machtolsheim/Blaubeuren, gest. 26.7.1972 Stuttgart, Teilnahme am Ersten Weltkrieg, 1918 Pfr. Asch, 1926 Stadtpfr. Münster Ulm, 1933 Militärpfr. beim WKdo V Ludwigsburg, Kirchenrat, 1934 Heeresoberpfr., 1936 Ludwigsburg, 1938 Wehrmachtdekan, 1939 beim

AOK 2, 1940 beim OK der Heeresgruppe C, 1940–1943 OK der Heeresgruppe D, 1945 Amtsverweser Ludwigsburg, 1948 Dekan ebd.

SCHMID, Franz Borgias 39

geb. 8. 10. 1890 Friedberg, Kreis Saulgau, gest. 29. 1. 1972 Untermarchtal, Teilnahme am Ersten Weltkrieg, 1920 PW, Vikar Ochsenhausen, 1921 Ravensburg, 1923 Schwäbisch Gmünd, 1924 Titular-Hauskaplan in der Taubstummenanstalt ebd., 1929 Direktor ebd., 1936 Standortpfr. i. H. Ludwigsburg, 1937 Wehrkreispfr. V Stuttgart, 1938 Heeresoberpfr. Ludwigsburg, Stuttgart, 1939 Armeepfr. beim AOK 7, Wehrmachtdekan, 1943 Heeresgruppenpfr. bei der Heeresgruppe A und bei der Heeresgruppe Nord, 1945–1949 sowjetische Kriegsgefangenschaft, 1950 Spiritual im Kloster Untermachtal.

SCHMIDBAUER, Albert 166

geb. 4. 10. 1910 München, gest. 8. 4. 1954 München, 1938 PW, Kooperaturverweser Frasdorf, 1939 Koadjutor Ismaning, Kooperaturverweser Einsbach, Kaplan Hausham, 1940 Einberufung als Sanitätssoldat, Kaplan Freising, erneute Einberufung als Sanitätssoldat, Kaplan Hausham, erneute Einberufung als Sanitätssoldat zum Feldlazarett 8 (mot.), 1941 Kriegspfr. a. K. und Lazarettpfr. bei der Kriegslazarettabteilung 521, 1943 Kommandierung zur Kriegslazarettabteilung 551, zum Feldlazarett 23, zur Kriegslazarettabteilung 605 und zum Kriegslazarett 4/605, 1945 Kaplan München, 1946 Katechet ebd., Religionslehrer ebd., 1951 Studienrat ebd.

SCHMIDT, Bernhard 185, 193

geb. 9. 12. 1911 Neheim, gest. 15. 6. 1986 Münster, 1937 PW, Landhelferseelsorger Pommern, 1938 Vikar Siegen, Verhöre und Haussuchungen durch die Gestapo, 1940 Einberufung zur Wehrmacht, dann Kriegspfr. a. K. und Divisionspfr. der 299. ID, 1945 Lazarettpfr. bei der Kriegslazarettabteilung 677, Vikar Wattenscheid, 1947 Religionslehrer Hohenlimburg, 1956 Pfarrvikar Kierspe, 1960 Rektoratspfr. ebd., 1968 Kreismännerseelsorger des Kreises Altena-Lüdenscheid.

SCHMUTZ, Johann Georg 113, 123, 130, 193

geb. 22. 5. 1908 Bargen, Hegau, gest. 12. 10. 2002 Bad Bellingen, 1932 PW, Vikar Glottertal, 1935 Furtwangen, 1938 Rastatt, Standortpfr. i. N. ebd., 1939 Kriegspfr. a. K., Divisionspfr. der 14. Landwehrdivision, 1940 Umbenennung in 205. ID, Kommandierung zur 6. Gebirgsdivision, 1941 Divisionspfr. ebd., 1943 Divisionspfr. der 181. ID, u. a. als Standortpfr. Athen, dann Finnland, Norwegen und Albanien, 1945–1948 jugoslawische Kriegsgefangenschaft, Lazarettaufenthalt Sarajewo, 1949 Pfarrvikar Kuhbach b. Lahr, Pfr. Staufen, 1954–1979 Dekan Neuenburg, 1962 Geistlicher Rat, 1969 Prosynodalkonsultor, 1973 Päpstlicher Ehrenkaplan, Monsignore.

SCHÖNER, Otto Fritz Hermann 77, 105f.

geb. 2. 5. 1905 Brandlecht, Kreis Bentheim, gest. 9. 11. 1986 Münster, 1932/33 Kreisvikar Siegen, 1933 Ordination, 1933/34 Hilfsprediger Grevenbrück, 1934–1939 BK-Pfr. Methler, 1939 Einberufung zur Wehrmacht, vermutlich als Gefreiter beim 6. Kompanie Armee-Nachrichtenregiment II 589 und bei der 5. Kompanie des Armee-Nachrichtenregiments II./589, 1941–1943 Kriegspfr. a.K. beim Kriegslazarett 603, danach bei der Kriegslazarettabteilung 561, bis August 1945 Kriegsgefangenschaft, 1945–1972 Pfr. Methler.

SCHÜBEL, Albrecht 116, 172
geb. 11.11.1894 Winterhausen, gest. 25.3.1974 München, Teilnahme am Ersten Weltkrieg, 1921 Ordination, 1920 Hilfsgeistlicher und Veweser Marktredwitz, 1923–1925 Pfr. München, 1933 Eintritt in die NSDAP, 1934 Pfr. beim WKdo VII, 1935 Heeresoberpfr., 1938 Wehrmachtdekan, 1939–1941 beim AOK 7, 1941–1943 Heeresgruppe C, 1943/44 im Stab des OK der Heeresgruppe Nord, 1944 bei der Kriegspfarrerreserve im OKH, 1945 Verweser Mindelheim, 1947 Dekan und Pfr. Neu-Ulm und Leipheim, 1952 Kirchenrat.

SCHUBRING, Ernst 75, 183
geb. 8.6.1912 Tempelburg, Dezember 1939 Wehrmachtpfr., 1939–1941 ev. Divisionspfr. der 9. ID, seit 1941 Divisionspfr. des 116. IR., 1985 letzter bekannter Wohnsitz Gießen.

SPRANK, Bernhard Siegfried, Dr. 13, 25
geb. 14.6.1903 Schillfelde, Kreis Schlossberg, gest. 12.6.1962, 1928 Ordination, Hilfsprediger Lenkeningken, Kreis Tilsit, 1928–1930 Pfr. ebd., 1930–1936 Standortpfr. Allenstein, 1936/37 Standortpfr. Brandenburg/Havel, 1937/38 Erster Standortpfr. Berlin, 1938 Wehrmachtoberpfr. und Wehrkreispfr. Wiesbaden XII, 1939–1943 Armeepfr. beim AOK 1, 1943/44 beim AOK 15, Wehrmachtdekan, 1944 beim AOK 4, 1945/46 vikarische Verwaltung Wiesbaden-Biebrich II, 1946–1960 Pfr. Bad Homburg vor der Höhe.

STEFFENS, Johannes 198
geb. 3.12.1905 Merzenhausen, gest. 8.2.1978 Aachen, 1932 PW, Kaplan Düren, 1937 Lobberich, Kreis Kempen, 1939 Aachen, 1940 Einberufung als Sanitätssoldat zur Sanitätsersatzabteilung 6 Iserlohn, 1941 Kriegspfr. a.K. und Lazarettpfr. bei der Kriegslazarettabteilung 615, 1942 Divisonspfr. der Reservedivision 147, 1942 Kommandierung zur Sanitätskompanie 1/552, danach zum Kriegslazarett 4/581, britische Kriegsgefangenschaft, in dieser Zeit Lazarettseelsorger des Reservelazaretts Bergedorf, 1946 Pfr. Siersdorf.

STEHBÖCK, Josef 41, 63, 118
geb. 18.2.1902 Saaldorf, gest. 2.10.1993 Neumarkt-St. Veit, 1937 PW, Kaplan Hausham, 1939 Katechetenkaplan Mühldorf, Unterrichtsverbot durch das Bezirksschulamt, Kaplan München-Berg a. Laim, Unterrichtsverbot durch die Regierung von Oberbayern, 1941 Einberufung als Sanitätssoldat zur Sanitätsersatzabteilung 7, dann Sanitätsgefreiter beim Nachschubstab z.B. V. 679, zuletzt Sanitätsunteroffizier, 1942 Kriegspfr. a.K. in der OKH-Reserve, Kommandierung zum katholischen Wehrmachtgeistlichen beim Wehrmachtbevollmächtigten beim Reichspro-

tektor in Böhmen und Mähren Prag, Lazarettpfr. der Kriegslazarettabteilung 684, des Kriegslazaretts 2/684, 1943 Kommandierung zum Panzeroberkommando 3 der 205. ID, Kommandierung zum Stab des XXXXIII. Armeekorps, dann zum Feldlazarett 624 (mot.) Witebsk, 1944 Kommandierung zum Feldlazarett 2/582 Schröttersburg, Ostpreußen, 1945 britische Kriegsgefangenschaft, Kaplan München, 1950 Stadtpfr. von Neumarkt-St. Veit.

STELZENBERGER, Johannes, Prof. Dr. theol. 11, 60, 85, 100, 105, 111, 125, 141, 158–160, 163, 166, 175, 186, 201
geb. 12.8.1898 Münchnerau, Kreis Landshut, gest. 19.3.1972 Stockdorf bei München, Teilnahme am Ersten Weltkrieg, 1923 PW, Koadjutor Zolling, 1924 Kaplan München, 1926 Kurat ebd., 1928 Kooperator Perlach, 1930 PD an der Universität Würzburg, 1932 Universitätsprediger ebd., 1933 Lehrauftrag für Homiletik ebd., 1935/36 Gastprof. für Moraltheologie Santiago de Chile, 1936 Dozent für Moraltheologie Würzburg, 1936 ao Prof. Breslau, 1936–1939 o. Prof. für Moraltheologie Breslau, 1939 Kriegspfr. a.K., 1939–1943 Divisionspfr. der 28. ID, seit 1942 der 28. Jägerdivision, 1940/41 Beurlaubung für Vorlesungen an der Universität Breslau, 1941/42 Beurlaubung für Vorlesungen ebd., 1943–1949 sowjetische Kriegsgefangenschaft, 1950–1966 o. Prof. für Moraltheologie Tübingen.

STOCKBURGER, Otto Eberhard Eduard 110f., 137
geb. 28.5.1897 Hellersdorf bei Welzheim, gest. 18.4.1952 Ettlenschieß, Teilnahme am Ersten Weltkrieg, 1922/23 Vikariat Tuttlingen, Möhringen, 1923 Heerespfr., Stellvertretender Pfr. Mundingen, Pfr. ebd., 1930 Nürtingen, 1932 Lorch, 1932–1934 Leitung der ev. Bauernschule ebd., 1938 Wehrmachtpfr., zunächst in Vertretung, dann ab 1939 von der Wehrmacht übernommen, 1939–1942 Divisionspfr. bei der 260. ID, seit Oktober 1940 Wehrmachtoberpfr, 1945 beim WKdo VI, 1945 amerikanische Kriegsgefangenschaft, 1945/46 Stellvertreterdienst Böblingen, Sindelfingen, 1946–1951 Kirchenrat und Direktor der ev.-kirchlichen Lehrer -Oberschule Michelbach/Bilz.

TEWES, Ernst 160, 185, 195, 201
geb. 4.12.1908 Essen, gest. 16.1.1998 München, 1934 PW, Kaplan Heiligenhaus b. Düsseldorf, Landjahrpfr. Kolberg, Pommern, 1937 Kaplan Düsseldorf, 1940 Einberufung als Sanitätssoldat zum Truppenarzt beim Militärbefehlshaber Frankreich Paris, 1941 Kriegspfr. a.K. und Lazarettpfr. bei der Kriegslazarettabteilung 607, Stellvertretender Divisionspfr. bei der 11. Panzerdivision, Divisionspfr. der 387. ID, dann bei der 87. ID, sowjetische Kriegsgefangenschaft, 1950 Mitglied des Oratoriums München, 1954 erster Pfarrkurat ebd., Pfr. ebd., 1963 Ordinatsrat ebd., Leitung des Seelsorgereferates ebd., 1966 Canonicus Coadjutor im Metropolitankapitel ebd., 1968 Titular- und Weihbischof für den Seelsorgebezirk München, 1976/77 und 1982 Kapitularvikar und kommissarischer Verwalter des Erzbistums München und Freising.

THOMANN, Joseph Bernhard Heinrich 53, 55
geb. 15.4.1894 Nortrup, Bistum Osnabrück, gest. 30.9.1962 Gemünd, Eifel, 1920 Profess bei den Maristen, 1923 Ewige Gelübde Niederachdorf, 1925 PW, 1927 Ordensaustritt, 1928 Vikar Hamburg-Altona, 1930 Pastor Itzehoe, Standortpfr. ebd., 1933 Pastor Eckernförder, Standortpfr. i.H. Königsberg, 1934 Wehrkreispfr. ebd., 1936 Heeresoberpfr., 1938 Wehrmachtdekan, Wehrkreispfr. Wien, 1939 Heeresgruppenpfr. bei der Heeresgruppe B (Mitte), 1942 Februar Wehrkreispfr. Wien, April Heeresgruppenpfr. der Heeresgruppe A, Dezember Wehrkreispfr. V Stuttgart, Korpsdekan, 1946/47 Entlassung aus französischer Kriegsgefangenschaft, 1948 Kooperator Rheder bei Brakel, Exkardination aus dem Bistum Osnabrück, Inkardination in das Erzbistum Paderborn, Pfr. Rheder, 1950 Pfr. Bad Wildungen, 1953 Dechant Waldeck.

TÜRK, Hermann, Dr. 79f.
geb. 28.12.1909 Mülheim-Ruhr, gest. 15.12.1976 Hamburg, 1939 beim Stab I des 69. IR, 1940 Unterarzt beim Stab III des Schützenregiments 3, 1940/41 beim Stab I des Schützenregiments 394, 1941 bei der 2. Sanitätskompanie 522, beim Schützenregiment 394, Assistenzarzt, Verwundung, 1943 Sanitäts-Ersatzabteilung X Neumünster, Oberarzt, dann Stabsarzt, 1945 britische Kriegsgefangenschaft, nach Entlassung Arzt im Reservelazarett V Hamburg.

UFER, Ernst Gottlieb 18, 35, 47, 62f., 88, 107
geb. 9.11.1899 Oberhausen, gest. 15.12.1989 Erkrath, Teilnahme am Ersten Weltkrieg, 1922/23 Vikariat im Predigerseminar Elberfeld, 1924/25 Hilfspfr. Oberhausen, 1925 Ordination, 1925–1928 Pfr. Oberhausen, 1928–1932 Niederbieber, 1932–1936 Düsseldorf XIX, 1936–1939 Düsseldorf XI, 1939 Einberufung zur Wehrmacht, 1939/40 bei der Kriegslazarettabteilung 581, 1940 Kriegspfr. a.K. und Divisionspfr. der 251. ID, 1945 abgestellt für den Gemeinde- und Lazarettdienst Straubing, 1948–1968 Pfr. Düsseldorf.

ULLRICH, Anton, Prof. Dr. theol. 51, 91, 171
geb. 17.1.1896 Freudenberg, gest. 28.8.1973 Bad Peterstal, Teilnahme am Ersten Weltkrieg, zuletzt als Kompanieoffizier, 1922 PW, Vikar Hokkenheim, 1923 Mörsch b. Karlsruhe, 1926 Religionslehrer Mannheim, 1928 Religionsprof., 1936 Standortpfr. i.N. Mannheim u. Ludwigshafen, Unterrichtsverbot und Strafversetzung, 1938 Standortpfr. i.H. im Wehrmachtseelsorgebezirk XII/2, 1939 Wehrmachtpfr., Divisionspfr. der 33. ID, 1940 Lazarettpfr. bei der Kriegslazarettabteilung 619, 1941 Divisionspfr. der 73. ID, 1943 Wehrmachtoberpfr., Dienstaufsichtführender Kriegspfr. beim Kommandierenden General und Befehlshaber in Serbien Belgrad, 1943 Armeepfr. beim AOK 7, 1945 Pfarrverweser Reicholzheim, 1946 Pfr. Tauberbischofsheim, 1953 Geistlicher Rat.

VÖGTLE, Anton, Prof., Dr. theol. 59, 186, 192
geb. 17.12.1910 Vilsingen, gest. 17.3.1996 Freiburg i.Br., 1936 PW, Vikar Heitersheim, 1937 Vikar Mannheim, 1940 Einberufung zur Wehr-

macht, Lazarettpfr. bei der Kriegslazarettabteilung 551 (mot.), Kommandierung zum Kriegslazarett 2/551, 1941 Kriegspfr. a. K. und Divisionspfr. bei der 25. Panzergrenadierdivision, 1943 Lazarettpfr. beim Kriegslazarett 907, 1947 Pfarrverweser von Schlatt i. Br., 1949 Lektor der neutestamentlichen Exegese Freiburg i. Br., 1951 o. Prof. für neutestamentliche Exegese Trier, 1951–1978 o. Prof. für neutestamentliche Exegese Freiburg i. Br., 1966 Päpstlicher Hausprälat, 1967 Päpstlicher Konsultor, 1973 nichtresidierender Domkapitular Freiburg i. Br.

WAGNER, Martin 77
geb. 14. 10 1912 Schörging, gest. 26. 7. 1967 Forstinning, 1940 PW, Kooperaturverweser Fürholzen, Einberufung als Sanitätssoldat, zuletzt Sanitätsgefreiter beim Kriegslazarett 2/677, 1941 Kriegspfr. a. K. und Lazarettpfr. bei der Kriegslazarettabteilung 608, 1943 Divisionspfr. der 104. Jägerdivision, bis 1950 jugoslawische Kriegsgefangenschaft, 1951Vicarius substitutus Feldkirchen b. Freilassing, Aushilfspriester Oberammergau, Kaplan ebd., 1957 Pfr. Forstinning.

WASSONG, Josef 11, 34, 73, 75f., 88, 100, 114, 125, 131, 135, 150–154, 163, 166, 173–175, 177
geb. 22. 7. 1893 Uedelhoven, gest. 28. 3. 1966 Uedelhoven, Teilnahme am Ersten Weltkrieg, 1925 PW, Kaplan Balkhausen, 1930 Kaplan Beuel, 1939 kommissarische Wehrmachtpfr. des Wehrmachtseelsorgebezirks IX/3 Jena, 1939–1943 Divisionspfr. der 9. ID, Wehrmachtpfr. beim Kriegslazarett 677, seit März 1943 wegen Erkrankung Versetzung in die OKH-Reserve, Oktober 1943 Versetzung zur 416. ID Dänemark, November 1943 Dienstaufsichtführender Wehrmachtpfr. beim OB Ukraine Rowno, seit Februar 1944 Dienstaufsichtführender Armeepfr. beim AOK 9, 1946 Pfr. Rodenkirchen, 1947–1962 Definitor des Dekanats Hersel.

WEIS, Emil 64
geb. 30. 11. 1899 Karlsruhe, gest. 21. 1. 1975 Mannheim-Friedrichsfeld, Teilnahme am Ersten Weltkrieg, 1923 PW, Vikar Friedrichsfeld b. Mannheim, 1926–1928 Religionslehrer ebd., 1932 Vikar Ilvesheim b. Mannheim, Pfarrverweser Michelbach i. Murgtal, 1933 Pfarrkurat Baiertal, Kreis Heidelberg, 1938 Kommissarischer Wehrmachtpfr. des Wehrmachtseelsorgebezirks XII/7 Homburg a. d. Saar, 1939 Wehrmachtpfr., beim Stab der Grenzkommandantur St. Wendel, 1939 Divisionspfr. der 88. ID, Bezirksstandortpfr. Homburg a. d. Saar, 1941 Rückkehr als Divisionspfr. der 88. ID, 1942 Kommandierung zur 2. Armee, dann Vertreter des Armeepfarrers, Rückkehr zur 88. ID, 1943 Armeepfr. bei der Armeeabteilung Lanz, später umbenannt in Kempf, dann beim AOK 8, Wehrmachtdekan bei der Heeresgruppe Süd, 1944 Versetzung in die OKH-Reserve, 1945 amerikanische Kriegsgefangenschaft, Pfarrverweser Schielberg b. Ettlingen, 1946 Pfr. Obertsrot i. Murgtal.

WERTHMANN, Georg 11–13, 24f., 38, 42–44, 52f., 57–59, 70, 92, 111, 116, 167, 169, 178f., 183f., 188, 194

geb. 8.12.1898 Kulmbach, gest. 25.5.1980 Bamberg, Teilnahme am Ersten Weltkrieg und französische Kriegsgefangenschaft, 1924 PW, 1928 Kaplan Bamberg, Jugendseelsorger ebd., Religionslehrer am Institut der Englischen Fräulein ebd., 1929 Studienrat, 1935 hauptamtlicher militärischer Vertragspfr. Berlin, Standortpfr. ebd., 1936 Wehrkreispfr. III ebd., Feldgeneralvikar des Apostolischen Administrators Franz Justus Rarkowski ebd., Heeresoberpfr., 1939 Verfasser des katholischen Feldgesangbuches, 1940 Wehrmachtdekan, 1941 auf eigenen Wunsch Kommandierung zum AOK 15 Lille, 1945 Beauftragung mit der Wahrnehmung der Dienstgeschäfte des Katholischen Feldbischofs, Kommissarischer Katholischer Feldbischof der Wehrmacht, Päpstl. Hausprälat, April–Juli 1945 Internierung durch amerikanische Besatzungstruppen im Kloster Niederalteich, danach Leiter der kath. Kriegsgefangenen-Seelsorge Bamberg, 1946 Stadtpfr. Kronach, danach Dekan ebd., 1951 Chief Chaplain der kath. Seelsorge im Labor Service beim HQ EUCOM Heidelberg, seit 1955 Militärgeneralvikar Bonn, Apostolischer Protonotar, 1962 i. R.

WILCZEK, Gerhard 161, 195, 201

geb. 6.3.1901 Ödernitz Kreis Rothenburg, gest. 26.1.1987 Hameln, 1928 Ordination, ev. Hilfspfr. Strausseney, Weißwasser und Falkenberg, 1929 Pfr. Wünschendorf, 1937 Herrnstadt, 1939–1945 Militärdienst bei der Wehrmacht, u.a. als ev. Kriegspfr. a.K. beim Kriegslazarett 4/607 der 295. ID, 1948 Pfr. Tündern.

WILDMANN, Josef Ernst 179

geb. 24.6.1909 Wien, 5.11.1966 Wien, 1933 PW, Kooperator Lockenhaus, Kurat Wien, 1937 Militärkaplan des 3. Divisionskommandos, 1938 Militärkaplan des 2. Divisionskommandos, danach Wehrmachtpfr. Wien, Breslau-Carlowitz, 1939 Divisionspfr. der 221. ID, Bezirksstandortpfr. des Wehrmachtseelsorgebezirks XX/5 Posen, 1942 Konsistorialrat ebd., 1943 Wehrmachtpfr. im Wehrkreis Generalgouvernement, dann Sanitätsabteilung Lemberg, 1944 vorläufige Entbindung von der Wehrmachtseelsorge, Dolmetscher beim Kommandeur der Kriegsgefangenen z. B. V. Lublin, Soldat, Laisierung.

WUTTGE, Herbert 83

geb. 15.1.1908 Spahlitz bei Oels (Schlesien), gest. 14.4.1942 (Kriegslazarett I/605 Polozk), 1930 Eintritt in die NSDAP, 1933 Vikar Jauer, 1934 Leobschütz, 1935 ev. Pfr. Panthenau/Liegnitz, 1936 Ordination Breslau, Pfarrvikar Rengersdorf, Juli 1938 komm. Wehrmachtpfr. Sagan und am Standort Gleiwitz, September 1939 Divisionspfr. der 239. ID, August 1940 Standortpfr. Gleiwitz, März 1941 Divisionspfr. der 239. ID, 1942 Wehrmachtpfr., zuletzt Divisionspfr. der 83. ID.

Anmerkungen

1 Notiz Werthmanns, 12.7.1945 (AKMB, SW 80).
2 Schreiben Hofbauers an Liebich, 15.9.1914 (BayHastA München, Abt. IV, Nr. 891).
3 Merkblatt über Feldseelsorge, 21.8.1939 (BA-MA Freiburg, RW 12 I, Nr. 2, Bl. 178).
4 Vgl. den gleichnamigen Titel von John Keegan: Die Kultur des Krieges. Berlin 1995.
5 Vgl. Hartmann, Wehrmacht, 50.
6 Zitiert nach Garbe, Theologie, 588.
7 Ernst Ufer: Männer im Feuerofen. Tageserlebnisse eines Kriegspfarrers 1939–1945. Düsseldorf 1965, 451. Im Folg. unter: Ufer, Männer.
8 Karl Edelmann: Wesen und Aufgabe der Feldseelsorge. Vortrag am 11.2.1941 (BA-MA Freiburg, RH 15, Nr. 282, Bl. 22).
9 Vgl. Hildegard v. Kotze: Heeresadjutant bei Hitler 1939–1943. Aufzeichnungen des Majors Engel. Stuttgart 1974, 78f.
10 Die Tagebücher von Joseph Goebbels. Teil I. Hg. v. Elke Fröhlich. Bd. 8. München, London New York, Paris 1997–2006, Bd. 1/1, 329 (= Eintrag 29.8.1941). Im Folg. unter: Goebbels, Tagebücher.
11 Hitler, Mein Kampf. Eine kritische Edition. Hg. v. Christian Hartman u.a. Bd. 1. München, Berlin 2016, 343; Goebbels, Tagebücher, Bd. 2, 508 (= Eintrag 14.12.1941).
12 Zitiert nach Garbe, Theologie, 587.
13 Richtlinien des Oberkommandos der Wehrmacht für die Durchführung der Feldseelsorge, 24.5.1942 und 18.6.1941. In: Dokumente zur Kirchenpolitik des Dritten Reiches. Bd. V, 1939–1945. Die Zeit des Zweiten Weltkriegs. Bearb. v. Gertraud Grünzinger und Carsten Nicolaisen. Gütersloh 2008, 401–406.
14 AKMB, SW 01.
15 Zitiert nach Messerschmidt, Wehrmacht, 445–455.
16 Hartmann, Wehrmacht, 801.
17 Notiz Werthmanns, 1.6.1945 (AKMB, SW 83).
18 TB Beyer (Privatbesitz, Transkript Garbe, 305, 356, 414, 459, 473, 477).
19 Vgl. Garbe, Theologie, 597.
20 Notiz Werthmanns, 1.6.1945 (AKMB, SW 83).
21 Siegfried Sprank: „Feldseelsorge in der 1. Armee von Ende August 1939 bis Ende November 1943. Rückschauender Bericht", 18.1.1955 (LKA Stuttgart, P 32).
22 Vgl. Grüttner, Brandstifter, 399.
23 Messerschmidt, Militärseelsorgepolitik, 49.
24 Zitiert nach Meier, Kirchenkampf, 102.

25 Vgl. Dietmar Schmidt: Martin Niemöller. Eine Biographie. Stuttgart 1983, 150.
26 Klaus Fitschen: Gerechter Krieg? Stellungnahmen zur Anwendung militärischer Gewalt in der Geschichte des Christentums. In: Religion – Christentum – Gewalt. Einblicke und Perspektiven. Hg. von Wolfgang Ratzmann. Leipzig 2004, 99–121, 109.
27 „Die Vaterländische Aufgabe der Feldseelsorge". Schreiben des OKH an die Heeresgruppenpfarrer bei den Heeresgruppen Nord, Mitte, Süd und D über die Zusammenstellung der bei den Frontlehrgängen zu berücksichtigenden Gesichtspunkte, 9.3.1942 (AKMB, SW 152).
28 Zitiert nach Grüttner, Brandstifter, 409.
29 Vgl. Marlis G. Steinert: Deutsche im Krieg: Kollektivmeinungen, Verhaltensmuster und Mentalitäten. In: Karl-Dietrich Bracher, Manfred Funke, Hans-Adolf Jacobsen (Hg.): Deutschland 1933–1945. Neue Studien zur nationalsozialistischen Herrschaft (Studien zur Geschichte und Politik 314). Bonn 1993, 474–491, 479.
30 Vgl. Mirjam Loos: Antikommunistische und anti-antikommunistische Stimmen im evangelischen Kirchenmilieu. Die Debatte um Wiedervereinigung, Westbindung und Wiederbewaffnung. In: Stefan Creuzberger, Dierk Hoffmann (Hg.): „Geistige Gefahr" und „Immunisierung der Gesellschaft" (Schriftenreihe der Vierteljahrshefte für Zeitgeschichte. Sondernummer). Berlin, München, Boston 2014, 199–213, 201.
31 Zitiert nach Horst W. Heitzer: Deutscher Katholizismus und „Bolschewismusgefahr" bis 1933. In: HJ 113 (1993), 355–387, 376.
32 Matthias Pöhlmann: Kampf der Geister. Die Publizistik der „Apologetischen Centrale" (1921–1937) (Konfession und Gesellschaft 16). Köln 1998, 191.
33 Vgl. unpaginiertes Vorwort. In: Conrad Gröber (Hg.): Handbuch der religiösen Gegenwartsfragen. Freiburg i. Br. 1937.
34 Vgl. August Winnig: Europa. Gedanken eines Deutschen. Berlin 1937, 50, 82f., 88f. Im Folgenden unter: Winnig, Europa.
35 GBLDEK 7, 9.7.1941, Ausgabe B (Altpreußen), 31,
36 Hirtenwort des deutschen Episkopats, 26.6.1941. In: Akten deutscher Bischöfe. Über die Lage der Kirche 1933–1945. Bd. V. Berarb. von Ludwig Volk (Veröffentlichungen der Kommission für Zeitgeschichte A 34), 462–469, 463.
37 Vgl. Missalla, Schule Gottes, 57f.
38 Vgl. Wilhelm Damberg: Kriegsdeutung und Kriegserfahrung in Deutschland 1939–1945. In: Christoph Kösters, Mark Edward Ruff (Hg.): Die katholische Kirche im Dritten Reich. Eine Einführung. Freiburg i. Br. u. a. 2011, 109–123, 117.
39 Vgl. Rundschreiben der Kirchlichen Kriegshilfe an die katholischen Soldaten im Feld, 17.9.1941 (ADCV Freiburg, 370.17.030, Fasz. 01).
40 Ufer, Männer, 451.

41 Schreiben Wurms an Dohrmann, 29.10.1941 (LKA Stuttgart, 380/III).
42 Ostertag, Heinrich: Religiöses Leben draußen. Sonderabdruck aus der „Allgemeinen Evangelisch-Lutherischen Kirchenzeitung". Leipzig 1915, 4. Im Folgenden unter: Ostertag, Leben.
43 Undatierte Ausführung Schäperkötters über seine Motive Wehrmachtpfarrer zu werden (LKA Hannover, LSg, Nr. 61).
44 Paul Bauer: Als Soldatenpfarrer im 2. Russischen Kriegswinter, o.D. (LKA Stuttgart, 380 IV).
45 TB Kayser, 6.9.1940 (AKMB, Sg Kayser, 52, Bl. 4).
46 Vgl. „Bericht an das Königl. Prot. Oberkonsistorium München durch den Lazarettgeistlichen Ludwig Nicol über Militärseelsorge im Felde: 3. 9.1914 bis 31.12.1915", 12.1.1916 (BayHStA München, Abt. IV, HS 2644.
47 Seelsorgebericht Bergers (1.7.–30.9.1941), 4.1.1942 (AKMB, SW 112).
48 Vgl. Notiz Werthmanns, 24.6.1945 (AKMB, SW 87).
49 Seelsorgebericht Bergers (1.1.–31.3.1942), 4.1.1942 (AKMB, SW 112).
50 Bernhard Bauerle: Aus dem Erleben eines Armeepfarrers im Westen und im Russlandfeldzug (LKA Stuttgart, NL Bauerle, Nr. 1, Bl. 20f.).
51 Seelsorgebericht Bergers (1.7.–30.9.1942) vom 5.9.1942 (AKMB, SW 116).
52 Schreiben Lipps an Faulhaber, 26.12.1941 (EAM, NL Faulhaber, Nr. 6796/2).
53 Seelsorgebericht Krimms, 1.1.–31.3.1943 (EZA Berlin, 704/44).
54 Seelsorgebericht Busses (1.10.–31.12.1942), 31.12.1942 (LKA Stuttgart, NL Bauerle, Nr. 6).
55 Rundschreiben Schiebers, 16.8.1942 (LKA Stuttgart, P32).
56 Schreiben Schmids an Gröber, 22.11.1941 (EA Freiburg, B2–35/75).
57 Tätigkeitsbericht Burgers (23.6.–29.9.1941), 2.10.1941 (BA-MA Freiburg, RH 26/113, Nr. 37).
58 Schreiben Bauers an die evangelischen Kriegspfarrer im Bereich der 16. Armee, 17.10.1941 (LKA Stuttgart, NL Bauerle, Nr. 6).
59 Tätigkeitsbericht Strutz' (1.1.–31.3.1942), 28.5.1942 (BA-MA Freiburg, RH 26/294, Nr. 97).
60 Schreiben Stehböcks an Faulhaber, 10.12.1943 (EAM, NL Faulhaber, Nr. 6761/2).
61 Vgl. unten, 181–185.
62 Vgl. HDv 373 „Bestimmungen für besondere Dienstverhältnisse der Kriegspfarrer beim Feldheer (Krpf. Best.), 18.6.1941" (BA-MA Freiburg, RHD 4/373).
63 Ansprache Werthmanns in Mühlhausen o.D. „Fronterlebnis als Charakterschule" (AKMB, SW 150).
64 Zitiert nach Klaus-Bernward Springer: „Ein guter und getreuer Knecht". Georg Werthmann (1898–1980). Generalvikar der Militär-

seelsorge im Dritten Reich und in der Bundeswehr. Biographische Skizze. Unveröff., 45 (Dienstbibliothek des AKMB).

65 Zitiert nach Missalla, Schule Gottes, 99.

66 Theodor Bogler: Ansprachen im Krieg. Unveröffentlichtes Manuskript (AA Maria Laach, K I, Mappe 12).

67 Interview Martin Thulls (KNA) mit Josef Perau, 3.8.1989 (AKMB, NL Perau 43).

68 Peifer, Rudolf: Den Menschen ein Angebot. Erinnerungen eines Seelsorgers. Köln u.a. 1993, 123. Im Folgenden unter: Peifer, Menschen.

69 Vgl. Michael Grüttner: Studenten im Dritten Reich. Paderborn u.a. 1995, 105, 490.

70 Heeresverwaltungs-Taschenbuch. Hand- und Nachschlagebuch über Verwaltungsangelegenheiten für den deutschen Soldaten und Heeresbeamten. Mit Genehmigung des Oberkommandos des Heeres. Hg. von M. Schreiber, 1. April 1941–31. März 1942.

71 Ufer, Männer, 5.

72 Interview der Autorin mit Erich Arndt in Bützow am 24.2.2010.

73 Schreiben Peraus an seine Eltern, 5.1.1941 (AKMB, SW 644).

74 Peifer, Menschen, 122.

75 TB Knapp, 13.10.1941 (LKA Stuttgart, D37, 1.2).

76 Ebd., 17.5.1942.

77 Vgl. Manfred Messerschmidt: Aspekte der Militärseelsorgepolitik in nationalsozialistischer Zeit. In: Militärgeschichtliche Mitteilungen 2 (1968), 63–105, 77.

78 Vgl. Beese, Interview mit Karl Krüger vom 17.8.1982. In: www.dieter.beese.de (zuletzt aufgerufen am 15.7.2015), 4.

79 Schreiben Ullrichs an Gräffshagen, 9.10.1951 (AKMB, SW 7).

80 Schreiben des Rosenheimer Ortsgruppen- und Stützpunktleiters der NSDAP an den Ortsgruppen- und Stützpunktleiter von Flintsbach bei Brannenburg, 29.10.1937.

81 Schreiben der Rosenheimer Kreisleitung der NSDAP an die Gauleitung München-Oberbayern, 30.4.1938 (BArch Berlin (ehem. BDC), Parteikorrespondenz, Lipp, Georg, 15.4.1904).

82 Schreiben der Berliner Kreisleitung an das Amt für Beamte Gau Bayerische Ostmark, 25.2.1936 (BArch Berlin, R 9361-V, 399901).

83 Vgl. Garbe, Theologe, 584.

84 Vgl. BArch Berlin (ehem. BDC), Ortskartei, Arndt, Erich, 11.10.1912; Bauerle Bernhard, 26.1.1901; Hasselbach, Ulrich von, 22.6.1910; Kähler, Hans, 15.10.1905; Lonicer, Heinrich, 23.6.1888; Schübel, Albrecht, 11.11.1895. Vgl. auch BArch Berlin (ehem. BDC), Zentralkartei, Wuttge, Herbert, 15.1.1908.

85 Vgl. BArch Berlin (ehem. BDC), Ortskartei, Schübel, Albrecht, 11.11.1894; Lonicer, Heinrich, 23.6.1888; Schmidt, Friedrich, 7.8.1892; BArch Berlin (ehem. BDC), Zentralkartei, Schuster, Willy, 27.2.1901.

86 Vgl. Jürgen W. Falter: Hitlers Wähler. München 1991, 169–193.

87 Vgl. Manfred Gailus: 1933 als protestantisches Erlebnis: emphatische Selbsttransformation und Spaltung. In: Geschichte und Gesellschaft 29 (2003), 484–492.
88 Vgl. Grüttner, Brandstifter, 402f.
89 So Werthmann in seiner Beurteilung von Thomann vom 5.7.1945 (AKMB, SW154).
90 Maximilian Kurschatke: Der Divisionspfarrer im Kampfeinsatz. Erfahrungen an der Ostfront (Mai 1944) (AKMB, SW 7).
91 Albrecht Goes: Unruhige Nacht. Hamburg 1950, 34. Im Folgenden unter: Goes, Unruhige Nacht.
92 TB Kähler, 12.2.1944 (BA-MA Freiburg, MSG 2, 5867a) und 13.7.1944 (BA-MA Freiburg, MSG 2, 5867b).
93 Notiz Werthmanns, 14.5.1945 (AKMB, SW 6).
94 „Die Vaterländische Aufgabe der Feldseelsorge". Schreiben des OKH an die Heeresgruppenpfarrer bei den Heeresgruppen Nord, Mitte, Süd und D über die Zusammenstellung der bei den Frontlehrgängen zu berücksichtigenden Gesichtspunkte, 9.3.1942 (AKMB, SW 152).
95 Notiz Werthmanns, 30.6.1945 (AKMB, SW/A, 1).
96 TB Werthmann, 18.6.1941 (AKMB, SW 152).
97 Seelsorgebericht Vögtles (1.1.–31.3.1942), 1.4.1942 (UA Freiburg, C103/4).
98 Schreiben Ellners an Faulhaber, 14.7.1942 (EAM, NL Faulhaber, Nr. 6796/1).
99 Rundschreiben der Kirchlichen Kriegshilfe an katholische Soldaten an der Front [17.1.] 1941 (ADCV Freiburg, 370.17.030).
100 Karl Edelmann: Wesen und Aufgabe der Feldseelsorge. Vortrag am 11.2.1941 (BA-MA Freiburg, RH 15, Nr. 282, Bl. 22).
101 Vortrag Edelmanns am 7.2.1942 (BA-MA Freiburg, N 282, Nr. 13).
102 Ostertag, Leben, 10.
103 Vgl. Röw, Militärseelsorge, 397–409.
104 Vgl. Seelsorgebericht Krügers (1.7.–30.9. 1942), 20.10.1942 (LKA Stuttgart, NL Bauerle, Nr. 6).
105 TB Beyer, 21.7.1941 (Privatbesitz, Transkript Garbe, 217).
106 TB Beyer, 11.8.1941, (Privatbesitz, Transkript Garbe 234f.).
107 Ufer, Männer, 124, 193, 459.
108 Schreiben Stehböcks an Faulhaber, 3.12.1941 (EAM, NL Faulhaber, Nr. 6796/2).
109 „Pastoraltheologische Anweisungen für Feldgeistliche" [1943] (LAELKB Nürnberg, LKR 2548).
110 Vgl. Siegfried Hermle, Predigt an der Front. Zur Tätigkeit der Kriegspfarrer im Zweiten Weltkrieg. In: Blätter für württembergische Kirchengeschichte 102 (2002), 127–166, 140, 154–156. Im Folgenden: Hermle, Predigt.
111 Tätigkeitsbericht Kraus' (1.7.–30.9.1941), 5.10.1941 (BA-MA Freiburg, RH 26/113, Nr. 37).

112 „Pastoraltheologische Anweisungen für Feldgeistliche" [1943] (LAELKB Nürnberg, LKR 2548).
113 „Abschrift des Verleihungsvorschlages für das KVK I. Kl. mit Schwertern an WPfr. Emil Weis" o. D. [September 1942] (BA-MA Freiburg, N 338, Nr. 7).
114 TB Satzger, 21.12.1941 (AAK Berlin, Kempowski Bio, 3101).
115 TB Beyer, 1.9.1942 (Privatbesitz, Transkript Garbe, 485).
116 TB Beyer, 19.9.1942 (Privatbesitz, Transkript Garbe, 495).
117 TB Brinz, 6.8.1941 und 11.3.1942 (AAK Berlin, Kempowski Bio, 4573/1).
118 Goebbels, Tagebücher, II, 8, 12.5.1943, 280f.
119 Vgl. Thomas Kühne: Gruppenkohäsion und Kameradschaftsmythos in der Wehrmacht. In: Die Wehrmacht. Mythos und Realität. Hg. von Rolf-Dieter Müller und Hans-Erich Volkmann. München 1999, 534–550, 537, 541.
120 Interview Martin Thulls (KNA) mit Perau, 3.8.1989 (AKMB, NL Perau, 43).
121 Schreiben Baurs an Faulhaber, Passionssonntag [11.4.] 1943 (EA München, NL Faulhaber, Nr. 6796/2).
122 Schreiben Dierkes' an Perau, 28.10.1991 (AKMB, SW 638).
123 Schreiben Rahes an seine Frau, 23.4.1943. In: Feldpostbriefe von Oberleutnant Heinz Rahe, Januar–Juli 1943, Hamburg 2006 (Dienstbibliothek des AKMB).
124 TB Knapp, 25.4.1943 (LKA Stuttgart, D37, 1.3).
125 Notiz Werthmanns, 4.7.1945 (AKMB, SW 147).
126 TB Kähler, 22.11.1943 (BA-MA Freiburg, MSG2, 5867a).
127 TB Hotzel, 12.4.1942 (AAK Berlin, Kempowski Bio, 1850/3).
128 TB Knapp, 19.9.1941 (LKA Stuttgart, D37, 1.2).
129 Schreiben Rahes an seine Frau, 23.4., 27.4. und 29.4.1943. In: Feldpostbriefe von Oberleutnant Heinz Rahe, Januar – Juli 1943, Hamburg 2006 (Dienstbibliothek des AKMB).
130 Schreiben Baurs an Faulhaber am Passionstag [11.4.] 1943 (EAM, NL Faulhaber, Nr. 6796/3).
131 TB Wassong, 5.10.1941 (AKMB, SW 901).
132 Schreiben Lechners an Meiser, 11.2.1942 (LAELKB Nürnberg, LKR 2533).
133 TB Kähler, 2.5., 31.5., 9.7. und 11.8.1943 (BA-MA Freiburg, MSG 2, 5867) und 8.2., 13.5., 13.11.1944 (BA-MA Freiburg, MSG 2, 5867a und 5867b).
134 Vgl. TB Wassong, 4.6. und 6.6.1942 (AKMB, SW 901).
135 AKMB, SW 901.
136 TB Rudolph, 21.8., 3.9. und 23.9.1941 (MSG 2, 19328).
137 TB Kähler, 28.7. und 10.11.1943 (BA-MA Freiburg, MSG 2, 5867 und 5867a).

138 Seelsorgebericht Petzinnas (1.4.–30.9.1942), 4.10.1942 (LKA Stuttgart, NL Bauerle, Nr. 6).
139 TB Kähler, 8.1.1944 (BA-MA Freiburg, MSG 2, 5867b).
140 Schreiben Wagners an Faulhaber, 23.9.1942 (EAM, NL Faulhaber, Nr. 6796/1).
141 TB Türk, 27.7.1941 (AAK Berlin, Kempowski Bio, 6250).
142 „Die Soldatenpredigt im Kriege". Anhang zum „Lehrplan für Kriegspfarrer-Lehrgänge im Feldheer" (AKMB, SW 152).
143 Schreiben des OKH an die Heeresgruppenpfarrer bei den Heeresgruppen Nord, Mitte, Süd und D über die Zusammenstellung der bei den Frontlehrgängen zu berücksichtigenden Gesichtspunkte, 9.3.1942, ebd.
144 Herbert Krimm: Die Bedeutung der Kirche für den Einzelnen und für das Volk. Kasernenstunde, 23.4.1942 (UA Heidelberg, Rep. 17/29).
145 Josef Zimmerl: Die Geschichte meines Meßkoffers. Ein Zeichen für mich und viele. Ein Erlebnisbericht. St. Pölten 1989, 51. Im Folgenden unter: Zimmerl, Geschichte.
146 AKMB, NL Josef Perau, Nr. 3, Bild 199.
147 Tätigkeitsbericht Wuttges, 4.12.1941 (BA-MA Freiburg, RH26/239, Nr. 38).
148 Tätigkeitsbericht Dähns (1.7.–30.9.1941), 19.11.1941, ebd.
149 Schreiben Ullrichs an Gröber, 19.9.1943 (EA Freiburg, Nb8/6).
150 TB Stelzenberger, 8.8. und 10.8.1941 (AKMB, SW 838).
151 Vgl. das Referat Hans Mühles „Der deutsche Soldat im Osten nach dem Zweiten Kriegswinter und unser Auftrag" auf der Dienstbesprechung der ev. Kriegspfarrer der 6. Armee, 13.4.1942 (BA-MA Freiburg, N 241, Nr. 42).
152 Tätigkeitsbericht von Hasselbachs, 1.7.–30.9.1943 (EZA Berlin, 704/45).
153 TB Beyer, 11.4.1942 (Privatbesitz, Transkript Garbe, 390f.).
154 TB Beyer, 11.4.1942 (Privatbesitz, Transkript Garbe, 388, 390f., 394).
155 Vgl. „Die Soldatenpredigt im Kriege". Aus der Niederschrift eines Vortrags Ernst Schiebers auf einem Lehrgang für Kriegspfarreranwärter in Berlin o. D. (BA-MA Freiburg, N 292, 13).
156 Ufer, Männer, 209, 301.
157 TB Wassong, 28.8.1941 (AKMB, SW 901).
158 TB Kähler, 18.7.1943 (BA-MA Freiburg, MSG 2, 5867).
159 Ebd., 2.3.1944.
160 „Gesichtspunkte zu dem Vortrag bei Schulungen der Kriegspfarrer durch die Heeresgruppenpfarrer über das Thema: ‚Erfahrungen und Aufgaben der Lazarettseelsorge'" (AKMB, SW 152).
161 Vgl. Martin Doerne: Lazarettseelsorge, Referat bei der Standort- und Lazarettpfarrerkonferenz im Wehrkreis IV, Dresden, 7. Juli 1943. In: Mitteilungsblatt des Evangelischen Feldbischofs der Wehrmacht für die evangelische Wehrmachtgeistlichkeit. Beilage zum Verordnungs-

blatt des Evangelischen Feldbischofs der Wehrmacht 2, 15.10.1943, Nr. 3, 1–9. Im Folgenden unter: Doerne, Lazarettseelsorge.
162 TB Rudolph, 27.–30.12.1941 (BA-MA Freiburg, MSG 2, 19328).
163 Vgl. Hans Leonhard: Wieviel Leid erträgt ein Mensch? Aufzeichnungen eines Kriegspfarrers über die Jahre 1939–1945. Amberg 1994, 21. Im Folgenden unter: Leonhard, Leid.
164 Schreiben Ullrichs an Gröber, 23.11.1941 (EA Freiburg Personalia, Ullrich, Anton).
165 TB Rudolph, 19.8.1941 (BA-MA Freiburg, MSG 2, 19328).
166 Vgl. Notiz Werthmanns, 12.7.1945 (AKMB, SW 7) und Schieber: Bericht über die pfarramtliche Tätigkeit 1933–1945 (LKA Stuttgart, 375 I).
167 TB Rudolph, 14.12.1941 (BA-MA Freiburg, MSG 2, 19328).
168 Seelsorgebericht Ketterers, 16.5.1943 (AKMB, SW 7).
169 Vgl. Doerne, Lazarettseelsorge.
170 Erfahrungsbericht Aix, 10.7.1940 (AEK, Gen. II, 7. 9,2).
171 Ernst Schieber: „Die Soldatenpredigt im Kriege". Aus der Niederschrift eines Vortrages, gehalten beim Lehrgang für Kriegspfarreranwärter in Berlin (EZA Berlin, 704/27).
172 Tätigkeitsbericht Kreutzbergs (1.6.–31.12.1941), 1.1.1942 (BA-MA Freiburg, RH 26/62, Nr. 118).
173 Paul Bauer. Als Soldatenpfarrer im 2. Russischen Kriegswinter (LKA Stuttgart, 380 IV).
174 TB Loevenich, 23.12.1943 (AKMB, SW 551).
175 Johann Anton Hamm: Als Priester in Rußland (Kreuzring-Bücherei 20). Trier 1959. 71. Im Folgenden unter: Hamm, Priester.
176 Vgl. Peifer, Menschen, 140, 145.
177 Leonhard, Leid, 26.
178 Vgl. TB, Knapp, 31.8.1941 (LKA Stuttgart, D37, 1.2).
179 Vgl. Messerschmidt, Wehrmachtjustiz, 201, 453.
180 AKMB, SW, II/1.145.
181 Anweisung des evangelischen Feldbischofs für die Seelsorge an den zum Tode verurteilten evangelischen Wehrmachtangehörigen, 2.1. 1942 (LALKB Nürnberg, Pfarreien III, XV 1).
182 Vgl. Ernst Sommerlath: Die Seelsorge in Wehrmachthaftanstalten. Referat bei der Standort- und Lazarettpfarrerkonferenz im Wehrkreis IV, Dresden vom 7.7.1943. In: Mitteilungsblatt des Evangelischen Feldbischofs der Wehrmacht für die evangelische Wehrmachtgeistlichkeit, Nr. 2, 15.10.1943, 9–18, 11f.
183 TB Beyer, 29.7.1941 (Privatbesitz, Transkript Garbe, 224).
184 Protokoll der „Kriegspfarrerversammlung im Bereich des Wehrmachtbefehlshabers Ukraine in Shitomir, 16. und 17.6.1943" (AKMB, SW 152) und Merkblatt des katholischen Feldbischofs für die seelsorgerliche Betreuung von Strafgefangenen, die zum Tode verurteilt sind, 1.5. 1940 (AKMB, SW, II/I.145).

185 Leonhard, Leid, 76.
186 TB Stelzenberger, 4. 6. 1942 (AKMB, SW 838).
187 TB Wassong, 1. 2. 1942 und 9. 2. 1945 (AKMB, SW 901).
188 BA-MA Freiburg, MSG 2, 5867b.
189 Mit Zentrale ist die Wehrmachtauskunftsstelle (WAST) gemeint. Richard Börner: Erinnerungen o. D. (AAK Berlin, Kempowski Bio, 5957).
190 „Aufgaben der Feld-, Kreis und pp. Kommandanturen auf dem Gebiete des Wehrmacht-Gräberdienstes". Dienstanweisung des OKH, 30. 3. 1942 (BA-MA Freiburg, N 338, Nr. 2).
191 „Beerdigung im Felde", o. D. (LAELKB Nürnberg, Pfarreien IV, 81, Nr. 1).
192 Zitiert nach Garbe, Theologie 633f.
193 TB Kähler, 17. 4. 1943 (BA-MA Freiburg, MSG 2, 5867).
194 Vgl. das Schreiben von Kriegspfarrern an Angehörige Gefallener oder Verstorbener. In: Verordnungsblatt des katholischen Feldbischofs, 15. 8. 1942.
195 TB Stelzenberger, 4. 3. und 6. 12. 1943 (AKMB Berlin, SW 838).
196 Alle im Folgenden zitierten Briefausschnitte von Angehörigen gefallener Soldaten an Schöner aus den Jahren 1942/1943 finden sich im AAK Berlin, Kempowski Bio, 7618/8.
197 Ufer, Männer, 260.
198 Ebd.
199 Gerhard Füllkrug, Theologischer Lehrgang für die feldgraue Geistlichkeit in Ost und West. Berichte der Referenten. Leipzig 1918, 110. Im Folgenden unter: Füllkrug, Theologischer Lehrgang.
200 Deißmann, Adolf: Tragende und stählende Kräfte des Neuen Testaments. In: Füllkrug, Theologischer Lehrgang, 37f.
201 Hermle, Predigt, 151f.
202 Hans Schomerus, Ethos des Ernstfalles. Berlin 1938, 24. Im Folgenden unter: Schomerus, Ethos.
203 Lilje, Hanns: Der Krieg als geistige Leistung (Furche-Schriften 26). Berlin 1941, 6f., 11. Im Folgenden unter: Lilje, Krieg; TB Beyer, 29. 7. 1942 (Privatbesitz, Transkript Garbe, 468), Predigt Stockburgers (LKA Stuttgart, P 32).
204 TB Knapp, Anhang Heft 20, 23. 9. 1943–7. 2. 1944 (LKA Stuttgart, D37, 1.3).
205 Zitiert nach Ufer, Männer, 453.
206 Ebd.
207 TB Stelzenberger, 27. 11. 1943 (AKMB, SW 838); Notiz Werthmanns, 17. 7. 1945 (AKMB, SW 155).
208 TB Beyer, 23. 3. 1942 (Privatbesitz, Transkript Garbe, 373).
209 TB Beyer, 24. 10. 1942 (Privatbesitz, Transkript Garbe, 288).
210 TB Kähler, 27. 5. 1943 (BA-MA Freiburg, MSG 2, 5867).

211 Grabrede Schmutz' o. D. (AKMB, SW 765). Vgl. auch Peter Longerich: Heinrich Himmler. Biographie. München 2008, 277.
212 TB Opfermann, 21. 3. 1943 (DAB, V/184).
213 Hamm, Priester, 18.
214 Vgl. Röw, Militärseelsorge, 315.
215 Vgl. Peter Lippert SJ: Meßopfer und Kriegsopfer. In: Stimmen der Zeit. Katholische Monatsschrift für das Geistesleben der Gegenwart. Feldausgabe 1917, H. 19, 577–587, 579, 584, 586.
216 Paul Wilhelm von Keppler: Leidensschule. Freiburg i. Br. 1916, 64.
217 Vgl. Das Opfer. Nur für die Wehrmachtseelsorge innerhalb des Heeres. Hg. von den Feldgeneralvikaren im Oberkommando des Heeres / Allgemeines Heeresamt / Amtsgruppe Seelsorge, Wehrmachtdekan Friedrich Münchmeyer und Wehrmachtoberpfarrer Erich Bartsch. Berlin o. J. [1941]. 4, 6, 18f.
218 Krüger, „Dennoch!" Predigt zum Heldengedenktag, 15. 3. 1942 (LKA Stuttgart, NL Bauerle, Nr. 2).
219 Zitiert nach Neddens, Christian Johannes: Politische Theologie und Theologie des Kreuzes. Werner Elert und Hans Joachim Iwand (Forschungen zur systematischen ökumenischen Theologie 128). Göttingen 2010, 371.
220 Zum Fall Dehn vgl. Helmut Heiber: Universität unterm Hakenkreuz, Bd. 1: Der Professor im Dritten Reich. Bilder aus der akademischen Provinz. München u. a. 1991, 82–108.
221 Günther Dehn: Kirche und Völkerversöhnung. In: Hans-Walter Krumwiede: Evangelische Kirche und Theologie in der Weimarer Republik (Grundtexte zur Kirchen- und Theologiegeschichte 2). Neukirchen-Vluyn 1990, 190–226, 220; Vgl. Paul Althaus: Die deutsche Stunde der Kirche. Göttingen 2. Aufl. 1934, 14.
222 Schreiben Stehböcks an Faulhaber, 10. 12. 1943 (EAM, NL Faulhaber, Nr. 6797/2).
223 Lilje, Krieg, 13.
224 Schreiben des katholischen Feldbischofs der Wehrmacht an die Verwundeten und Kranken. Ostersonntag 1942 (AKMB, SW 7).
225 Feldpostbriefe von Oberleutnant Heinz Rahe, Januar–Mai 1942, Hamburg 2006 (Dienstbibliothek des AKMB).
226 Ostertag, Leben, 18.
227 Karl Heim: Die christliche Ethik. Tübinger Vorlesungen. Nachgeschrieben und ausgearbeitet von Walter Kreuzburg. Tübingen 1955, 263.
228 Werner Elert: Der Christ und der völkische Wehrwille (Theologia militans. Schriften für lutherische Lehre und Gestaltung 24). Leipzig 1939, 18.
229 Paul Althaus: Grundriß der Ethik. Erlangen 1931, 108.
230 Vgl. „Bericht über den Frontlehrgang der Ev. Kriegspfarrer der 20. (Geb.) Armee", 9–15. 10. 1943 (BA-MA Freiburg, MSG 2, 12284).

231 AKMB, SW 765.
232 Aus dem Zeitgeschehen. In: Allgemeine evangelisch-lutherische Kirchenzeitung 74 (1941), 55f.
233 Schreiben Schultes an Kreutzberg, 11.6.1940 (AKMB, SW 132).
234 TB Brinz, 1.3. und 29.3.1942 (AAK Berlin, Kempowski Bio, 4573/1).
235 TB Kähler, 21.2. und 28.4.1942 (BA-MA Freiburg, MSG 2, 5867).
236 Für die katholische Seite vgl. Röw, Militärseelsorge, 259.
237 TB Beyer, 3.1.1942 und 31.5.1942 (Privatbesitz, Transkript Garbe, 334, 417).
238 Schreiben Heinz Rahes an seine Frau vom 18.7.1941. In: Feldpostbriefe von Lt. Heinz Rahe, 22.6.1941–31.12.1941. Hamburg 2005 (Dienstbibliothek des AKMB).
239 AA Maria Laach, K 1, Mappe 12.
240 Das Zitat Dohrmanns stammt aus einem Grußwort des Evangelischen Feldbischofs an die evangelischen Wehrmachtangehörigen aus dem Frühjahr 1942. In: TB Knapp (LKA Stuttgart, D37, 1.2). Die Äußerung des katholischen Wehrmachtdekans ist dem Protokoll des Frontlehrganges für katholische Kriegspfarrer im Bereich A. O. K. 6 in Charkow am 16. und 17.4.1942 entnommen (AKMB, SW 152).
241 TB Stelzenberger, 11.5.1942 (AKMB, SW 838).
242 TB Wassong, 23.10.1944 (AKMB, SW 901).
243 Romano Guardini: Was Jesus unter Vorsehung versteht. Würzburg 1939, 4, 6, 8.
244 Vgl. Messerschmidt, Wehrmacht, 278.
245 Zur Person von Matthes Ziegler, der nach dem Krieg eine Anstellung als Pfarrer in der Evangelischen Kirche in Hessen und Nassau fand, vgl. Manfred Gailus: Vom „gottgläubigen" Kirchenkämpfer Rosenbergs zum „christgläubigen" Pfarrer Niemöllers: Matthes Zieglers wunderbare Wandlungen im 20. Jahrhundert. In: ZfG 54 (2006), 937–974, 950, 958; vgl. auch Ders.: „Ein Volk – ein Reich – ein Glaube"? Religiöse Pluralisierungen in der NS-Weltanschauungsdiktatur. In: Friedrich Wilhelm Graf, Klaus Große Kracht (Hg.): Religion und Gesellschaft. Europa im 20. Jahrhundert (Industrielle Welt Schriftenreihe des Arbeitskreises für moderne Sozialgeschichte 73). Köln u.a. 2007, 247–269, 247, 266.
246 TB Opfermann, 12.12.1943 (DAB, V/184).
247 TB Knapp, 3.7.1941 (LKA Stuttgart, D37, 1.2).
248 TB Knapp, 7.–10.5.1944 (LKA Stuttgart, D37, 1.3).
249 TB Knapp, 19.1.1942 (LKA Stuttgart, D27, 1.2).
250 TB Beyer, 23.7.1941 (Privatbesitz, Transkript Garbe, 218, 221).
251 TB Wassong, 23.10.1941 (AKMB, SW 901).
252 Ebd., 18.11.1941.
253 Seelsorgebericht Bergers (1.7.–30.9.1941), 4.1.1942 (AKMB, SW 112).

254 Schreiben Rahes an seine Frau, 7.9.1941. In: Feldpostbriefe von Oberleutnant Heinz Rahe, 22.6.1941–31.12.1941, Hamburg 2005 (Dienstbibliothek des AKMB).
255 Sowjetunion mit annektierten Gebieten I: besetzte sowjetische Gebiete unter deutscher Militärverwaltung, Baltikum und Transnistrien, bearbeitet von Bert Hoppe und Hildrun Glass (Die Verfolgung und Ermordung der europäischen Juden durch das nationalsozialistische Deutschland: 1933–1945 7). München 2011, 284f.
256 TB Beyer, 20.7.1941 (Privatbesitz, Transkript Garbe, 216).
257 TB Wassong, 18.10.1941 (AKMB, SW 901).
258 Schreiben Rahes an seine Frau, 20.4.1943. In: Feldpostbriefe von Oberleutnant Heinz Rahe. Januar–Juli 1943, Hamburg 2006 (Dienstbibliothek des AKMB).
259 Ebd.
260 Auszüge aus den Briefen von Divisionspfarrer S. [vermutlich Otto Stockburger], 22.12.1941 (LKA Stuttgart, D1, Nr. 191,9).
261 TB Brinz, 2.11.1941 (AAK Berlin, Kempowski Bio, 4573/4).
262 Richard Börner: Erinnerungen o.D. (AAK Berlin, Kempowski Bio, 5785).
263 Tätigkeitsbericht Rothers, 5.9.1941 (BA-MA Freiburg, RH 26/454).
264 Undatierer Durchschlag [vermutlich vom 22.6.1943] (AKMB, SW 116).
265 Ebd.
266 Vgl. 3 Vorträge gehalten auf Frontlehrgängen für die katholischen Kriegspfarrer der Heeresgruppe Nord am 19. und 24.6.1943 in Riga von Kriegspfarrer Universitätsprofessor Dr. J. Stelzenberger, [hier: 2. Vortrag: Die Ostkirche, 22]. Berlin [1943] (EAM, NL Faulhaber, Nr. 6799).
267 BA-MA Freiburg, RH 26/113, Nr. 37.
268 TB Beyer, 11.8.1941 (Privatbesitz, Transkript Garbe, 238).
269 Vgl. Leugers, Jesuiten, 186f.
270 Tätigkeitsbericht Beyers (1.7.–31.10.1941) (BA-MA Freiburg, RH26/294, Nr. 90).
271 TB Beyer, 1.8.1941 (Privatbesitz, Transkript Garbe, 229).
272 Zitiert nach: Alfred Rosenberg. Die Tagebücher von 1934 bis 1944 (Die Zeit des Nationalsozialismus). Hg. von Jürgen Matthäus und Frank Bajohr. Frankfurt a.M. 2015, 401.
273 Unveröffentlichtes Manuskript Hamms (AKMB, SW 386).
274 Schreiben Knapps an seine Verwandten, 6.1.1942 (LKA Stuttgart, D37, 1.2).
275 TB Beyer, 8.12.1941 (Privatbesitz, Transkript Garbe, 311).
276 Vgl. Vernehmungsniederschrift Dr. Josef Maria Reuss beim Landeskriminalamt Baden-Württemberg, 31.1.1963 (BArch Ludwigsburg, B 162/5644, Bl. 886).
277 TB Beyer, 1.8.1941 (Privatbesitz, Transkript Garbe, 227).

278 Tätigkeitsbericht Grünfelds (31.5.1941–15.12.1941) (BA-MA Freiburg, RH 26, Nr. 71).
279 TB Beyer, 16.7.1941 (Privatbesitz, Transkript Garbe, 211).
280 Zitiert nach Missala, Volk, 162.
281 Bolschewismus. In: Handbuch für religiöse Gegenwartsfragen. Hg. von Conrad Gröber. Mit Empfehlung des deutschen Gesamtepiskopates. Freiburg i. Br. 1937, 85–87.
282 Vgl. Winnig, Europa, 48f., 74, 81f.
283 TB Beyer, 16.5.1942 (Privatbesitz, Transkript Garbe, 404).
284 Ebd.; TB Beyer, 8.12.1941 (Privatbesitz, Transkript Garbe, 311)
285 Schreiben Rahes an seine Frau, 10.2.1943. In: Feldpostbriefe von Oberleutnant Heinz Rahe. Januar–Juli, Hamburg 2006 (Dienstbibliothek des AKMB).
286 Bernhard Bauerle: Aus dem Erleben eines Armeepfarrers im Westen und im Russlandfeldzug (LKA Stuttgart, NL Bauerle, Nr. 1).
287 Tätigkeitsbericht Baders (20.6.–1.9.1941), 3.9.1941 (BA-MA Freiburg, RH26/454, 27).
288 Karl-Heinz Becker: Siebenkittel. Ein Kampf ums Recht. In: Zeitschrift für bayerische Kirchengeschichte 42 (1973), 260–324, 280. Im Folgenden unter: Becker, Siebenkittel.
289 TB Wassong, 23.2.1942 (AKMB, SW 901).
290 Zitiert nach Ernst Jünger: Strahlungen. München 1955, 199; TB Wassong, 31.12.1942 (AKMB, SW 901).
291 Vgl. Mazower, Imperium, 141.
292 TB Wassong, 3.4.1942 (AKMB, SW 901).
293 Ebd, 9.11.1942.
294 Ebd., 4.1.1942.
295 Ebd., 13.11.1943.
296 Ebd., 7.6.1944.
297 Ebd., 15.12.1944.
298 Franz Halder: Generaloberst Halder. Kriegstagebuch Bd. III. Der Rußlandfeldzug zum Marsch auf Stalingrad (22.6.1941–24.9.1942). Bearb. Von Hans-Adolf Jacobsen. Stuttgart 1964., 252f.
299 Bernhard Bauerle: Aus dem Erleben eines Armeepfarrers im Westen und im Russlandfeldzug (LKA Stuttgart, NL Bauerle, Nr. 1).
300 TB Beyer, 29.7.1941 (Privatbesitz, Transkript Garbe, 225).
301 TB Satzger, 13.7.1941 (AAK Berlin, Kempowski Bio, 3101).
302 TB Beyer, 24.11.1941 (Privatbesitz, Transkript Garbe, 304).
303 Ebd.
304 Ebd.
305 TB Stelzenberger, 18.10.1941 (AKMB, SW 838).
306 Ebd.
307 Ebd., 27.10.1941.
308 Ebd.
309 Ebd.

310 Ebd.
311 Ebd., 31.5.1943.
312 Vernehmungsniederschrift Wilczeks bei der Zentralen Stelle beim Landeskriminalamt Baden-Württemberg, 30.1.1963 (BArch Ludwigsburg, B 162/5644, B. 867).
313 Vgl. Prozessprotokoll, Januar 1968 (Hessisches Staatsarchiv Darmstadt, Nr. 1291/134, Bl. 989).
314 Vgl. Ernst Klee / Willi Dressen / Volker Riess (Hg.): „Schöne Zeiten". Judenmord aus der Sicht der Täter und Gaffer. Frankfurt a.M. 1988, 144.
315 Röw, Militärseelsorge, 425.
316 Vgl. Becker, Siebenkittel, 289f.
317 Vgl. Annette Mertens: Himmlers Klostersturm. Der Angriff auf katholische Einrichtungen im Zweiten Weltkrieg und die Wiedergutmachung nach 1945 (Veröffentlichungen der Kommission für Zeitgeschichte 108). Paderborn, München u.a. 2006, 316f.
318 Schreiben Lipps an Faulhaber, 26.12.1941 (EAM, NL Faulhaber, Nr. 6796/2).
319 TB Wassong, 31.3.1942 (AKMB, SW 901).
320 TB Opfermann, 28.6.1941 (DAB, V/184).
321 Schreiben Schmidbauers an „Meine Liebsten" [gemeint sind vermutlich die katholischen Brüder seiner Heimatdiözese], 30.9.1941 (EAM, NL Faulhaber, Nr. 6796/3).
322 TB Stelzenberger, 23.2.1942 (AKMB, SW 838).
323 Ebd., 19.2.1943.
324 Zimmerl, Geschichte, 35.
325 Notiz Werthmanns, 3.7.1945 (AKMB, SW 148).
326 TB Knapp, 9. und 10.7.1941 (LKA Stuttgart, D37, 1.2).
327 TB Beyer, 21.3.1942 (Privatbesitz, Transkript Garbe, 369).
328 Herbert Krimm: Die Bedeutung der Kirche für den Einzelnen und für das Volk. Kasernenstunde vom 23.4.1942 (UA Heidelberg, Rep. 17/29).
329 BA-MA Freiburg, RH 20/16, 623.
330 TB Kähler, 9.5.1944 (BA-MA Freiburg, MSG 2, 5867b).
331 Notiz Werthmanns, 9.6.1945 (AKMB, SW 148).
332 BA-MA Freiburg, RH 20/16, 623.
333 TB Hotzel, 18.7.1944 (AAK Berlin, Kempowski Bio, 1850/3).
334 Erfahrungsbericht von der Tagung für N. S. Führungsoffiziere der 349., 357., 359. Infanteriedivision, 29.4.1944 (BA-MA Freiburg, RH 21/4, 330).
335 Denkschrift Anton Ullrichs: „Ich habe im Krieg keinen Geistlichen gesehen" vom August 1945. Zitiert nach Werthmann (AKMB, SW 148).
336 Tätigkeitsbericht der Abteilung NS-Führung beim OK der 4. Panzerarmee (1.1.1944–31.7.1944), 4.8.1944 (BA-MA Freiburg, RH 21/4, 329).

337 TB Hotzel, 30.8.1944 (AAK Berlin, Kempowski Bio, 1850/3).
338 TB Kähler, 27.8.1944 (BA-MA Freiburg, MSG 2, 5867b).
339 Ebd., 27.8.1944.
340 TB Wassong, 26.12.1941 (AKMB, SW 901).
341 TB Opfermann, 24.12.1941 (DAB, V/184).
342 Hartmann, Wehrmacht, 460.
343 TB Wassong, 7.9.1942 (AKMB, SW 901).
344 Ebd., 29.10.1943.
345 Hirtenwort des deutschen Episkopats (I), 19.8.1943. In: Akten deutscher Bischöfe. Über die Lage der Kirche 1933–1945. Bd. VI. Bearbeitet von Ludwig Volk (Veröffentlichungen der Kommission für Zeitgeschichte A 38). Mainz 1985, 182f.
346 TB Wassong, 18.1.1945 (AKMB, SW 901).
347 Ebd., 21.1. und 30.1.1945.
348 Ebd., 17.8.1943, 23.9. und 3.10.1944, 3.1., 5.2. und 3.8.1945.
349 TB Stelzenberger, 2.3. und 4.3.1942 (AKMB, SW 838).
350 Ebd., 4.3.1942.
351 Schreiben Lechners an Meiser, 11.2.1942 (LAELKB Nürnberg, LKR 2533).
352 TB Knapp, 1.9.1942 (LKA Stuttgart, D37, 1.2).
353 TB Kähler, 19.2., 18.5., 1.7. und 6.8.1943 (BA-MA Freiburg, MSG 2, 5867) und 16.10.1943 (BA-MA Freiburg, MSG 2, 5867a).
354 Vgl. TB Kähler, 14.1.1944; 20.7., 24.7., 30.8. und 1.9.1944 (BA-MA Freiburg, MSG 2, 5867b).
355 TB Opfermann, 20.7.1944 (DAB, V/184) und TB Wassong, 26.7.1944 (AKMB, SW 901).
356 Seelsorgebericht Hildebrandts (1.10.–31.12.1942), o.D. (AKMB, SW 113).
357 Bericht des katholischen Wehrmachtdekans Kostorz über die Kriegspfarrerversammlung im Bereich des Wehrmachtbefehlshabers Ukraine in Shitomir , 29.6.1943 (AKMB, SW 152).
358 Schreiben Eisenschmidts an Faulhaber, 15.12.1942 (EAM, NL Faulhaber, Nr. 6796/1).
359 Notiz Werthmanns, 31.5. und 22.6.1945 (AKMB, SW 154).
360 TB Kähler, 14.11.1943 (BA-MA Freiburg, MSG 5867a).
361 TB Kähler, 31.12.1942 (BA-MA Freiburg, MSG 2, 5867).
362 TB Kähler, 25.12.1943 (BA-MA Freiburg, MSG 2, 5867a).
363 TB Kähler, 3.9.1944 (BA-MA Freiburg, MSG 2, 5867b).
364 Notiz Werthmanns, 18.7.1945 (AKMB, SW 115) und 12.7.1945 (AKMB, SW 148).
365 TB Beyer, 29.11.1942 (Privatbesitz, Transkript Garbe, 535).
366 Notiz Werthmanns, 30.6.1945 (AKMB, SW1).
367 Schreiben Gmeiners an Höck, 12.9.1946 (EAM, Stefan Gmeiner PA-P III 503).

368 Schreiben Tidows an Wiebe o. D. [Juli oder August 1947] (LKA Hannover, L5 g, Nr. 4).
369 Schreiben Holtermanns an Wiebe, 17.7.1947, ebd.
370 Schreiben Fuhsts an Wiebe, 8.7.1947, ebd.
371 Georg Werthmann: „Geistliche Schulung der aus dem Felde zurückgekehrten Kriegspfarrer und Priestersoldaten", 6.11.1945 (AKMB, SW 153).
372 Schreiben Werthmanns an alle erzbischöflichen und bischöflichen Ordinariate, Juni 1945 (AKMB, SW 152).
373 Vgl. Notiz Werthmanns, 30.6.1945 (AKMB, SW 7) und Ernst Schubring: Die Arbeit der Feldseelsorge im Kriege, o. D. (BA-MA Freiburg, N/281, Nr. 7).
374 Notiz Werthmanns, 19.7.1945 (AKMB, SW 120).
375 Notiz Werthmanns, 27.6.1945 (AKMB, SW 155).
376 Notiz Werthmanns, 26.6.1945, ebd.
377 Bernhard Schmidt: Roter Schnee. Zeugnis eines Frontseelsorgers. Lüdenscheid 1981, 42. Im Folgenden unter: Schmidt, Roter Schnee.
378 Ernst Tewes, Seelsorger bei den Soldaten. Erinnerungen an die Zeit von 1940 bis 1945. München 1995, 12, 84. Im Folgenden unter Tewes, Seelsorger.
379 Vgl. Hamm, Priester, 81, 98.
380 Gedenkrede Vögtles im Plenarsaal des Bundestages zum Volkstrauertag 1957 (AKMB, SW 891).
381 Hamm, Priester, 98.
382 Josef Kayser: Das Kreuz von Stalingrad, o. D. [um 1960, von der Redaktion des „Petrusblattes" abgelehnt] (AKMB, Sg Kayser, Nr. 19).
383 Erinnerungen Stelzenbergers an die Zeit seiner Kriegsgefangenschaft, 24.10.1962 (AKMB, SW 837).
384 Ebd.
385 Helmut Gollwitzer: … und führen, wohin Du nicht willst. Bericht einer Gefangenschaft. Gütersloh 1994, 31.
386 Vgl. Berthold Petzinna: Berichte aus der sowjetischen Kriegsgefangenschaft. Bundesdeutsches Inventar eines Genres, 1946–1960. In: Scherstjanoi, Elke (Hg.): Russlandheimkehrer. Die sowjetische Kriegsgefangenschaft im Gedächtnis der Deutschen. München 2012, 91–105, 93–95.
387 Egon Walter: Als Priester und Sklave unter Sklaven. Erlebnisbericht über die Leiden der deutschen Kriegsgefangenen in Sowjetrußland. Regensburg 1950, 20. Im Folgenden unter: Walter, Priester.
388 Hamm, Priester, 23, 31.
389 Notiz Werthmanns, 25.5.1945 (AKMB, SW 112).
390 Schmidt, Roter Schnee, 55.
391 Ansprache Kühns „anlässlich der Enthüllung einer Gedenktafel für die Gefallenen und Vermissten des Jäger-Regimentes 75 am 113er Denk-

mal in Freiburg i. Breisgau am Pfingstsonntag, den 4.5.1953" (LKA Stuttgart, P32).

392 Andacht Kühns vor kriegsgefangenen deutschen Pfarrern und Ärzten um 1946 (LKA Stuttgart, P 32).

393 Leonhard, Leid, 38.

394 Hamm, Priester, 119.

395 Peifer, Menschen, 164.

396 LKA Stuttgart, 375 I.

397 Bernhard Bauerle: Aus dem Erleben eines Armeepfarrers im Westen und im Russlandfeldzug (LKA Stuttgart, NL Bauerle, Nr. 1).

398 Hamm, Priester, 17.

399 Schreiben des Echter-Verlags an Werthmann, 21.6.1961 (AKMB, SW 642).

400 Schreiben der SDS-Projektgruppe Theologie an Krimm, 20.7.1968. In: „Dokumentation Krimm", 1969 (UA Heidelberg, Rep 17/22).

401 Schreiben Niermanns an Vögtle, 20.4.1988 (AKMB, SW 891)

402 Bericht Schiebers über die pfarramtliche Tätigkeit 1933–1945 (LKA Stuttgart, 375 I).

403 Goes, Unruhige Nacht, 34, 39, 68.

404 Schmidt, Roter Schnee, 15.

405 Interview Karl Peschkes mit Schmutz, 27.3.1990 (AKMB, SW 761).

406 Vortragsmanuskript Schmutz' „Erfahrungen und Aufgaben der Truppenseelsorge" für den Frontlehrgang der Kriegspfarrer beim A.O.K 20, 14.–20.11.1942 (AKMB, SW 764).

407 Peifer, Menschen, 15.

408 Schreiben Kunsts an Krimm, 16.11.1951 (UA Heidelberg, Rep. 17/3).

409 Hamm wurde zwar 1944 vom Zentralgericht des Heeres wegen Wehrkraftzersetzung verurteilt und saß im Konzentrationslager Dachau ein, doch gibt es keinen Beleg dafür, dass er wegen illegaler Taufen in der Sowjetunion verurteilt worden war. Ich bedanke mich bei Dr. Markus Seemann für diesen Hinweis. Vgl. auch das unveröffentlichte Manuskript Hamms über seine Denunziation, seine Prozesse und seine Haftzeit (AKMB, SW 386).

410 Vgl. Frank-Michael Kuhlemann: Protestantische „Traumatisierungen". Zur Situationsanalyse nationaler Mentalitäten in Deutschland 1918/19 und 1945/46. In: Manfred Gailus, Hartmut Lehmann (Hg.): Nationalprotestantische Mentalitäten. Konturen, Entwicklungslinien und Umbrüche eines Weltbildes. Göttingen 2005, 45–81, 74f.

411 Vgl. Tim Lorentzen: Gedächtnis und Gott. Reflexionen zur kirchengeschichtlichen Erinnerungsforschung. In: Michael Meyer-Blanck (Hg.): Geschichte und Gott. XV. Europäischer Kongress für Theologie, 14.–18. September 2014 in Berlin (Veröffentlichungen der Wissenschaftlichen Gesellschaft für Theologie 39). Leipzig 2016, 669–691, 675.

412 Josef Kayser: Das Kreuz von Stalingrad, o.D. [um 1960, von der Redaktion des „Petrusblattes" abgelehnt] (AKMB, Sg Kayser, Nr. 19).

413 Heinrich Gerlach: Die verratene Armee. Ein Stalingrad-Roman. München 1957, 204.
414 Josef Kayser: Ein Stalingrader Requiem, 1977 (AKMB, SW 469).
415 TB Kayser, o. D. (AKMB, Sg Kayser 58).
416 Walther Th. Becker: Was lernen wir aus den Erfahrungen russischer Kriegsgefangenschaft für unseren Dienst als Pfarrer und Seelsorger? Vortrag bei der 4. Pfarrerrüstzeit, 18.–30. 9. 1950 (ZAEKHN, 202, Nr. 141, Bl. 7).
417 Andrea von Hegel: Der Sinnlosigkeit einen Sinn geben. Zur Kriegsgefangenenausstellung des Verbandes der Heimkehrer, 1951–1962. In: Scherstjanoi, Elke (Hg.): Russlandheimkehrer. Die sowjetische Kriegsgefangenschaft im Gedächtnis der Deutschen. München 2012, 71–91, 81–83.
418 Walter, Priester, 4–6.
419 Hans Steffens: Priester, Soldaten, Uniformen. Kriegstagebuch 1939–1945. Mönchengladbach 1956.
420 Interview der Autorin mit Erich Arndt am 24. 2. 2010.
421 Michael Snape: God and the British Soldier. Religion and the British Army in the First and Second World Wars (Christianity and Society in the Modern World). New York 2005, 186.